PC & Windows 7 für Senioren

Philip Kiefer

DATA BECKER

Folgen Sie uns auf Facebook und Twitter:

www.facebook.com/databecker
www.twitter.com/data_becker

Besuchen Sie unseren Internetauftritt:

www.databecker.de

Copyright	© DATA BECKER GmbH & Co. KG Merowingerstr. 30 40223 Düsseldorf
Konzeption/Produktmanagement	Peter Meisner
Umschlaggestaltung	Inhouse-Agentur DATA BECKER
Textbearbeitung und Gestaltung	Thorsten Schlosser, Kreuztal (www.buchsetzer.de)
Produktionsleitung	Claudia Lötschert
Druck	Media-Print, Paderborn

ISBN 978-3-8158-2984-4

Wichtige Hinweise

Inhaltsverzeichnis

INHALT

INHALT

Sie wollen Neues kennenlernen? Das Alter ist kein Hindernis!

"Wie schön ist alles erste Kennenlernen. Du lebst so lange nur als du entdeckst."

(Christian Morgenstern)

Ein Computer gehört genauso zum modernen Leben wie das Auto. Der Computer ist ein wertvoller Helfer im Alltag und Voraussetzung für die Nutzung des Internets. Als Sie damals Ihren Führerschein machten, kam Ihnen alles kompliziert vor: die Verkehrsregeln, die Gangschaltung, das Kuppeln und rückwärts einparken. Doch bereits nach ein wenig Lernen und Übung konnten Sie richtig Gas geben, und Sie möchten das Auto heute nicht mehr missen.

Nun, mit dem Computer ist es ähnlich: Es gilt, zunächst einige Kenntnisse zu erwerben und Erfahrungen zu sammeln – dann können Sie richtig loslegen! Alles, was Sie benötigen, ist ein wenig Neugier und dieses Buch, das Sie von Anfang an an die Hand nimmt und Schritt für Schritt in die Welt des Computers einführt. Ihr biologisches Alter ist absolut kein Hindernis, und allein die Tatsache, dass Sie diese Zeilen lesen, beweist, dass Sie noch längst nicht zum alten Eisen gehören. Lesen Sie also weiter, und entdecken Sie einen neuen, spannenden Bereich für Ihr Leben!

Ein Computer kann Ihnen in vielen Belangen des Alltags sehr dienlich sein

„Dafür bin ich bereits zu alt." „Ich habe Angst, etwas falsch zu machen." „Ich will die Zeit, die mir noch bleibt, für schönere Dinge nutzen." „Ich schrecke vor den vielen technischen Begriffen zurück." „Ein Computer passt einfach nicht in meinen gewohnten Alltag." „Das kapiere ich doch sowieso nicht." „Ich habe den Einstieg verpasst – jetzt ist es zu spät."

Kommen Ihnen eine oder mehrere dieser Aussagen bekannt vor? Dann geht es Ihnen wie mir damals. Ich hatte nie das Gefühl, einen Computer zu benötigen. Im Gegenteil: Meine Befürchtung war, dass so ein Gerät meine Lebenszeit förmlich „auffressen" könnte. Natürlich nutzte ich hin und wieder einen Taschenrechner oder rief Nachrichten im Bildschirmtext ab, aber richtige Computer – nein, danke!

Ich heiße Paul Brugger, bin 64 Jahre alt und kann heute sagen: Computer – ja, bitte! Der Wendepunkt war mein 60. Geburtstag, als mein ältester Sohn mir einen tragbaren Computer schenkte (ein sogenanntes Notebook, sprich: [noutbuck], englisch für „Notizbuch").

Zuerst war ich von dem Geschenk nicht sonderlich begeistert, zum einen wegen der meiner Ansicht nach zu hohen Kosten für ein Geburtstagsgeschenk, zum anderen aber auch, weil ich mich nun quasi mit dem Computer vertraut machen musste, obwohl ich es ursprünglich überhaupt nicht wollte.

Als mein Sohn mir erklärte, wie einfach ein Computer tatsächlich funktioniert und was man damit alles anstellen kann, änderte sich meine Einstellung schnell. Ich lernte zum Beispiel, wie man auf dem Computer Briefe schreibt, Fotos bearbeitet, Filme betrachtet und Webseiten besucht.

Aus meiner anfänglichen Skepsis wurde Begeisterung, und der Computer ist heute mein liebstes Hobby. Übrigens auch das meiner Frau – wir werden in Kürze einen zweiten Computer anschaffen, damit es keinen Streit mehr darüber gibt, wer das Notebook gerade benutzen darf.

Es ist niemals zu spät für etwas, und ganz sicher ist es auch für Sie noch nicht zu spät, um Bekanntschaft mit dem Computer zu schließen – egal, ob Sie erst 50, ob Sie 60, 70, 80 oder ob Sie bereits 90 Jahre alt sind. Sie müssen doch mit niemandem um die Wette laufen, sondern Sie gehen Ihr eigenes Tempo. Sie bestimmen selbst, ob Sie sich zwei Stunden pro Tag, pro Woche oder pro Monat dem Thema widmen möchten. Fortschritte werden Sie in jedem Fall machen!

Der Computer soll keinen Stress oder Ängste in Ihr Leben bringen, sondern Ihnen das Leben leichter und bunter machen. Dieses Buch führt Sie behutsam, Schritt für Schritt in das Thema ein und nimmt Ihnen alle Befürchtungen. Dieses Buch setzt nichts voraus als ein wenig Neugier und Lust, sich in einem neuen Gebiet kundig zu machen. Dieses Buch erklärt Ihnen in entspannter und leicht verständlicher Form alle wichtigen und nützlichen Funktionen des Computers. Dieses Buch wird es Ihnen ermöglichen, bald schon mitzureden und Ratgeber zu sein, wenn Ihre Enkel über Computerthemen sprechen.

DATA BECKER

wünscht Ihnen viel Freude bei der Lektüre!

Das alles werden Sie in diesem Buch über den Computer lernen und erfahren

Sie fangen in diesem Buch ganz von vorn an, nichts wird vorausgesetzt. Verschaffen Sie sich zunächst einen Überblick über alle Inhalte des Buches, damit Sie einen Eindruck erhalten, welchen Nutzen Sie aus der Lektüre ziehen werden. Lassen Sie sich dabei bitte nicht von unbekannten Begriffen verwirren – im Laufe des Buches wird Ihnen alles noch ganz genau erklärt.

Vielleicht haben Sie noch gar keinen Computer und möchten sich erst einen anschaffen? In **Kapitel 2** lernen Sie, welcher Computer sich für Sie persönlich am besten eignet, Sie lernen alle wichtigen Ausstattungsmerkmale und Geräte kennen und Sie nehmen Ihren Computer erstmals in Betrieb.

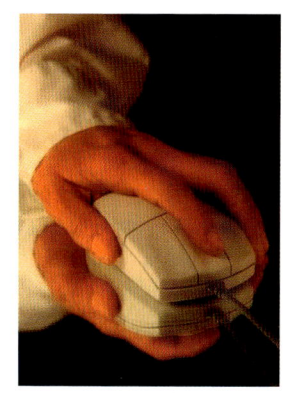

In **Kapitel 3** lernen Sie als Nächstes, wie Sie den Computer bedienen. Sie machen sich mit der Tastatur des Computers vertraut und erteilen dem Computer Befehle mithilfe einer „Maus". (Sie müssen jetzt nicht auf einen Stuhl springen – es handelt sich keineswegs um eine lebendige Maus, sondern um ein kleines Gerät, das Sie in der Abbildung sehen und das ich Ihnen noch ausführlich vorstelle.) Auch was ein „Betriebssystem" ist und was es mit „Windows" (sprich: [windous], englisch für „Fenster") auf sich hat, lesen Sie im dritten Kapitel dieses Buches.

Bereits ab **Kapitel 4** beginnen Sie damit, „Programme" zu verwenden, um mit dem Computer beispielsweise ein Einladungsschreiben zu verfassen oder um ein Bild zu zeichnen. Verwenden Sie die bereits vorhandenen Zubehörprogramme und holen Sie viele neue nützliche Programme auf Ihren Computer – mit den Anleitungen im vierten Kapitel machen Sie alles richtig.

Eines der wichtigsten und weltweit am häufigsten genutzten Programme ist Word (sprich: [wörd], englisch für „Wort"). Mit diesem Programm erstellen Sie Texte aller Art und gestalten diese ganz nach Ihren Vorstellungen. Lernen Sie das Programm Word und seine Bedienung in **Kapitel 5** ausführlich kennen.

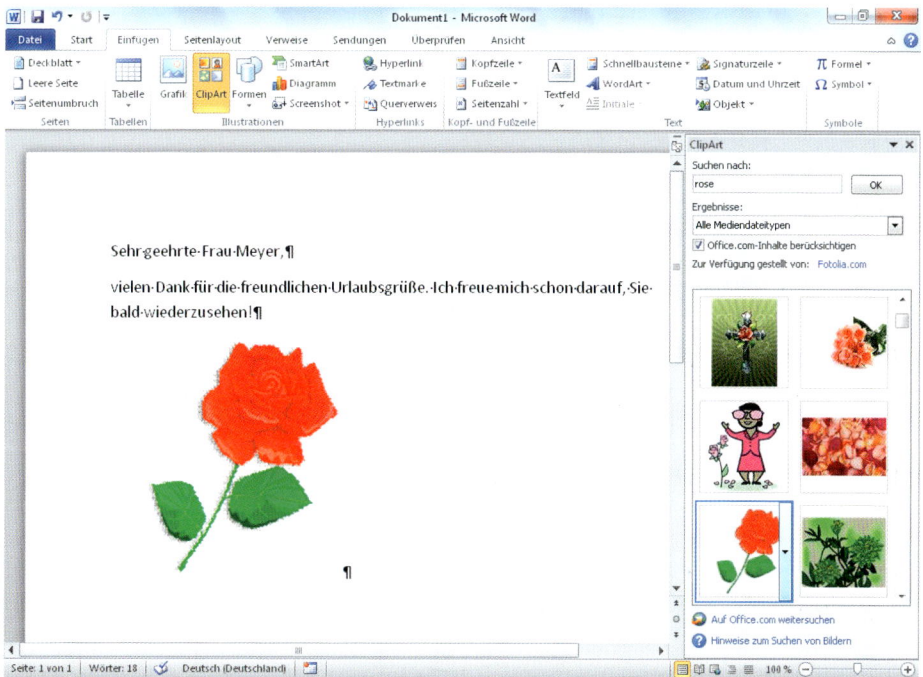

Das Programm Word dient in erster Linie zum Erstellen von Texten – aber es kann viel, viel mehr als eine Schreibmaschine!

Ebenfalls sehr wichtig und weit verbreitet ist das Programm Excel (sprich: [äksel], englisch „to excel" für „sich auszeichnen"). Mit Excel erstellen Sie Tabellen und Diagramme aller Art, etwa um die Einnahmen und Ausgaben Ihres Vereins zu verwalten. Dem Programm Excel widmet sich das **Kapitel 6**.

Die mit einem Programm erstellten Dokumente, Tabellen oder Bilder werden als „Dateien" auf dem Computer gespeichert. Wie Dateien funktionieren und wie Sie Ihre Dateien auf dem Computer jederzeit wiederfinden, erfahren Sie in **Kapitel 7**.

Sie möchten einen Brief, den Sie am Computer verfasst haben, zu Papier bringen? Zu diesem Zweck dient ein „Drucker". Wie Sie diesen anschließen, einrichten und verwenden, lesen Sie ausführlich in **Kapitel 8** dieses Buches.

Die Schrift auf dem Computer ist Ihnen zu klein? Sie haben aufgrund motorischer Probleme Schwierigkeiten damit, die herkömmliche Tastatur zu verwenden? Nutzen Sie verschiedene Bedienhilfen wie beispielsweise eine Bildschirmlupe oder Bildschirmtastatur. Welche Möglichkeiten Sie haben und wie genau das alles funktioniert, steht in **Kapitel 9**.

Webseiten aufrufen und elektronische Briefe an Familienmitglieder und Freunde schreiben: Das **Kapitel 10** hilft Ihnen beim Einrichten einer Internetverbindung und erklärt Ihnen die wichtigsten Grundbegriffe – greifen Sie bereits in Kürze auf die schier unerschöpflichen Möglichkeiten des Internets zu!

Im Internet finden Sie Informationen, Bilder, Videos und mehr; die Abbildung zeigt als Beispiel die Webseite von DATA BECKER.

Spätestens im Zusammenhang mit dem Internet kommen Ihnen Sicherheitsbedenken, denn Sie haben in Zeitungen und Zeitschriften sicherlich viel über die lauernden Gefahren gelesen. In **Kapitel 11** lesen Sie, wie Sie Ihren Computer rundum absichern und Datenverlusten vorbeugen.

Sie haben sich eine Digitalkamera angeschafft? Speichern Sie all Ihre Fotos auf dem Computer, schneiden Sie diese zu, versenden Sie sie übers Internet, lassen Sie sich die Fotos als Diashow anzeigen oder drucken Sie sie aus. In **Kapitel 12** lernen Sie alle wichtigen Funktionen rund um Ihre Digitalfotos kennen.

Auch das Abspielen und Verwalten von Musik und Videos ist für Ihren Computer kein Problem, wie Ihnen das **Kapitel 13** beweisen wird. Hier stoßen Sie auf Begriffe, mit denen Ihre Enkel sicher oft um sich werfen (z. B. „MP3" oder „Brennen") – nach dem Durcharbeiten des Kapitels wissen Sie ganz genau, was es mit diesen Begriffen auf sich hat.

Wenn Sie das **Kapitel 14** lesen, das letzte Kapitel dieses Buches, sind Sie bereits ein fortgeschrittener Nutzer. Dann können Sie darangehen, Ihren Computer nach Ihren eigenen Vorstellungen einzurichten, etwa um den Bildschirm ganz nach Ihrem Geschmack zu gestalten.

Ihre Lieblingsmusik mit dem Computer wiedergeben – eine einfache Übung, denn ein moderner Computer bringt in der Regel alles mit, was Sie dazu benötigen.

Sie stellen fest: Die Lektüre lohnt sich! Widmen Sie sich einem Kapitel so lange, bis Sie die Inhalte voll und ganz verstanden haben; sehr empfehlenswert wäre es, die Informationen und Anleitungen direkt an einem Computer nachzuvollziehen.

Die ersten Schritte ohne Mühe bewältigen: einen Computer auswählen, aufbauen und in Betrieb nehmen

"Auch der längste Weg beginnt mit dem ersten Schritt."

(Laotse)

Sind Sie bereit, Bekanntschaft mit dem Computer zu schließen? In diesem Kapitel erfahren Sie zunächst, welche Arten von Computern es gibt, und Sie lernen alle wichtigen Ausstattungsmerkmale und Geräte kennen. Sie machen sich mit wichtigen Begriffen rund um den Computer vertraut und nehmen den Computer erstmals in Betrieb.

Haben Sie bereits einmal eine Waschmaschine bedient, einen Mikrowellenherd oder einen CD-Spieler? Dann wird Ihnen auch der Umgang mit dem Computer keine Schwierigkeiten bereiten, denn auch jener ist letztlich nur ein elektronisches Gerät, dessen Bedienung Sie zunächst erlernen müssen, aber bald schon aus dem Effeff beherrschen.

Sie möchten einen Computer kaufen? Ich helfe Ihnen bei der richtigen Wahl

Es empfiehlt sich in jedem Fall, einen eigenen Computer anzuschaffen, auf dem Sie Ihre privaten Dokumente und Fotos speichern sowie eigene Einstellungen vornehmen können. Für das erste Kennenlernen kann aber natürlich auch ein Computer in der Stadtbücherei, in einem Internetcafé oder bei einem guten Freund dienen.

Meine Tochter hat sich einen neuen Computer gekauft und bietet mir ihren alten an – soll ich zugreifen?

Lieber nicht! Achten Sie bei der Anschaffung Ihres Computers unbedingt auf eine moderne Ausstattung und gute Qualität. Man hört ja häufig die Meinung, dass es zum Einstieg ältere oder minderwertige Geräte tun, dem ist aber ganz gewiss nicht so. Gerade am Anfang sollte alles einwandfrei funktionieren und Freude bereiten – und dies ist bei alten Geräten bzw. bei Geräten von schlechter Qualität häufig nicht der Fall.

Gut, dann also ein neuer Computer. Welche Arten von Computern gibt es denn?

Wenn Sie einen Elektronik-Fachmarkt in Ihrer Nähe besuchen, z. B. einen Media Markt oder einen Electronic Partner, finden Sie in der Regel ein großes Angebot an Computern vor. Diese lassen sich grob in drei Arten unterteilen:

- **den Desktop-Computer:** Bei diesem Computer handelt es sich um eine feste Arbeitsstation, die Sie auf einem Schreibtisch oder auf einem speziellen Computertisch aufbauen. Das Wort „Desktop" setzt sich aus den englischen Wörtern „desk" („Schreibtisch") und „top" („oben") zusammen.

© Beboy – Fotolia.com.

- **das Notebook:** Das Notebook ist ein tragbarer Computer – im Gegensatz zum Desktop-Computer kann er mit auf die Reise genommen oder im Wohnzimmerschrank verstaut werden, wenn er mal nicht benötigt wird. Andere Bezeichnungen für das Notebook sind „Laptop" (sprich: [läpptopp], vom englischen „lap" für „Schoß") sowie „Klapprechner".

- **das Netbook:** Das Netbook (sprich: [nettbuck], englisch für „Netzbuch") schließlich ist ein Notebook im Kleinformat, d. h., es hat einen kleineren Bildschirm und eine kleinere Tastatur. Meist sind Netbooks auch deutlich leistungsschwächer als Notebooks.

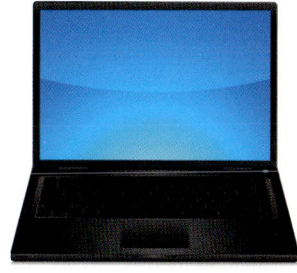

© Beboy – Fotolia.com.

Paul Brugger rät: Ein Netbook empfehle ich Ihnen allenfalls als Zweitgerät für die Ferienwohnung in Spanien oder für das Wohnmobil. Besonders der kleine Bildschirm ist für uns Ältere eine echte Zumutung, und Sie müssten noch Adleraugen haben, um mit einem Netbook freudvoll arbeiten zu können! Ansonsten gilt für das Netbook alles, was Sie im Folgenden über das Notebook erfahren.

Desktop-Computer oder Notebook – was ist für mich persönlich besser geeignet?

Nun, beide Varianten haben Vor- und Nachteile. Wichtigster Vorteil des Desktop-Computers: Er ist meist leistungsstärker – sprich: bei vielen Funktionen schneller – als das Notebook und bringt außerdem mehr Möglichkeiten mit, verschiedene Geräte anzuschließen.

Wichtigster Vorteil des Notebooks: Es ist handlich und kann am Küchentisch oder auch mal unterwegs verwendet werden. Wenn Sie das Notebook gerade mal nicht benötigen, klappen Sie es zusammen und verstauen es im Wohnzimmerschrank.

Also entscheide ich mich für den Desktop-Computer, wenn ...?

- … Sie zu Hause genügend Platz zur Verfügung haben, am besten ein Arbeitszimmer oder zumindest eine Ecke in der Bibliothek.

- … Sie für einen relativ günstigen Anschaffungspreis ein Gerät erhalten möchten, das alle Funktionen bietet, die Sie brauchen.

- … Sie einen leistungsstarken Rechner benötigen, z. B. um regelmäßig Ihre Urlaubsvideos zu bearbeiten.

- … Sie zumindest die Möglichkeit haben möchten, Ihren Computer auf preisgünstige Weise mit weiteren Funktionen auszustatten.

- … Sie einen besonders großen Bildschirm einsetzen möchten, auf dem die Inhalte entsprechend groß und gut lesbar angezeigt werden.

- … Sie Ihren Computer mehrere Stunden am Tag verwenden möchten; längeres Arbeiten ist mit dem Desktop-Computer deutlich angenehmer als mit dem Notebook – dies hängt insbesondere mit dem besseren Blickwinkel auf den Bildschirm zusammen.

Nachteile des Desktop-Computers: Neben dem hohen Platzbedarf und der fehlenden Mobilität könnte es Sie stören, dass viele einzelne Geräte an den Computer angeschlossen werden müssen, die in ein Notebook bereits eingebaut sind: Tastatur, Maus, Bildschirm, Lautsprecher, Mikrofon und weitere – das sind letztlich lauter Staubfänger, und es ist mit einem erheblichen Kabelsalat unter dem Tisch zu rechnen!

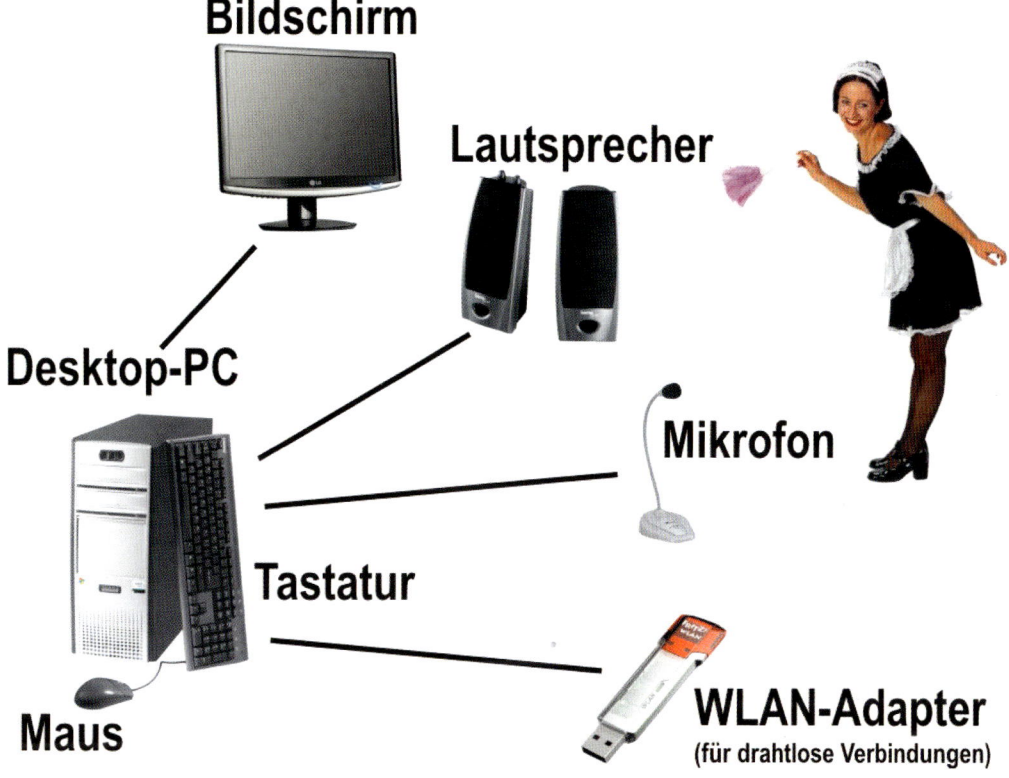

Wenn Sie sich für einen Desktop-Computer entscheiden, sollten Sie auch gleich einen guten Staubwedel kaufen: Der Desktop-Computer setzt sich aus mehreren verschiedenen Geräten zusammen.

Ich habe bereits des Öfteren den Begriff PC gehört und gelesen – was bedeutet er?

Desktop-Computer, Notebook und Netbook werden auch als PC bezeichnet. Diese Abkürzung steht für **P**ersonal **C**omputer (sprich: [pörsenell kompjuter], englisch für „persönlicher Computer") und bedeutet schlicht, dass der Computer – im Gegensatz zum sogenannten Großrechner – von einzelnen Personen verwendet wird.

Und ich entscheide mich für ein Notebook, wenn ...?

- … Sie zu Hause wenig Platz haben und den Computer auch mal „wegpacken" möchten.

- … Sie, vielleicht bis auf einen Drucker und eine Digitalkamera, keine weiteren Geräte an Ihren Computer anschließen möchten; alles Wichtige soll bereits in den Computer eingebaut sein.

- … Sie Ihren Computer mit auf Reisen nehmen möchten, um auch unterwegs Briefe schreiben und Urlaubsfotos verwalten zu können; nicht einmal eine Steckdose muss unbedingt in der Nähe sein, da das Notebook über einen Akku verfügt.

- … Sie sich ein Strom sparendes Gerät wünschen – Notebooks benötigen nur rund ein Zehntel so viel Strom wie vergleichbare Desktop-Computer!

- … Sie mit dem relativ kleinen Bildschirm kein Problem haben; mittlerweile gibt es übrigens auch Notebooks mit recht großem Bildschirm.

- … Sie keinen Wert auf große Leistungsstärke legen, die beispielsweise für die Bearbeitung von Videos oder für moderne Computerspiele erforderlich wäre.

> **Paul Brugger rät**: *Viele ältere Menschen entscheiden sich heutzutage für ein Notebook, da sie die Kompaktheit, Mobilität und Sparsamkeit dieser Art von Computer überzeugt. Aber Vorsicht! Gerade die Mobilität des Notebooks stellt auch eine Gefahr dar: Sie könnten ein Notebook im Hotelzimmer liegen lassen, oder es könnte beim Herumtragen in der Wohnung auf den Parkettboden fallen – gehen Sie deshalb, wenn Sie sich für die Anschaffung eines Notebooks entscheiden, stets behutsam mit dem Gerät um und sichern Sie regelmäßig Ihre Daten (vgl.* **Kapitel 11***)!*

Unabhängig von der Art des Computers: Wo soll ich mir den Computer kaufen?

Kaufen Sie Ihren Computer neu und möglichst in einem Elektronik-Fachmarkt; greifen Sie am besten zu, wenn Sie ein passendes Sonderangebot in einem Werbeprospekt entdecken. Zwar haben auch Aldi, Lidl und andere Discounter sowie die großen Versandhäuser manchmal preisgünstige Geräte im Angebot, aber zum einen fehlt hier die qualifizierte Beratung, zum anderen werden Sie beim Discounter oder Versandhaus kaum die Hilfe bekommen, die ein Fachmarkt bietet, wenn es mal zu Problemen kommen sollte. Von einem Einkauf im Internet ist für Sie als Einsteiger noch deutlicher abzuraten.

Ich lese so viel von Tablet-PC und Smartphone – sind das Alternativen zum herkömmlichen Computer?

In den letzten Jahren sind weitere Computerarten sehr beliebt geworden. Es sind mobile, einfach zu handhabende Geräte, die allerdings eher eine Ergänzung denn eine Alternative zum herkömmlichen Computer darstellen. Lernen Sie auch diese Geräte kennen:

- **Tablet-PC:** Der Tablet-PC (sprich: [täblett-pc], englisch für „Tablett-PC") unterscheidet sich vom Desktop-Computer, Notebook und Netbook vor allem dadurch, dass sowohl Maus als auch Tastatur fehlen. Die Eingaben erfolgen stattdessen durch das Antippen des Bildschirms, denn Tablet-PCs sind mit einem sogenannten Touchscreen (sprich: [tatschskrien], englisch für „Berührungsbildschirm") ausgestattet – Touchscreens kennen Sie sicherlich bereits von Bank- oder Fahrkartenautomaten her. Die Abbildung zeigt als Beispiel das beliebte iPad (sprich: [eipäd]).

- **Smartphone:** Das Smartphone (sprich: [smartfoun], englisch für „pfiffiges Telefon") verfügt zwar ebenfalls über viele Funktionen, die ein herkömmlicher Computer bietet, sowie meist über weitere Funktionen wie etwa eine eingebaute Digitalkamera, ist aber mehr ein Mobiltelefon als ein Computer. Aufgrund der geringen Bildschirmgröße ist das Smartphone für ältere Menschen weniger geeignet. Die Abbildung zeigt als Beispiel das beliebte iPhone (sprich: [eifoun]).

Sowohl Tablet-PC als auch Smartphone lassen sich recht unkompliziert verwenden. Sie öffnen ein Programm (eine App; sprich: [äpp], vom englischen „application", das „Programm" bedeutet) durch Antippen und finden sich schnell mit den jeweiligen Funktionen zurecht. Auch in diesem Zusammenhang gilt allerdings: Kaufen Sie keine Billiggeräte, mit denen Sie nur wenig Freude haben werden. Sehr empfehlenswert, auch für Senioren, wäre unter anderem das oben gezeigte iPad des Unternehmens Apple (sprich: [äppel]).

Lernen Sie die wichtigsten Ausstattungsmerkmale und Geräte des Computers kennen

Wenn Sie sich einen Computer anschaffen, werden Sie mit einer ganzen Reihe unverständlicher Begriffe konfrontiert. Die folgende Tabelle gibt Ihnen einen Überblick über alle wichtigen Ausstattungsmerkmale sowie Geräte und hilft Ihnen dabei, Licht ins Dunkel zu bringen.

Bezeichnung	Abbildung	Was steckt dahinter?
Tastatur (andere Bezeichnung: Keyboard; sprich: [kih-bord], englisch für „Schlüssel-brett")	 *Die Tastatur verfügt über mehr Tasten als Ihre alte Schreibmaschine – mit den wichtigsten Tasten mache ich Sie in **Kapitel 3** vertraut. © Beate Wojciechowska – Fotolia.com.*	Die Tastatur ist ein sogenanntes Eingabegerät, weil Sie damit etwas in den Computer eingeben: in erster Linie Buchstaben, Ziffern und andere Zeichen, um z. B. einen Brief zu schreiben, aber auch den einen oder anderen „Befehl". In ein Notebook ist die Tastatur bereits eingebaut; an einen Desktop-Computer schließen Sie die Tastatur mit einem Kabel oder per Funk an.
Maus	 *Maus und Mauspad – die beiden sind unzertrennlich.*	Ein weiteres wichtiges Eingabegerät ist die Maus. Mit ihrer Hilfe wird ein Zeigepfeil über den Bildschirm bewegt, der zur Auswahl der verschiedensten Funktionen dient. Die Maus verfügt über mehrere Tasten, um die entsprechenden Funktionen auszuwählen; die linke Maustaste ist dabei am wichtigsten. Bewegt wird die Maus auf einem Mauspad (sprich: [mauspäd], englisch für „Mausfeld"; oft wird auch das Wort Mousepad, sprich: [maospäd] mit gleicher Bedeutung verwendet).
Funktastatur und -maus	 *Funktastatur und -maus – die Abbildung zeigt ein Set des Herstellers Logitech.*	Sowohl Tastatur als auch Maus können entweder per Kabel an den Computer angeschlossen werden oder per Funk. In diesem Fall dient ein kleiner Adapter dazu, die Informationen von den Eingabegeräten auf den Computer zu übertragen. Wenn Sie sich für diese Variante entscheiden, sollten Sie unbedingt Akkus statt normaler Batterien verwenden, da insbesondere die Funkmaus relativ viel Strom verbraucht.

Bezeichnung	Abbildung	Was steckt dahinter?
Touchpad (sprich: [tatsch-päd], englisch für „Berüh-rungsfeld")	 *Die Abbildung zeigt ein typisches Touchpad auf einem Notebook.*	In das Notebook sind auch die Mausfunktionen bereits eingebaut, meistens in Form des Touchpads – statt eine Maus zu bewegen, bewegen Sie den Zeigefinger über das Pad; das Auswählen erfolgt per Taste oder durch Tippen auf das Touchpad.
Arbeitsspeicher (andere Bezeichnung: RAM, sprich: rämm; die Ab-kürzung steht für **R**andom **A**ccess **M**emo-ry – „Direktzu-griffsspeicher")	 *Das Arbeitsspeicher-Modul (Her-steller des abgebildeten Produkts: Kingston Technology) würden Sie nur zu sehen bekommen, wenn Sie Ihren Computer aufschraubten.*	Im Arbeitsspeicher werden die Programme aufgeru-fen, die Sie auf Ihrem Computer verwenden. Achten Sie beim Kauf Ihres Computers auf einen möglichst großen Arbeitsspeicher: zwei Gigabyte, besser mehr (sprich: [gigabait], abgekürzt GB oder GByte; es handelt sich hierbei um eine Maßeinheit für Da-tenmengen) sollten es schon sein, denn je größer der Arbeitsspeicher Ihres Computers ist, desto schneller können Sie damit arbeiten, auch wenn Sie mehrere Programme gleichzeitig geöffnet haben.
Festplatte (andere Bezeichnung: HDD, die Ab-kürzung steht für **H**ard **D**isk **D**rive – „Fest-plattenlauf-werk")	 *Auch die Festplatte bekommen Sie in der Regel nie zu Gesicht.*	Während im Arbeitsspeicher die Daten aktueller Prozesse abgelegt werden, dient die Festplatte dazu, Daten dauerhaft zu schreiben. Angenommen, Sie verfassen einen Brief: Während Sie diesen schreiben, wird der Arbeitsspeicher beansprucht; nachdem Sie den Brief fertiggestellt haben, möch-ten Sie ihn jedoch auf der Festplatte speichern, um später jederzeit wieder darauf zugreifen zu können. Bei der Festplatte sind heute Speichergrößen ab 500 Gigabyte normal und ausreichend.
Prozessor (andere Bezeichnung: CPU, die Ab-kürzung steht für **C**entral **P**rocessing **U**nit – „zentrale Verarbeitungs-einheit)	 *So sieht ein Prozessor aus – hier ein Core i7 des Herstellers Intel.*	Klein, aber oho! Der Prozessor ist das Kernstück Ihres Computers: Er steuert die Rechenprozesse und ist für deren Geschwindigkeit verantwortlich. Als Faustregel gilt in diesem Zusammenhang: Je höher die Taktfrequenz des Prozessors ist, desto schneller können die Rechenprozesse durchgeführt werden. Die Taktfrequenz wird in Gigahertz angege-ben (= eine Milliarde Rechenprozesse pro Sekunde; abgekürzt: GHz).

Bezeichnung	Abbildung	Was steckt dahinter?
Grafikkarte	*Diese Abbildung zeigt eine Festplatte des Herstellers ATI (AMD).*	Auch die Grafikkarte hat einen großen Einfluss auf die Geschwindigkeit Ihres Computers. Sie dient dazu, die Anzeige der vom Computer erzeugten Daten auf dem Bildschirm zu steuern, und verfügt sowohl über einen eigenen Prozessor als auch über einen eigenen Arbeitsspeicher. Insbesondere dann, wenn Sie Ihren Computer für die Bild- und Videobearbeitung sowie für Computerspiele einsetzen möchten, sollten Sie auf eine möglichst leistungsstarke Grafikkarte Wert legen.
Soundkarte (sprich: [saondkarte], englisch für „Klangkarte")	*Und das ist eine Soundkarte (Hersteller des abgebildeten Modells: Creative Labs).*	Die Soundkarte (manchmal auch ein Soundchip) dient dazu, vom Computer erzeugte Klänge auszugeben, z. B. Hinweistöne oder Musik von der eingelegten Audio-CD, sowie ggf. auch Klänge aufzuzeichnen. Die Soundkarte bietet verschiedene Anschlüsse, insbesondere für Lautsprecher und Mikrofon.
Optisches Laufwerk	*Hier wird eine DVD behutsam in das optische Laufwerk eingelegt.*	Optisches Laufwerk hört sich kompliziert an, gemeint ist damit aber schlicht das DVD-Laufwerk, über das Ihr Computer in jedem Fall verfügen sollte (Ausnahme: Netbooks). Achten Sie darauf, dass Ihr Computer CDs und DVDs nicht nur lesen, sondern auch schreiben („brennen") kann.
Bildschirm (andere Bezeichnung: Monitor)	*Ein typischer Flachbildschirm, der mit einem Kabel an den Computer angeschlossen wird. © Kirsty Pargeter – Fotolia.com.*	Der Bildschirm ist das wichtigste Ausgabegerät. Auf ihm wird Ihnen eine Bedienoberfläche angezeigt, und es lassen sich darauf die verschiedensten Funktionen aufrufen, Filme betrachten usw. Achten Sie insbesondere bei Altersweitsichtigkeit auf eine ausreichende Bildschirmgröße: 17 Zoll (ca. 43 cm) Bildschirmdiagonale beim Notebook und 20 Zoll (ca. 51 cm) Bildschirmdiagonale beim Desktop-Computer sind empfehlenswert.

Bezeichnung	Abbildung	Was steckt dahinter?
Drucker	*Ein Tintenstrahldrucker aus dem Hause HP.*	Ein weiteres wichtiges Ausgabegerät ist der Drucker, mit dem Sie Dokumente, Webseiten, Bilder und andere Inhalte zu Papier bringen. Entscheiden Sie sich zwischen einem Tintenstrahldrucker und einem Laserdrucker – erstere sind erschwinglicher und für den privaten Gebrauch ausreichend; achten Sie aber darauf, dass nicht nur das Gerät günstig ist, sondern auch die regelmäßig benötigten Tintenpatronen!
Scanner (sprich: [skän-ner], englisch für „Abtaster")	*Die Abbildung zeigt einen Flach-bettscanner, in den – wie bei einem Kopiergerät – Bilder oder Dokumente eingelegt werden, um diese zu digitalisieren.* © Krzysiek z Poczty – Fotolia.com.	Sie möchten Ihre alten Fotos auf dem Computer speichern? Lassen Sie diese dazu Bildpunkt für Bildpunkt von einem Scanner abtasten, der dann die Farbinformationen auf den Computer übertragen kann. Häufigste Variante ist der sogenannte Flachbettscanner.
Kombigerät	*Ein Kombigerät wiederum des Herstellers HP: Drucker, Scanner und Kopiergerät in einem.*	Drucker, Scanner und Kopiergerät in einem: Das bieten Kombigeräte, die sich im Hausgebrauch als äußerst nützlich erweisen.
USB-Anschluss (USB ist die Abkürzung für **U**niversal **S**erial **B**us – „universeller serieller Übertragungsweg")	*So sieht ein USB-Anschluss aus – einer der wichtigsten Anschlüsse an Ihrem Computer.*	Der USB-Anschluss dient zum Anschließen vieler Geräte, z. B. der Maus, des Druckers, des Scanners, der Digitalkamera oder praktischer Speichergeräte. Sowohl beim Desktop-Computer als auch beim Notebook sollten mehrere USB-Anschlüsse zur Verfügung stehen.

Natürlich gibt es noch viele weitere Ausstattungsmerkmale und Geräte, aber denken Sie daran: Sie gehen Schritt für Schritt vor und müssen nicht alles auf einmal lernen. Die in der Tabelle vorgestellten Komponenten bezeichnet man übrigens auch als Hardware (sprich: [hardwär], englisch für „hartes Produkt").

Wozu brauche ich ein Betriebssystem?

Die oben kennengelernte Hardware wird durch Software (sprich: [softwär], englisch für „weiches Produkt") ergänzt. Während sich die Hardware anfassen lässt, ist die Software nichtphysisch: Es handelt sich dabei um das Betriebssystem Ihres Computers sowie um die verschiedenen Programme, die Sie auf dem Computer nutzen.

Wozu, bitte schön, braucht der Computer denn ein Betriebssystem?

Die Hardwarekomponenten Ihres Computers haben keinerlei Intelligenz. Das Betriebssystem – mit Ihnen als Oberbefehlshaber – dient sozusagen dazu, den dienstfertigen Geräten zu sagen, was sie zu tun haben. Moderne Betriebssysteme bieten darüber hinaus eine ansprechende Bedienoberfläche und sind mit zahlreichen Zubehörprogrammen ausgestattet.

Wo liegt der Unterschied zwischen dem Betriebssystem und einem Programm?

Sie können, wenn Sie es wollen, das Betriebssystem mit einem Sportstadion vergleichen – die Programme sind dann die Veranstaltungen, die in dem Stadion stattfinden, die also „unter einem Betriebssystem laufen". Es gibt heutzutage Programme zu allen denkbaren Themen: Schreibprogramme, Malprogramme, Kalenderprogramme, Steuerprogramme, Musikprogramme, Spielprogramme und viele, viele mehr. Voraussetzung für die Nutzung der Programme ist aber, dass Sie auf Ihrem Computer das passende Betriebssystem verwenden.

Es gibt also mehrere Betriebssysteme? Welches soll ich wählen?

Bei den Computern, die im Elektronik-Fachmarkt angeboten werden, ist ein Betriebssystem fast immer bereits vorhanden. Für Sie als Einsteiger kommen in die engere Auswahl:

- **Windows:** Das Betriebssystem Windows (sprich: [windous], englisch für „Fenster") wird vom Unternehmen Microsoft (sprich: [microsoft]) entwickelt und hat den Amerikaner Bill Gates zu einem der reichsten Menschen der Welt gemacht. Dieses Betriebssystem hat weltweit einen Marktanteil von über 90 %, und es wird für dieses Betriebssystem eine  unerschöpfliche Auswahl von Programmen angeboten. Die aktuelle Version des Betriebssystems ist (Stand: Juni 2011) Windows 7; der Nachfolger Windows 8 ist für 2012 angekündigt.

- **Mac OS:** Mac OS (sprich: [mäck o s], OS ist die Abkürzung für **O**perating **S**ystem – „Betriebssystem") kommt auf Computern des Herstellers Apple zum Einsatz, die sich bei ihren Nutzern großer Beliebtheit erfreuen und sich nicht nur durch ein attraktives Erscheinungsbild, sondern auch durch eine große Leistungsstärke auszeichnen. Die aktuelle Version des Be-

triebssystems ist (Stand: Juni 2011) Mac OS X Snow Leopard (sprich: [mäck o s zehn snou läppörd], der Nachfolger Lion (sprich: [leien]) ist für Sommer 2011 angekündigt).

Paul Brugger rät: Wovon ich Ihnen als Einsteiger abrate, sind sogenannte Linux- oder andere Betriebssysteme, die meist nicht so einfach zu handhaben sind. Kaufen Sie außerdem keinen Computer, bei dem gar kein Betriebssystem im Angebot enthalten ist! Die Darstellungen in diesem Buch erfolgen anhand von Windows 7; viele der vorgestellten Funktionen können aber auch auf andere Betriebssysteme übertragen werden.

Gut, dann also Windows 7. Allerdings werden von diesem Betriebssystem mehrere Editionen angeboten – habe ich die Qual der Wahl?

Lassen Sie sich von den verschiedenen Windows-7-Editionen nicht irritieren. Meistens werden Desktop-Computer und Notebooks mit Windows 7 Home Premium (sprich: [houm premium], das englische Wort „Home" bedeutet „Zuhause") angeboten. Diese Edition beinhaltet sämtliche Funktionen, die Sie benötigen werden.

*Das zeigt Ihr Bildschirm an, wenn Sie auf Ihrem Computer Windows 7 laden – die Bedienoberfläche stelle ich Ihnen in **Kapitel 3** noch ausführlich vor.*

Manchmal erhalten Sie mit einem Computer auch Windows 7 Ultimate (sprich: [alltimätt], eng-lisch für „Nonplusultra") – in dieser Edition sind sogar noch weitere Funktionen enthalten, die für Sie als Einsteiger allerdings weniger interessant sind.

Wenn Sie sich für ein Netbook entscheiden, ist dort häufig Windows 7 Starter das Betriebssys-tem der Wahl – ein abgespecktes Windows 7, in dem eine Reihe von Funktionen fehlen, das Sie aber dennoch für alle wichtigen Zwecke wie Briefe schreiben, Videos betrachten usw. einsetzen können.

Nun stellen Sie den Computer zu Hause richtig auf

Nachdem Sie sich für einen Computer entschieden haben, steht dem Kauf nichts mehr im Weg. Meine Empfehlung: Nehmen Sie ein Kind oder einen Enkel mit zum Einkauf, der sich mit Compu-tern besonders gut auskennt – er kann Ihnen wertvolle Tipps geben und außerdem beim Trans-port der Geräte helfen, was insbesondere beim Desktop-Computer nicht zu unterschätzen ist! Sobald Sie den Computer zu Hause haben, lesen Sie weiter.

Es ist so weit! Der Computer samt Zubehör steht in der Wohnung, alles ist bereits vor-sichtig ausgepackt. Und nun?

Suchen Sie zunächst nach einem geeigneten Ort, um den Computer aufzustellen. Am besten wäre natürlich ein großer Schreibtisch, bei Notebooks können Sie auch den Wohnzimmer- oder Küchentisch oder einen Tisch im Schlafzimmer verwenden. Wenn Sie länger am Computer arbei-ten, sollte allerdings in jedem Fall gewährleistet sein, dass Sie aufrecht sitzen können.

Im Schlafzimmer wäre eine kleine Ecke frei: Wäre dieser Platz ausreichend für einen Computer?

Sie kennen doch sicherlich das Schiller-Zitat: „Raum ist in der kleinsten Hütte". Wenn Sie für Ihren Computer einen speziellen Computertisch oder -schrank anschaf-fen, genügt selbst die Ecke im Schlafzimmer vollkommen, um Computer, Drucker und weitere Geräte unterzubrin-gen. Die Abbildung zeigt als Beispiel einen bei Necker-mann erhältlichen Computertisch (Preis im Juni 2011: rund 70 Euro).

Was muss ich beim Aufstellen noch beachten?

In jedem Fall muss eine Steckdose verfügbar sein, die Sie durch eine Steckdosenleiste erweitern. Die Steckdosenleiste sollte über einen Schalter verfügen, um alle angeschlossenen Geräte von der Stromzufuhr trennen zu können. Für die Internetverbindung sollte außerdem entweder der Telefonanschluss oder alternativ der Anschluss für das Kabelfernsehen in der Nähe sein (zum Thema Internetverbindung finden Sie alle wichtigen Informationen in **Kapitel 10**). Wichtig: Die Kabel dürfen auf keinen Fall als Stolperfallen quer durch das Zimmer führen!

Mithilfe einer Steckdosenleiste schalten Sie alle Geräte auf einmal aus (Quelle der Abbildung: Initiative EnergieEffizienz/dena).

Gilt das mit der Steckdose auch beim Notebook?

Ein Notebook benötigt nicht unbedingt einen Netzanschluss, sondern kann und sollte mit dem eingebauten Akku betrieben werden. Die Stromzufuhr muss allerdings vorhanden sein, wenn Sie den Akku gerade aufladen und dabei mit dem Notebook arbeiten möchten. Die Internetverbindung kann drahtlos erfolgen, wie ich es Ihnen in **Kapitel 10** beschreibe.

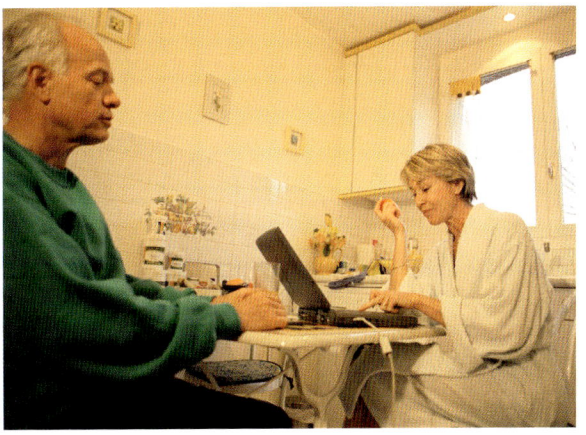

Ich habe einen schönen sonnigen Platz gewählt, um den Computer aufzustellen – ist das in Ordnung?

Eine gute Beleuchtung ist in jedem Fall wichtig, wenn Sie am Computer arbeiten, und kein Licht ist besser geeignet als Tageslicht. Allerdings darf die Sonne nicht direkt auf den Bildschirm strahlen, da die Bildschirminhalte ansonsten nicht mehr gut oder gar nicht mehr erkennbar sind. Am besten wäre es, wenn die Rückseite des Bildschirms zum Fenster zeigt. Zusätzlicher Vorteil: Sie können dann, während Sie einen langen Brief verfassen, auch ab und zu aus dem Fenster schauen, um Ihre Augen zu entspannen.

Was muss ich beachten, um bei der Arbeit am Computer meine Augen und meinen Rücken zu schonen?

Hören Sie in jedem Fall auf Ihren Körper! Wenn die Augen ermüden, legen Sie eine Pause ein; wenn ein Körperteil zu schmerzen beginnt, verändern Sie die Sitzposition und stehen auf, um eine gymnastische Übung zu machen. Beachten Sie außerdem die folgenden Hinweise:

Das ist Herr Rot – er zeigt Ihnen, wie man richtig am Computer sitzt.

- **Bildschirm:** Setzen Sie sich nicht zu dicht an den Bildschirm heran; der Abstand zwischen Ihren Augen und dem Bildschirm sollte bei einem kleinen Bildschirm mindestens 40 cm betragen, bei einem größeren Bildschirm entsprechend mehr (bei einem 20-Zoll-Bildschirm rund 80 cm!). Die Oberkante des Bildschirms sollte nach Möglichkeit der Augenhöhe entsprechen, was nur bei einem Desktop-Computer, nicht aber bei einem Notebook zu realisieren ist.

- **Tastatur:** Wenn Sie aufrecht vor dem Computer sitzen und die Arme fallen lassen, sollten sich die Ellbogen in Höhe der Tastatur befinden. Ist dies nicht gegeben, verändern Sie die Sitzhöhe Ihres Schreibtischstuhls bzw. verwenden Sie einen Stuhl, der die passende Höhe hat.

Ich habe alles verstanden! Kann ich den Computer jetzt aufstellen und in Betrieb nehmen?

Ja, nun wird es ernst. Bei einem Notebook genügt es prinzipiell, den Ein-/Aus-Schalter zu betätigen. Laden Sie aber zuerst mithilfe des Netzadapters, der der Verpackung des Gerätes beiliegt, den Akku voll auf, bevor Sie das Notebook in Betrieb nehmen.

Beim Desktop-Computer ist das Ganze etwas umständlicher: Alle Geräte, z. B. die Tastatur, die Maus und der Bildschirm, wollen zunächst an den eigentlichen Computer angeschlossen werden. Hierzu eine Empfehlung: Schließen Sie zunächst nur diejenigen Geräte an, die Sie für die Inbetriebnahme benötigen; Geräte wie Drucker oder Lautsprecher kommen erst später an die Reihe. Welcher Stecker wohin gehört, erkennen Sie an der Form (manchmal auch an der Farbe) des Steckers – da können Sie kaum etwas falsch machen, wenden Sie beim Verbinden aber keinerlei Gewalt an! Die Abbildung auf der nächsten Seite gibt Ihnen einen kleinen Überblick über die verschiedenen Anschlüsse.

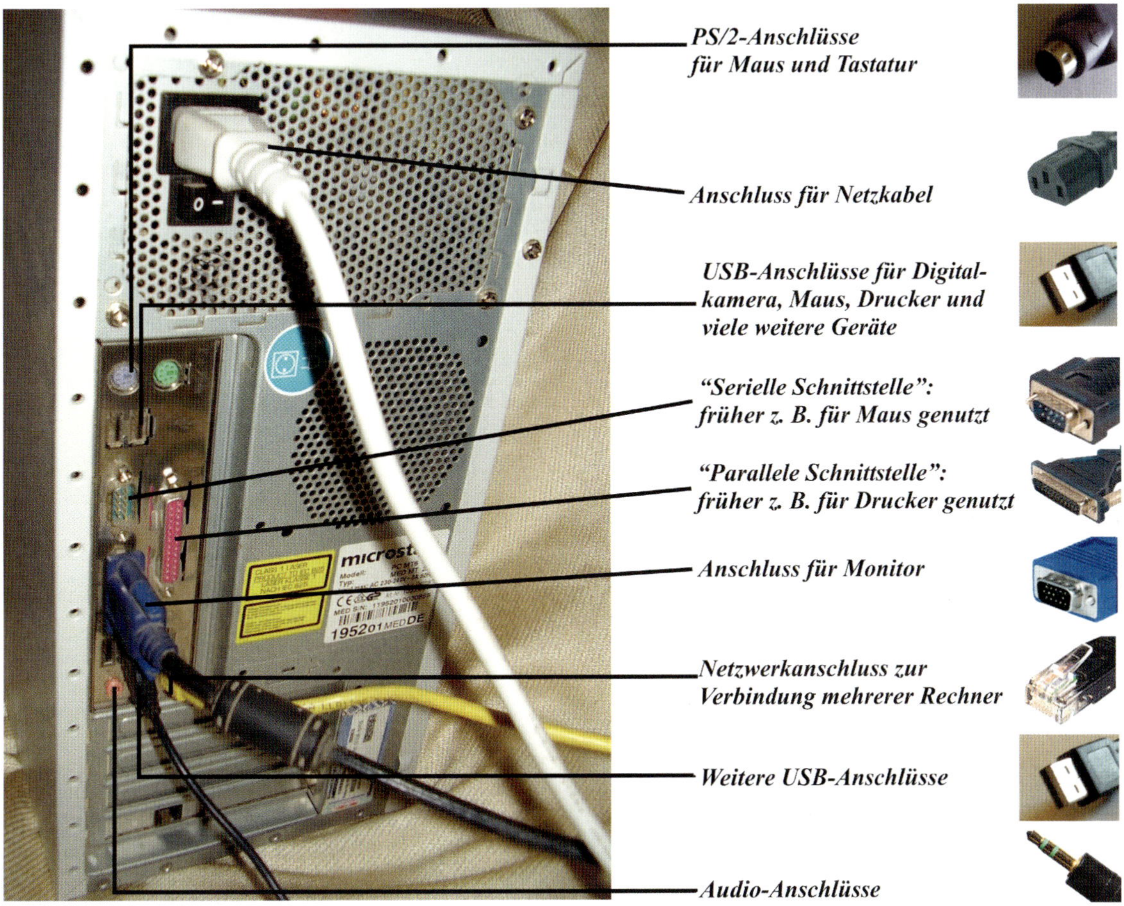

PS/2-Anschlüsse
für Maus und Tastatur

Anschluss für Netzkabel

USB-Anschlüsse für Digital-
kamera, Maus, Drucker und
viele weitere Geräte

"Serielle Schnittstelle":
früher z. B. für Maus genutzt

"Parallele Schnittstelle":
früher z. B. für Drucker genutzt

Anschluss für Monitor

Netzwerkanschluss zur
Verbindung mehrerer Rechner

Weitere USB-Anschlüsse

Audio-Anschlüsse

Ihr eigener Computer sieht ganz anders aus, vielleicht fehlen gar einige Anschlüsse, oder es sind einige weitere vorhanden? Darüber brauchen Sie sich keine Gedanken zu machen, denn wirklich entscheidend sind nur wenige Anschlüsse: Neben dem Anschluss für das Netzkabel sind dies die bereits auf Seite 25 kennengelernten USB-Anschlüsse, der Netzwerkanschluss (er ist wichtig für die Internetverbindung) sowie die Audioanschlüsse.

Ganz einfach: Sie nehmen Ihren Computer zum ersten Mal in Betrieb

Was Sie auf der Abbildung oben – unterhalb des Anschlusses für das Netzkabel – erkennen können, ist der Netzschalter. Schalten Sie mit diesem die Stromzufuhr Ihres Computers ein; wenn Sie eine Steckdosenleiste mit Schalter verwenden, können Sie zukünftig auf das Betätigen des Netzschalters verzichten.

Außer dem Netzschalter finden Sie, meist vorn an Ihrem Computer, auch einen Ein-/Aus-Schalter. Diesen betätigen Sie, nachdem Sie die Stromzufuhr eingeschaltet haben, um den Computer zu starten und wieder abzuschalten. Man spricht in diesem Zusammenhang auch von „Hochfahren" und „Herunterfahren" (wie das geht, verrate ich Ihnen erst am Ende von **Kapitel 3**, denn nun möchten Sie den Computer doch erst mal kennenlernen).

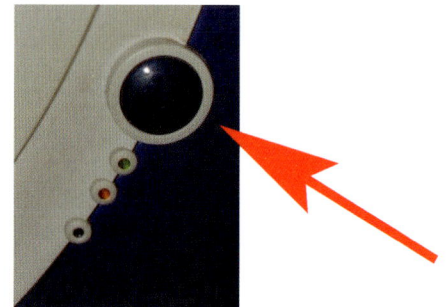

Voraussetzung für das Hochfahren ist, dass der Computer über ein Betriebssystem verfügt. Falls dieses noch nicht auf dem Computer vorhanden ist, muss es zunächst „installiert" (also auf dem Computer verfügbar gemacht) werden. Hierzu legen Sie den Installationsdatenträger in das Laufwerk ein – die DVD-Lade öffnen Sie, indem Sie die zugehörige Taste drücken – und folgen den Anweisungen des Assistenten, der eingeblendet wird; lesen Sie ggf. zunächst die Hinweise in **Kapitel 3** zum Umgang mit Maus und Tastatur.

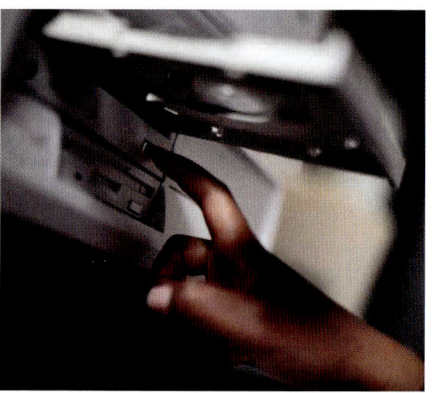

Paul Brugger rät: Sie können bei der Installation des Betriebssystems eigentlich nichts falsch machen, aber ich weiß aus eigener Erfahrung, dass einem bei einem solchen Vorgang nicht sehr wohl ist. Lassen Sie sich deshalb von einem Freund oder Verwandten helfen, der sich mit Computern schon etwas besser auskennt.

Meist wird das Betriebssystem aber bereits auf dem Computer „vorinstalliert" sein, d. h., es ist bereits verfügbar, und Sie müssen in der Regel nur noch ein paar kleine Einstellungen vornehmen, etwa Ihren Namen eingeben oder die Zeitzone bestimmen. Anschließend steht Ihnen die Bedienoberfläche zur Verfügung, wie ich Sie Ihnen auf Seite 27 gezeigt habe.

Sie haben Sicherheitsbedenken? Dann geht es Ihnen wie mir damals – doch keine Bange!

Sollen Sie wirklich bereits den Computer in Betrieb nehmen, obwohl Sie sich noch gar nicht damit auskennen? Kann da nichts passieren? Lassen Sie mich Ihnen zum Schluss dieses Kapitels noch einige – durchaus verständliche – Sicherheitsbedenken nehmen.

Was kann bereits beim Aufstellen des Computers schiefgehen?

Ein Computer ist ein elektronisches Gerät wie eine Kaffeemaschine oder ein Fernseher. Lassen Sie den Computer nicht herunterfallen oder im Regen stehen – durch so etwas könnte das Gerät kaputtgehen, aber ganz gewiss nicht, wenn Sie ein Kabel versehentlich falsch anschließen.

Und beim Einschalten des Computers: Kann ich da etwas falsch machen?

Es lassen sich grundsätzlich viele Fehler machen, aber keine, die nicht behoben werden könnten: So könnten Sie versehentlich die Bildschirmhelligkeit ungewollt verändern oder eine unpassende Zeitzone auswählen – das ist lästig, und es kostet anfangs viel Zeit, um solche Fehler rückgängig zu machen, aber es ist kein Beinbruch.

> Paul Brugger rät: *Lesen Sie anfangs alle Hinweise, die auf dem Bildschirm angezeigt werden, und nehmen Sie eine Einstellung erst dann vor, wenn Sie wissen, welche Änderung bewirkt wird!*

Was kann bei der Computernutzung im schlimmsten Fall passieren?

Sie haben in der Zeitung sicherlich bereits viel über Computerkriminalität gelesen. Das ist tatsächlich ein großer Risikofaktor, allerdings erst dann, wenn Sie sich mit dem Internet verbinden: Ihre Daten könnten ausgespäht werden und es gibt in der Tat Personen, denen aufgrund unbedachter Handlungen im Internet Geld vom Konto gestohlen wurde. Aber: Wenn Sie gewisse Sicherheitsregeln beachten, wie ich sie Ihnen in **Kapitel 11** vorstelle, wird nichts passieren!

Ein weiterer Risikofaktor ist der Computer selbst: Wie ich bereits geschrieben habe, handelt es sich um ein elektronisches Gerät wie beispielsweise die Kaffeemaschine – und elektronische Geräte können natürlich auch mal kaputtgehen. Beim Computer ist dies besonders ärgerlich, da Sie im Lauf der Zeit wichtige Dokumente, Fotos und vieles mehr darauf speichern. Vor diesem seltenen Ernstfall schützen Sie sich durch Sicherungskopien – gehen Sie dabei vor wie ebenfalls in **Kapitel 11** beschrieben.

Ansonsten gilt, was Johann Wolfgang von Goethe sagte: „Wer sichere Schritte tun will, muss sie langsam tun." Gehen Sie die ersten Schritte mit Ihrem Computer langsam und mit Bedacht; wagen Sie sich erst dann auf neues Terrain, wenn Sie darüber in diesem Buch gelesen und alles verstanden haben!

Jetzt beginnen Sie, den Computer zu steuern: Lernen Sie alle wichtigen Funktionen auf dem Bildschirm kennen

"Aus kleinem Anfang entspringen alle Dinge."

(Marcus Tullius Cicero)

Nach dem Einschalten des Computers werden Sie zunächst noch etwas ratlos sein: Wie gehen Sie weiter vor? Wie können Sie ein Programm aufrufen? Was bedeuten die verschiedenen Bereiche, die auf dem Bildschirm angezeigt werden?

In diesem Kapitel erfahren Sie die Grundlagen für die Bedienung Ihres Computers: Sie lernen, mit Maus und Tastatur umzugehen, und machen sich mit der Bedienoberfläche sowie mit grundlegenden Bedienfunktionen vertraut. Sie werden dabei schnell feststellen: Das alles ist einfacher als gedacht!

Um dem Computer Befehle zu erteilen: keine Angst vor der Maus!

In der Tabelle auf Seite 22 habe ich Ihnen die Maus bereits kurz vorgestellt. Lassen Sie mich Ihnen nun zeigen, wie Sie mit diesem kleinen Gerät Ihren Computer bedienen. Sie werden schnell feststellen: Das ist nicht nur sehr einfach, sondern bereitet sogar Vergnügen!

Bitte ganz von vorn: Worin besteht der Zweck der Maus?

Wie bereits erwähnt, erteilen Sie dem Computer mit der Maus Befehle. Beispielsweise könnte Ihnen auf dem Bildschirm die Auswahl *Speichern* oder *Abbrechen* angezeigt werden. Ebenfalls auf dem Bildschirm verfügbar ist ein Mauszeiger ( ) – dieser folgt den Bewegungen, die Sie mit der Maus auf dem Mauspad vollführen. Bewegen Sie den Mauszeiger entweder auf *Speichern* oder *Abbrechen* und treffen Sie mit einem „Mausklick" Ihre Auswahl.

Mausklick – was heißt das?

Eine moderne Maus bringt zwei Maustasten mit. Die linke Maustaste ist dabei am wichtigsten, weil Sie mit dieser Ihre Auswahl treffen. Durch das Anklicken mit der rechten Maustaste lässt sich oftmals ein sogenanntes Kontextmenü aufrufen (also ein Menü, das im Zusammenhang mit der jeweiligen Auswahl steht). Zwischen linker und rechter Maustaste befindet sich meist entweder eine mittlere Maustaste oder ein Scrollrad (sprich: [skrollrad], englisch für „Abrollrad") – damit lässt sich z. B. eine Seite auf dem Bildschirm nach unten oder oben blättern.

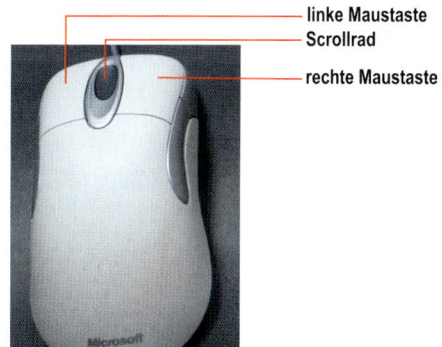

linke Maustaste
Scrollrad

rechte Maustaste

Das klingt einfach! Und wie funktioniert das Ganze bei einem Notebook?

An ein Notebook könnten Sie grundsätzlich auch eine herkömmliche Maus anschließen. Allerdings verfügen die meisten Notebooks über ein sogenanntes Touchpad, das die Maus überflüssig macht. Auf dem Touchpad zeigen Sie dem Mauszeiger mit der Bewegung Ihres Fingers, in welche Richtung er sich bewegen soll. Die Auswahl (z. B. *Speichern* oder *Abbrechen*) erfolgt durch Antippen des Touchpads oder durch Tasten, die in der Regel unten am Touchpad angebracht sind – diese übernehmen die Funktion der linken und rechten Maustaste.

Hm, das ist noch sehr thereotisch. Bitte ein Beispiel!

Gut, angenommen, Sie möchten sich in Windows 7 einen Kalender für Oktober 2012 anzeigen lassen – gehen Sie hierzu folgendermaßen vor:

1

Rechts unten auf dem Bildschirm werden Ihnen Uhrzeit und aktuelles Datum angezeigt. Bewegen Sie den Mauszeiger darauf und drücken Sie dann einmal auf die linke Maustaste („Mausklick").

2

Sie sehen nun einen Monatskalender. Bewegen Sie den Mauszeiger auf den kleinen Rechtspfeil (▸) und drücken Sie so lange die linke Maustaste …

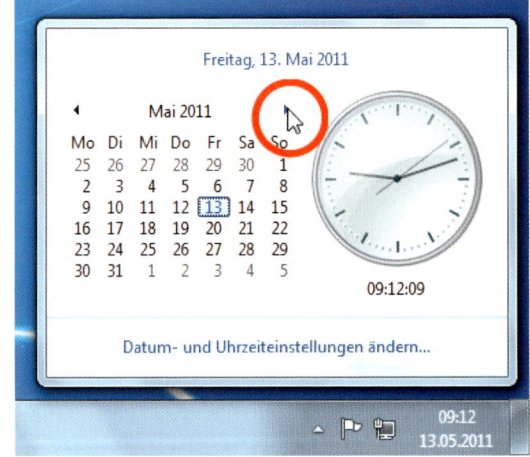

3

…, bis Sie beim gewünschten Kalender (Oktober 2012) angelangt sind. Um den Kalender wieder auszublenden, klicken Sie einfach erneut auf Uhrzeit und Datum rechts unten auf dem Bildschirm.

Das ist doch einfach, nicht wahr? Meine Empfehlung: Klicken Sie einfach mal die einzelnen Symbole rechts unten auf dem Bildschirm mit der linken Maustaste an und schauen Sie, was passiert. Der Umgang mit der Maus wird anfangs ungewohnt sein, wird Ihnen aber schon bald in Fleisch und Blut übergehen.

Und wenn ich Uhrzeit und Datum oder ein Symbol mit der rechten Maustaste anklicke?

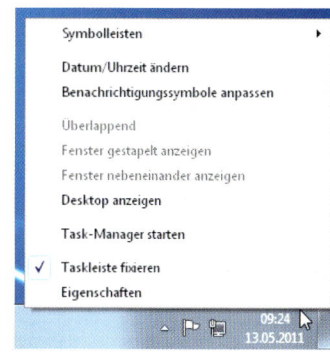

Das Anklicken mit der rechten Maustaste öffnet meist ein Kontextmenü. Auch in diesem Zusammenhang möchte ich Sie dazu ermutigen, es einfach auszuprobieren! Die Abbildung zeigt, wie ich Uhrzeit und Datum mit der rechten Maustaste anklicke (also den Mauszeiger auf Uhrzeit und Datum bewege und die rechte Maustaste drücke); daraufhin werden verschiedene Auswahlmöglichkeiten angeboten – Sie müssen aber selbstverständlich noch nicht verstehen, was es mit diesen Auswahlmöglichkeiten auf sich hat!

Wenn ich Uhrzeit und Datum mit der mittleren Maustaste anklicke, passiert gar nichts!

Die mittlere Maustaste kann zusätzliche Funktionen bieten, was aber längst nicht immer der Fall ist. Hier ein kleines Beispiel für eine nützliche Funktion: Sie finden unten auf dem Bildschirm verschiedene Symbole zum Öffnen von Programmen vor, etwa das Symbol . Wenn Sie das Symbol mit der linken Maustaste anklicken, öffnen Sie das entsprechende Programm; klicken Sie das Symbol daraufhin mit der mittleren Maustaste an, öffnen Sie ein weiteres Fenster. Doch ich greife hier bereits auf Funktionen vor, die Sie erst noch kennenlernen werden – lassen Sie sich bitte nicht verwirren! Es geht zunächst nur darum: Auch die mittlere Maustaste und das Scrollrad haben durchaus nützliche Funktionen.

Auf dem Bildschirm befindet sich ein Papierkorb-Symbol. Wenn ich es mit der linken Maustaste anklicke, verfärbt es sich – ansonsten passiert überhaupt nichts!

Das Anklicken mit der linken Maustaste dient der Auswahl, die in diesem Fall durch eine Färbung dargestellt wird. Möchten Sie den Papierkorb öffnen, verwenden Sie einen Doppelklick. Dieser besteht darin, den Mauszeiger auf das Papierkorb-Symbol zu bewegen und zweimal sehr schnell hintereinander die linke Maustaste zu drücken.

Aha! Gibt es noch weitere Funktionen der Maus?

Ja, mit der Maus lassen sich manche Elemente auch verschieben. Dies können Sie ebenfalls mit dem Papierkorb-Symbol ausprobieren: Bewegen Sie den Mauszeiger darauf; drücken Sie dann die linke Maustaste und halten Sie diese gedrückt; bewegen Sie die Maus daraufhin in eine andere Position und lassen Sie die linke Maustaste los – Sie stellen fest, dass das Symbol verschoben wurde.

*Paul Brugger rät: Die Mausfunktionen müssen Sie nicht auswendig lernen, denn wenn Sie – wie Ihnen ab **Kapitel 4** vorgestellt wird – die verschiedensten Programme auf Ihrem Computer verwenden, werden Sie die einzelnen Mausfunktionen bereits nach kürzester Zeit wie von selbst beherrschen.*

Wie bei einer Schreibmaschine: Lernen Sie die Tastatur kennen

Die Tastatur Ihres Computers wird Ihnen deutlich weniger ungewohnt vorkommen als die Maus, denn sie ähnelt der Tastatur Ihrer alten Schreibmaschine. Aber Sie werden merken: Da gibt es einige Tasten, die auf der Schreibmaschine nicht vorkommen. Hier deshalb ein kleiner Überblick über besonders wichtige Tasten.

Warum denn so viel mehr Tasten als auf einer Schreibmaschine?

Während die Tastatur der Schreibmaschine lediglich dem Schreiben dient, können mit der Tastatur auch Befehle gegeben und Funktionen aufgerufen werden. Auf der Tastatur in der Abbildung habe ich besonders wichtige Tasten für Sie gekennzeichnet. In der Tabelle erkläre ich Ihnen, was es mit der jeweiligen Taste auf sich hat.

Paul Brugger rät: Lassen Sie sich von der Tastatur nicht verwirren, denn auch hier gilt, dass Sie nicht alles auf einmal erfassen müssen! Die Hinweise in diesem Kapitel dienen lediglich dem ersten Kennenlernen und späteren Nachschlagen – keineswegs sollen die seltsamen Begriffe und Abkürzungen Sie abschrecken!

Taste	Abbildung	Bedeutung	Funktion
Esc		Escape (sprich: [iskeip], englisch für „Ent-kommen")	Die Esc-Taste befindet sich links oben auf der Tastatur Ihres Computers. Mit ihrer Hilfe beenden Sie laufende Funktionen und Prozesse, brechen also beispielsweise das Laden einer Internetseite ab.
Enter		Eingabe	Mithilfe der Enter- oder Eingabe-Taste bestätigen Sie „Befehle" an Ihren Computer und setzen in einem Text Absätze.
Strg		Steuerung	Diese Taste hat keine eigene Funktion. In Kombination mit anderen Tasten lassen sich damit aber bestimmte Funktionen aufrufen, beispielsweise verwenden Sie Strg+F, um in einem Dokument eine Suchfunktion zu aktivieren.
Alt		Alternate (sprich: [olternett], englisch für „Wech-seln")	Wie bei der Strg-Taste rufen Sie auch mit der Alt-Taste einzelne Funktionen in Kombination mit anderen Tasten auf. Mithilfe der Alt-Taste und einem Buchstaben lassen sich in einem Programm außerdem ohne Maus einzelne Menüpunkte auswählen.
AltGr		Alternate Graphic (sprich: [olternett gräfik], englisch für „Grafik wechseln")	Mit dieser Taste rufen Sie die Drittbelegung von Tasten ab. AltGr+Q erzeugt beispielsweise das im Zusammenhang mit dem Internet häufig gebrauchte Zeichen @. *AltGr + Pfeiltaste = Drehung Bildschirm*
Tab		Tabulator	In Texten dient die Tab-Taste zum Erzeugen neuer Spalten. Sie können sie aber auch verwenden, um ohne Maus verschiedene Funktionen auf dem Bildschirm auszuwählen. Drücken Sie die Tab-Taste dazu einfach so lange, bis die gewünschte Funktion markiert ist, und bestätigen Sie mit der Enter-Taste.
Entf		Entfernen	Mit dieser Taste entfernen Sie Inhalte vom Bildschirm, löschen also etwa den in einem Dokument markierten Text.
Rück-Taste			Sie haben sich beim Schreiben eines Textes vertippt? Drücken Sie diese Taste, um die zuletzt geschriebenen Zeichen zu löschen.
Pfeil-tasten			Statt mit der Maus können Sie sich auch mithilfe der Pfeiltasten in einem Dokument fortbewegen oder eine Option im jeweils geöffneten Menü aufrufen.

Taste	Abbildung	Bedeutung	Funktion
Umschalt-Taste			Die Umschalt-Taste dient beim Computer wie bei der Schreibmaschine in erster Linie zum Umschalten zwischen Groß- und Kleinschreibung; es lassen sich damit aber auch weitere Funktionen nutzen – wenn Sie z. B. wie auf Seite 37 beschrieben ein Programmsymbol mit der linken Maustaste anklicken, während Sie die Umschalt-Taste gedrückt halten, so hat dies den gleichen Effekt wie das Anklicken mit der mittleren Maustaste.
Feststell-Taste			Auch diese Taste ist Ihnen von der Schreibmaschine her vertraut: Wollen Sie eine Folge von Großbuchstaben eintippen, drücken Sie diese Taste, damit Sie nicht einzeln die Umschalt-Taste betätigen müssen. Vorsicht: Man kommt manchmal versehentlich auf die Taste – wenn der Computer plötzlich komische Zeichen ausgibt, kann dies die Ursache sein! Drücken Sie die Feststell-Taste dann einfach erneut.
F-Tasten	F1 ? bis F12 Rol	Funktionstasten	Die F-Tasten oben auf der Tastatur bieten Ihnen, abhängig vom verwendeten Programm, verschiedene Funktionen an: Durch Drücken von F1 beispielsweise lässt sich meist ein Hilfe-Menü aufrufen.
Fn	Fn	Funktion	Diese Taste ist für Sie relevant, wenn Sie ein Notebook nutzen. Da die Tastatur dort nur vergleichsweise kleinen Raum einnehmen darf, werden bestimmte Tastaturfunktionen in die normale Tastatur integriert – und können mithilfe der Fn-Taste abgerufen werden.

Die Tastatur Ihres Computers verfügt noch über weitere Tasten, die Sie nach und nach kennenlernen werden, wenn Sie mit Ihrem Computer regelmäßig umgehen. Anfangs müssen Sie nach einer bestimmten Taste vielleicht noch suchen, doch wenn Sie diese erst ein paarmal verwendet haben, wird es schneller gehen – fest versprochen!

Die Bedienoberfläche Ihres Computers schnell im Griff

Mit Maus und Tastatur haben Sie sich auf den vorherigen Seiten dieses Kapitels angefreundet. Nun ist es an der Zeit, dass Sie sich mit der Bedienoberfläche von Windows 7 vertraut machen. Vor wenigen Jahrzehnten noch mussten Sie Befehle eintippen, um Funktionen Ihres Computers aufzurufen – heute gelingt dies wesentlich komfortabler!

Sieht die Bedienoberfläche bei jedem Computer gleich aus?

Nein, welche Bedienoberfläche angezeigt wird, hängt davon ab, welches Betriebssystem Sie verwenden (vgl. Seite 26 ff.). Im Folgenden wird die Bedienoberfläche des Betriebssystems Windows 7 gezeigt; die Bedienoberflächen anderer Betriebssysteme sind dieser aber zumindest ähnlich.

Wie gelange ich denn zur Bedienoberfläche, die hier vorgestellt wird?

Die Bedienoberfläche wird Ihnen automatisch angezeigt, wenn Sie Ihren Windows-7-Computer einschalten. Sollten Sie vorher – ich hatte Sie ja dazu ermutigt – einige Symbole angeklickt und dadurch eventuell ein Programm geöffnet haben, klicken Sie auf das Rechteck ( ) ganz rechts unten auf dem Bildschirm, um wieder zur ursprünglichen Bedienoberfläche zu gelangen.

In welche Bereiche ist die Bedienoberfläche eingeteilt – ich sehe lediglich ein großes Hintergrundbild und unten eine relativ schmale Leiste?

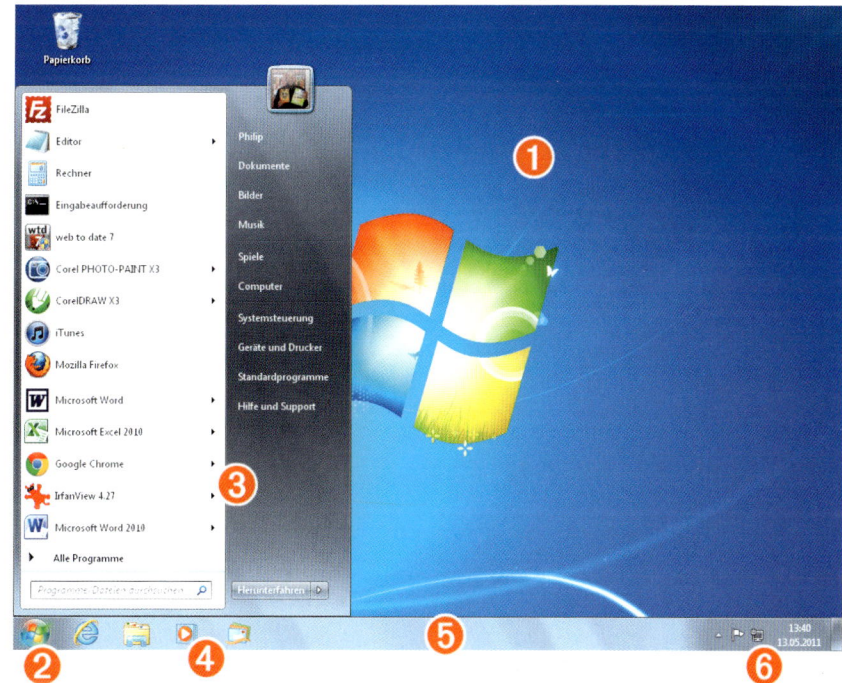

Ganz recht, die Bereiche sind auf den ersten Blick nicht offensichtlich. Den größten Teil der Bedienoberfläche nimmt der sogenannte Desktop ein ❶; ganz links unten finden Sie darüber hinaus einen Start-Knopf ❷; per Mausklick auf den Start-Knopf öffnen Sie das Startmenü ❸. Neben dem Start-Knopf befinden sich einige Programmsymbole ❹, eine freie Fläche für weitere Programmsymbole ❺ sowie ganz rechts der Infobereich ❻. Die gesamte Leiste unten auf dem Bildschirm bezeichnet man auch als Taskleiste (aus dem Englischen übersetzt bedeutet das so viel wie „Aufgabenleiste").

Aha, und wozu dienen die Bereiche der Bedienoberfläche im Einzelnen?

Stellen Sie sich die Bedienoberfläche Ihres Computers vor wie einen Schreibtisch: Der Desktop ist die Schreibtischplatte; in der Taskleiste finden Sie die Schubladen und Regale, aus denen Sie die Funktionen herausholen. Hier ein genauerer Überblick über die Bereiche der Bedienoberfläche:

- **Desktop ❶**: Der Desktop ist der mit Abstand größte Bereich auf dem Bildschirm. In diesem Bereich werden die verschiedenen Programme geöffnet (hier z. B. ein Programm zum Schreiben von Texten), außerdem lassen sich auf dem Desktop auch „Verknüpfungen" zu Programmen und andere Elemente ablegen; auch lässt sich der Desktop mit einem eigenen Hintergrund versehen – doch zu diesen Themen mehr in **Kapitel 14**.

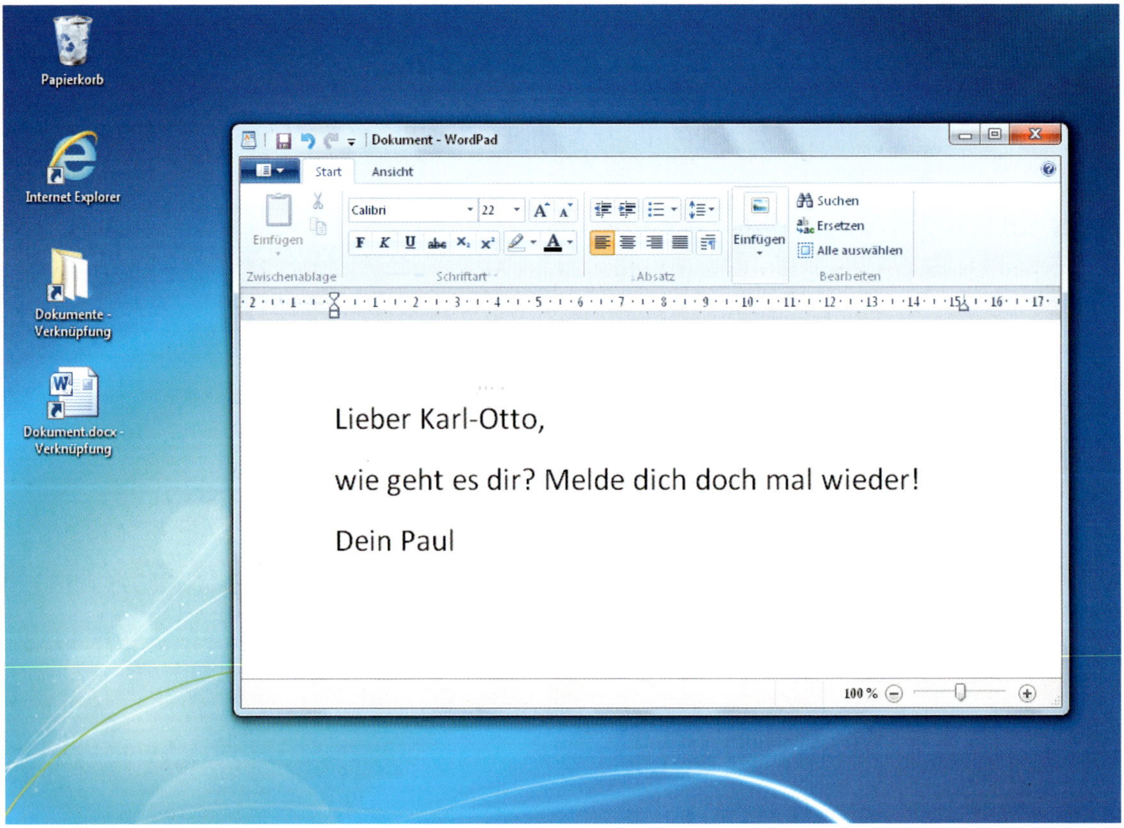

- **Start-Knopf ❷**: Der Start-Knopf () dient dazu, das Startmenü zu öffnen – klicken Sie ihn dazu einfach mit der linken Maustaste an; wenn Sie den Start-Knopf mit der rechten Maustaste anklicken, greifen Sie auf weitere Funktionen zu.

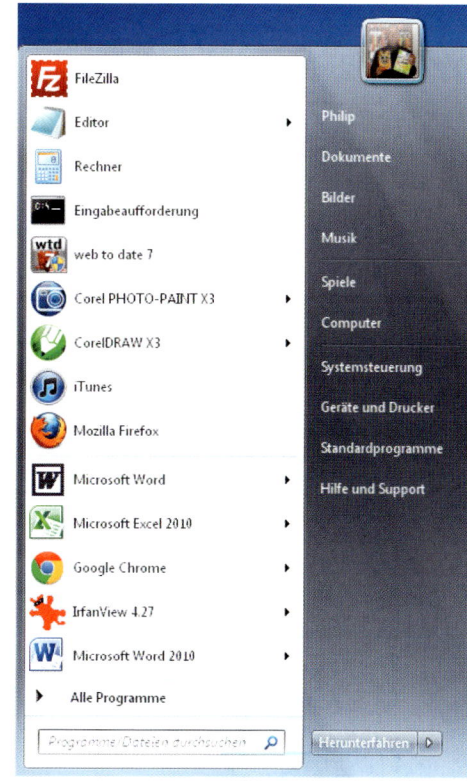

- **Startmenü ❸**: Das Startmenü, das Sie durch einen Klick auf den Start-Knopf aufrufen, ist sozusagen die Schaltzentrale Ihres Computers. Hier rufen Sie die einzelnen Programme und alle wichtigen Funktionen auf. Das Startmenü stelle ich Ihnen in **Kapitel 4** noch ausführlich vor. (Übrigens: Es ist ganz normal, dass bei Ihnen im Startmenü andere Symbole angezeigt werden.)

- **Programmsymbole ❹**: Rechts neben dem Start-Knopf finden Sie einige Programmsymbole vor. Jedes Symbol dient zum Öffnen des entsprechenden Programms, indem Sie das Symbol mit der linken Maustaste anklicken: Das Symbol ℮ öffnet ein Programm zum Anzeigen von Webseiten (siehe **Kapitel 10**), das Symbol 📁 öffnet ein Programm zum Verwalten Ihrer Dokumente und Fotos (siehe **Kapitel 7**), das Symbol ▶ öffnet ein Programm zum Abspielen von Musik und Videos (siehe **Kapitel 13**), und Sie können noch beliebige weitere Symbole hinzufügen – wie es gemacht wird, erfahren Sie in **Kapitel 14**.

- **Freie Fläche ❺**: Die freie Fläche rechts neben den Programmsymbolen wird gefüllt, sobald Sie weitere Programme öffnen – auch für diese wird dann jeweils ein Symbol angezeigt; wenn Sie mehrere Programme gleichzeitig verwenden, haben Sie dadurch einfachen Zugriff auf alle geöffneten Programme.

- **Infobereich ❻**: Der Infobereich rechts unten auf dem Bildschirm schließlich enthält Symbole vor allem zum Aufrufen von Systemfunktionen. Ausgeblendete Symbole rufen Sie unter dem Pfeilsymbol (🔺) auf.

Sie sehen: Der Bildschirm Ihres Computers ist einfach aufgebaut, hat es aber in sich. Sie müssen aber auch hier nichts auswendig lernen – in diesem Buch wird Ihnen stets genau gesagt, was gerade zu tun ist!

Klick mit rechter Maustaste auf freie Fläche des Desktop
Klick auf Ansicht, dann „Große Symbole"

Hilfe! Bei mir auf dem Bildschirm werden die Symbole sehr klein angezeigt

Wie groß die Symbole und andere Inhalte auf dem Bildschirm angezeigt werden, ist lediglich eine Frage der richtigen Einstellung. Gern verweise ich Sie in diesem Zusammenhang auf das **Kapitel 9**, in dem Sie alle Informationen und Anleitungen zu solchen Problemen finden.

Windows ist das englische Wort für Fenster

Das weltweit am häufigsten genutzte und für die Darstellungen in diesem Buch verwendete Betriebssystem heißt Windows – „Fenster". Doch warum eigentlich? Lassen Sie mich Ihnen im Folgenden erklären, was Fenster auf Ihrem Computer sind und wie einfach sie funktionieren.

Ein Fenster auf dem Computer – was ist darunter zu verstehen?

Genauso wie das Betriebssystem Ihres Computers eine Bedienoberfläche hat, haben auch die meisten Programme, die Sie auf dem Computer verwenden, eine eigene Bedienoberfläche. Diese wird Ihnen jeweils in einem Fenster – einem Programmfenster – auf dem Desktop angezeigt. Das Praktische: Sie können auf Ihrem Computer mehrere Fenster gleichzeitig öffnen und ganz einfach zwischen den einzelnen Programmfenstern wechseln. Hierzu dienen unter anderem die oben kennengelernten Programmsymbole in der Taskleiste.

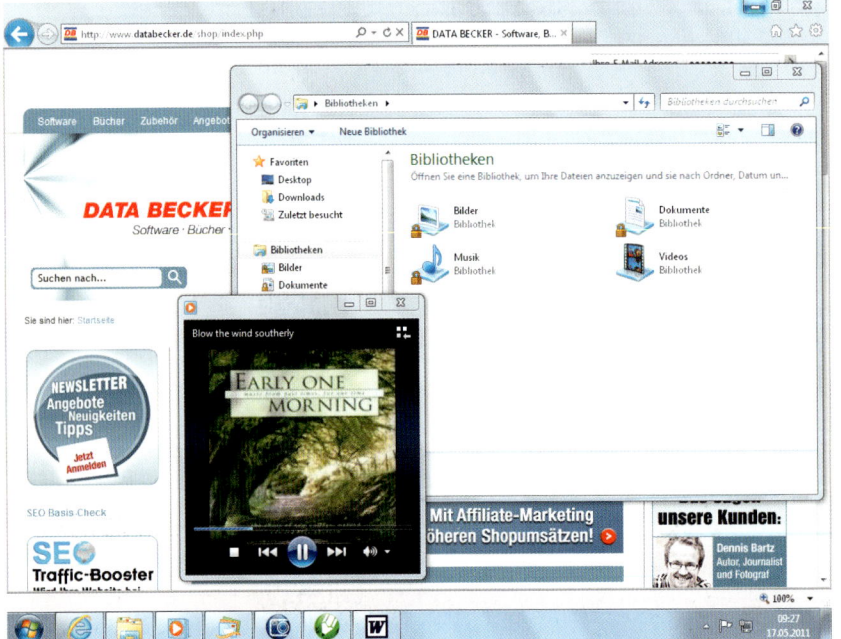

Hier werden gleich drei verschiedene Programmfenster auf dem Desktop eingeblendet, andere Programme werden in der Taskleiste als geöffnet angezeigt.

Ein Programmfenster, das ich öffne, hat ein recht kleines Format: Kann ich es auf den gesamten Desktop erstrecken?

Ja, bei den meisten Programmfenstern ist dies möglich; Sie finden hierzu rechts oben im Fenster entsprechende Symbole: Klicken Sie auf das Symbol ▢, um das Programmfenster auf den gesamten Desktop zu maximieren; das Symbol ▣ dient entsprechend dazu, ein maximiertes Fenster wieder zu verkleinern.

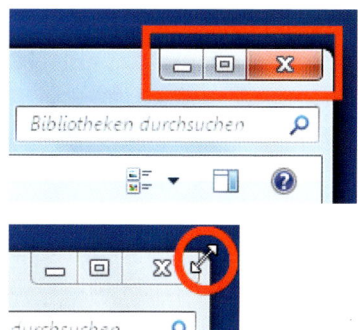

Alternativ können Sie ein Programmfenster größer ziehen: Wenn Sie den Mauszeiger in die Ecke bzw. an den Rand eines Fensters bewegen, erscheint hierzu ein Doppelpfeil (⤢). Klicken Sie in die Ecke bzw. an den Rand und ziehen Sie das Fenster bei gedrückter linker Maustaste größer.

Und wie kann ich ein Programmfenster wieder schließen?

Sie haben die Wahl, ein Programm entweder auszublenden – also in der Taskleiste abzulegen, zu minimieren – oder komplett zu beenden. Zum Ausblenden eines Fensters klicken Sie auf das Fenstersymbol ▭ oder alternativ auf das Programmsymbol in der Taskleiste. Um das Fenster zu schließen, klicken Sie auf das Kreuzsymbol (X) rechts oben im Programmfenster.

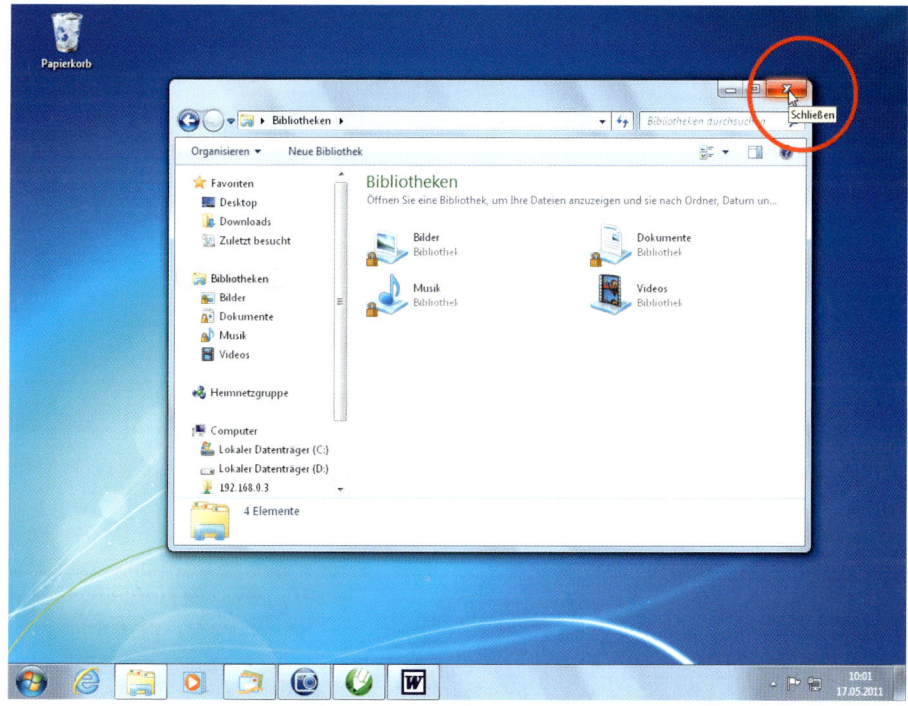

Hier klicke ich rechts oben im Programmfenster auf das Kreuzsymbol, um ein Programm zu beenden.

Gibt es noch andere Möglichkeiten, ein Programmfenster zu schließen?

Sie müssen ein Programmfenster gar nicht unbedingt aufrufen, um es zu schließen. Klicken Sie stattdessen einfach das Programmsymbol in der Taskleiste mit der rechten Maustaste an, und klicken Sie im Menü, das sich öffnet, mit der linken Maustaste auf *Fenster schließen*.

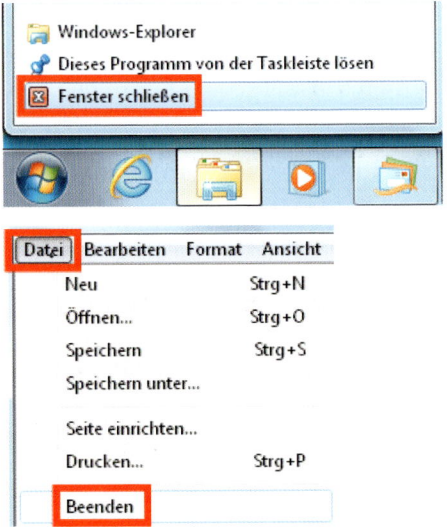

Viele Programme bieten darüber hinaus eine Menüleiste zum Aufrufen der verschiedenen Programmfunktionen. Zum Beenden des Programms lautet die Menüauswahl häufig *Datei/Beenden*, d. h., Sie klicken in der Menüleiste mit der linken Maustaste auf *Datei*, um ein Auswahlmenü einzublenden; in diesem Auswahlmenü klicken Sie dann mit der linken Maustaste auf *Beenden*.

Wie viele Programmfenster kann ich auf meinem Computer gleichzeitig öffnen?

Wie viele Programme und Funktionen Sie auf Ihrem Computer gleichzeitig aufrufen können, richtet sich in erster Linie nach dem Arbeitsspeicher des Computers (vgl. Seite 23). Um nicht den Überblick zu verlieren und unter Umständen Programmprozesse zu verlangsamen, empfehle ich Ihnen jedoch grundsätzlich, immer nur die tatsächlich benötigten Fenster geöffnet zu lassen.

Übrigens: Wenn Sie mehrere Fenster des gleichen Programms öffnen, werden die Symbole in der Taskleiste „gestapelt". Bewegen Sie dann den Mauszeiger auf das Programmsymbol (z. B. ), um kleine Vorschaufenster zu erhalten – durch das Anklicken eines Vorschaufensters öffnen Sie das gewünschte Programmfenster im Großformat.

Und so einfach schalten Sie Ihren Computer wieder aus

Sie haben auf den vorangegangenen Seiten dieses Buches bereits viel über den Computer gelernt. Vielleicht möchten Sie sich nun eine kleine Pause gönnen und den Computer ausschalten. Wichtig: Unterbrechen Sie dazu nicht einfach die Stromzufuhr, da dies zu Datenverlusten führen kann! Der Computer muss heruntergefahren werden.

Was bedeutet „Herunterfahren" und wie gehe ich dazu vor?

Beim Herunterfahren speichert Ihr Computer noch verschiedene Einstellungen, bevor er sich anschließend automatisch abschaltet. Um den Computer herunterzufahren, genügt meist, je nach Belegung, das Drücken des Ein-/Aus-Schalters (vgl. Seite 32). Sie finden die Funktion aber auch im Startmenü: Klicken Sie mit der linken Maustaste

auf den Start-Knopf ( ) ❶, und klicken Sie rechts unten im Startmenü auf *Herunterfahren* ❷. Der Vorgang des Herunterfahrens dauert etwa eine halbe Minute und lässt sich auf dem Bildschirm verfolgen.

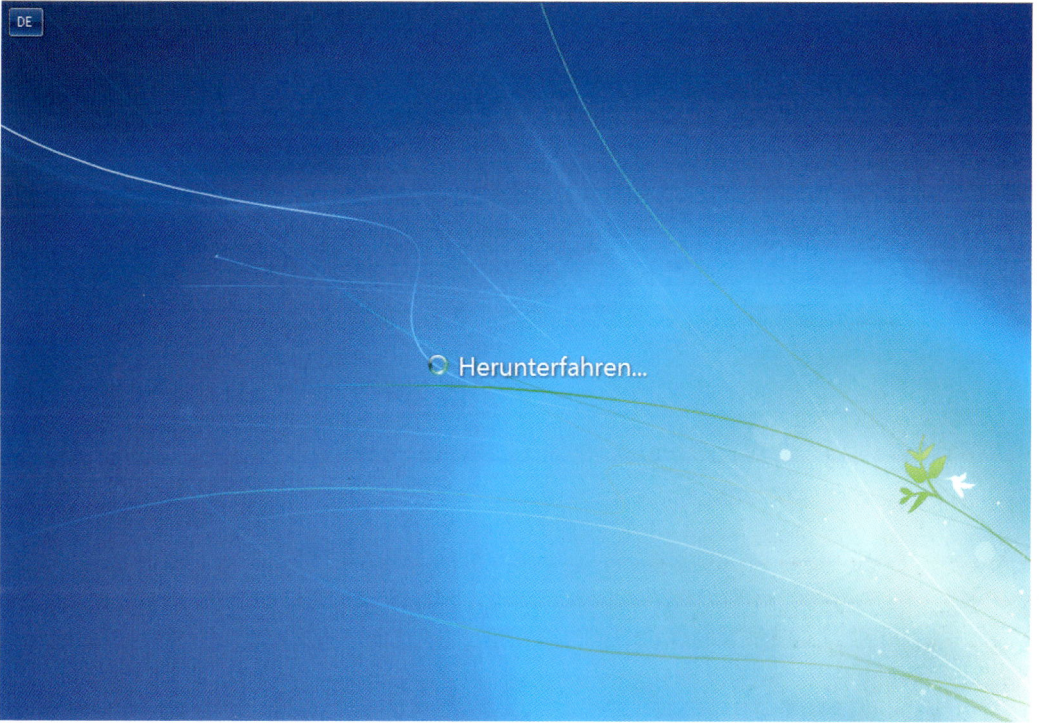

Ich möchte heute noch mit dem Computer arbeiten – soll ich ihn da lieber eingeschaltet lassen?

Wenn Sie den Computer eine Weile nicht verwenden, aber auch nicht herunterfahren möchten, nutzen Sie am besten einen der beiden Stand-by-Modi (sprich: [ständ bai], englisch für „bereitstehen") Ihres Computers. Sie finden diese, wenn Sie im Startmenü

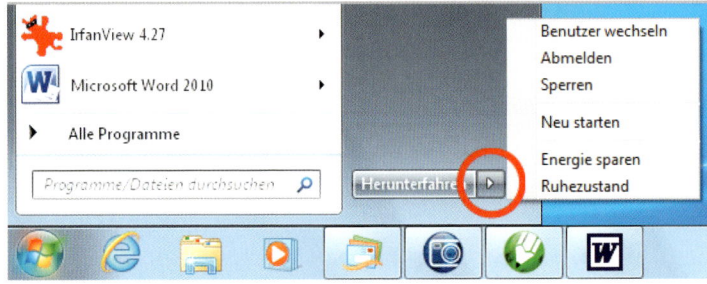

rechts neben der *Herunterfahren*-Schaltfläche auf den Pfeil (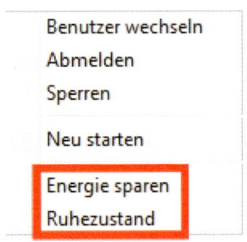) klicken.

Dies sind die beiden Modi:

- **Energie sparen:** Diesen Stand-by-Modus wählen Sie, wenn Sie den Computer nur kurze Zeit nicht nutzen, z. B. ein oder zwei Stunden. Die Daten im Arbeitsspeicher bleiben erhalten, sodass Sie nach dem erneuten Einschalten sofort weiterarbeiten können.

- **Ruhezustand:** Sie wissen am Vormittag bereits, dass Sie den Computer am Abend erneut verwenden möchten? Dann entscheiden Sie sich für diesen Stand-by-Modus, bei dem die Daten aus dem Arbeitsspeicher auf der Festplatte gespeichert werden – entsprechend länger dauert das erneute Einschalten, dafür spart der Modus aber noch mehr Strom als die Option *Energie sparen*.

Um Ihren Computer aus dem Stand-by-Modus aufzuwecken, drücken Sie wie zum normalen Einschalten den Ein-/Aus-Schalter. Beim Energiesparmodus genügt es auch, einfach die Maus zu bewegen oder eine Taste zu drücken. Zu den Stand-by-Modi finden Sie noch weitere Informationen in **Kapitel 14**.

4

Ihr Computer ist wirklich nützlich: Mit den passenden Programmen verwenden Sie ihn zum Schreiben, Zeichnen und für noch viel mehr

"Man muss etwas Neues machen, um etwas Neues zu sehen."

(Georg Christoph Lichtenberg)

Die grundlegenden Funktionen Ihres Computers haben Sie nun bereits kennengelernt. Jetzt lernen Sie, wie Sie den Computer mithilfe von Programmen für die verschiedensten Zwecke einsetzen. In diesem Kapitel stelle ich Ihnen zunächst einige nützliche Zubehörprogramme vor, über die Ihr Windows-7-Computer bereits verfügt. Sie erfahren außerdem, wie Sie beliebige weitere Programme auf den Computer bringen.

Was Sie wissen sollten: Jedes Programm funktioniert anders und bedarf einer gewissen Einarbeitung. Wie beim Kauf einer neuen Waschmaschine müssen Sie sich erst mal mit den Funktionen zurechtfinden. Je mehr Erfahrung Sie durch die Nutzung verschiedener Programme gewinnen, desto leichter wird Ihnen das Einarbeiten in neue Programme fallen!

So öffnen Sie ein Programm im Startmenü

Sie erinnern sich: Auf Seite 43 habe ich Ihnen das Startmenü, die Schaltzentrale Ihres Windows-Computers, bereits kurz vorgestellt. Da das Startmenü für die alltägliche Nutzung des Computers sehr wichtig ist, lernen Sie es nun noch ausführlicher kennen.

Kann ich das Startmenü nur über den Start-Knopf öffnen?

Sie haben prinzipiell zwei Möglichkeiten, um das Startmenü sofort aufzurufen. Die eine haben Sie bereits kennengelernt: Sie bewegen den Mauszeiger auf den Start-Knopf () ganz links unten auf dem Bildschirm und drücken die linke Maustaste. Alternativ können Sie auch einfach die Win-Taste auf Ihrer Tastatur drücken – die Abbildung rechts zeigt Ihnen, wie diese Taste aussieht.

Untere Reihe: 3. von links

Das Startmenü ist geöffnet, allerdings kommt es mir recht unübersichtlich vor: Was bedeuten die verschiedenen Bereiche?

Das Startmenü wirkt anfangs in der Tat unübersichtlich, aber Sie werden sich schnell damit zurechtfinden, wenn Sie es erst einige Male genutzt haben. Die Abbildung gliedert das Startmenü in sechs unterschiedliche Bereiche:

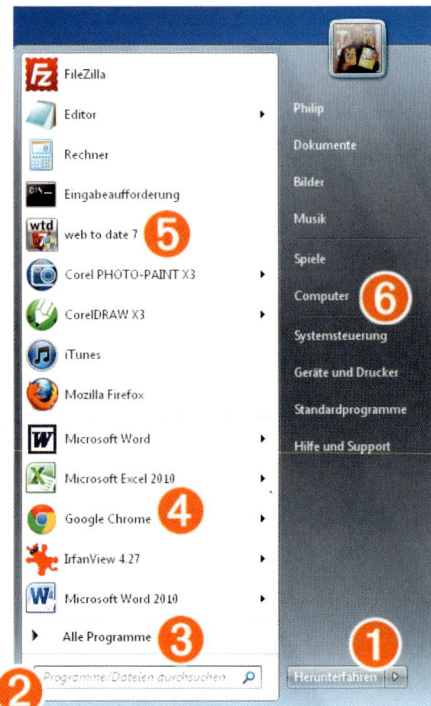

- **Knopf zum Herunterfahren ❶**: Diese Funktion des Startmenüs habe ich Ihnen bereits auf Seite 47 vorgestellt. Klicken Sie mit der Maus auf *Herunterfahren*, um den Computer abzuschalten; unter dem Pfeilsymbol ( ) finden Sie weitere Auswahlmöglichkeiten wie die ebenfalls bereits kennengelernten Stand-by-Modi oder das Wechseln des Benutzers (vgl. **Kapitel 11**).

- **Suchfeld ❷**: Das Suchfeld im Startmenü ist eine praktische Einrichtung, um Elemente auf Ihrem Computer schnell wiederzufinden. Auch Programme und Funktionen lassen sich im Suchfeld aufrufen: Klicken Sie mit der Maus in das Suchfeld, um es zu „aktivieren"; tippen Sie dann den Namen des gewünschten Programms oder der Funktion ein und drücken Sie die Enter-Taste, die ich Ihnen auf Seite 39 vorgestellt habe.

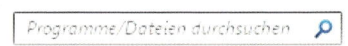

- **Alle Programme** : Unter diesem Eintrag finden Sie eine Liste (fast) aller Programme, die auf Ihrem Computer verfügbar sind. Klicken Sie den Eintrag an, um eine entsprechende Übersicht zu erhalten.

- **Zuletzt verwendete Programme** ❹: Ihr Computer merkt sich, welche Programme Sie zuletzt verwendet haben, und zeigt sie Ihnen oberhalb des Suchfelds an. Bewegen Sie den Mauszeiger auf einen Eintrag, so werden Ihnen die Dokumente, Bilder usw. angezeigt, die Sie mit dem Programm genutzt haben. Ein Mausklick auf einen Eintrag öffnet das jeweilige Element.

- **Angeheftete Programme** ❺: Programme, die Sie immer wieder benötigen, lassen sich auch ans Startmenü „anheften"; sie werden Ihnen dann unabhängig von der tatsächlichen Nutzung oberhalb der zuletzt verwendeten Programme angezeigt.

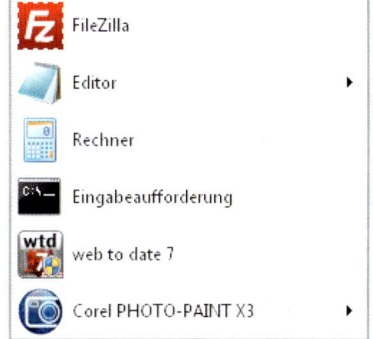

- **Weitere Verknüpfungen** ❻: Im Bereich rechts schließlich finden Sie weitere wichtige Verknüpfungen – zu eigenen Ordnern, der Systemsteuerung, in der wichtige Einstellungen rund um den Computer vorgenommen werden, und einigem mehr. Machen Sie sich über diese Verknüpfungen erst einmal keine Gedanken, Sie lernen Sie kennen, sobald Sie sie benötigen werden.

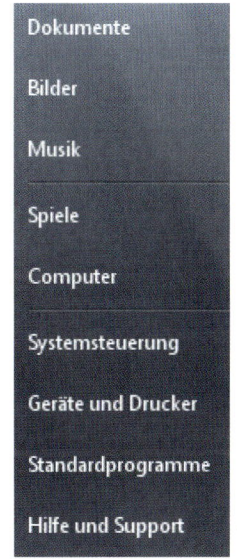

Paul Brugger rät: Stöbern Sie ruhig ein wenig im Startmenü, indem Sie einzelne Einträge darin anklicken. Staunen Sie, was dann auf dem Bildschirm passiert. Mit den auf Seite 44 ff. kennengelernten Fensterfunktionen können Sie ein aufgerufenes Programm jederzeit wieder schließen.

Bitte Schritt für Schritt: Wie also öffne ich ein Programm im Startmenü?

Angenommen, es gelüstet Sie nach einer Partie Schach und Sie möchten deshalb am Computer das Programm Chess Titans (sprich: [tschess taitens], englisch für „Schachtitanen") öffnen. So gehen Sie vor:

1

Sie bewegen den Mauszeiger auf den Start-Knopf (⊙) links unten auf dem Bildschirm und klicken ihn mit der linken Maustaste an ❶. Dann klicken Sie, wieder mit der linken Maustaste, auf *Alle Programme* ❷ ...

2

... und finden nun eine Übersicht der Programme, die auf Ihrem Computer zur Verfügung stehen. Verwenden Sie ggf. die Bildlaufleiste ❶, um die Programmleiste „durchzublättern" (bei gedrückter linker Maustaste ziehen). Das Spiel Chess Titans findet sich im – durch ein 📁-Symbol – gekennzeichneten Ordner *Spiele* ❷, den Sie wiederum per Mausklick darauf öffnen. Die Ordner dienen in diesem Fall dazu, Programme nach verschiedenen Kategorien zu ordnen, um Ihnen einen besseren Überblick zu gewähren.

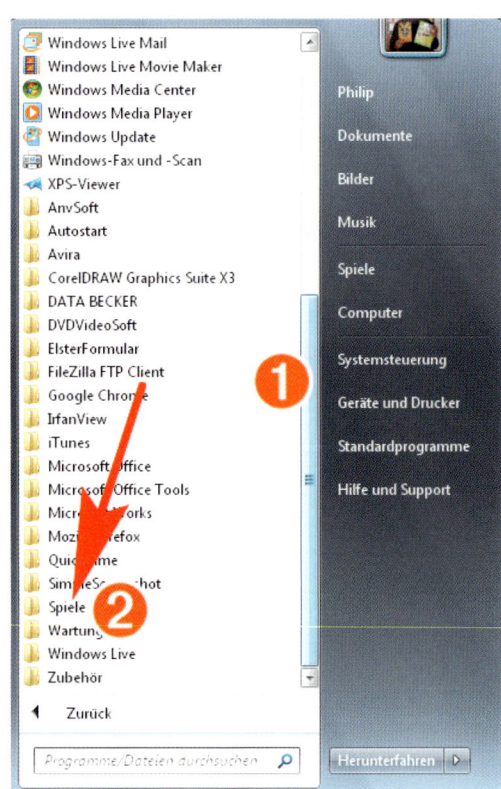

3

Im Ordner *Spiele* nun finden Sie den Eintrag des gewünschten Programms, hier *Chess Titans*. Klicken Sie den Eintrag an, um das Programm zu starten.

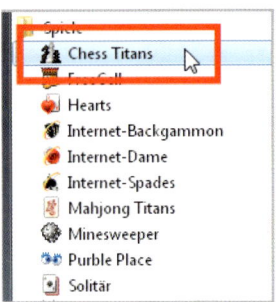

4

Das hat geklappt! In diesem Fall handelt es sich um ein Schachspiel gegen den Computer. Und wieder hantieren Sie mit der Maus: Sie klicken eine Figur, die Sie bewegen möchten, mit der linken Maustaste an und klicken anschließend auf das Feld, auf das Sie die Figur bewegen möchten. Wenn Sie keine Lust mehr haben, klicken Sie auf das 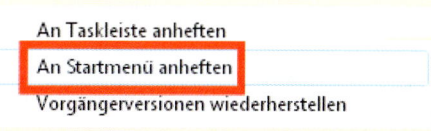-Symbol rechts oben im Programmfenster, um das Programm zu beenden. So einfach funktioniert Ihr Computer!

Paul Brugger rät: *Sie sind aufgrund der Vielzahl der zur Verfügung stehenden Programme verwirrt? Keine Sorge! Sie lernen diejenigen Programme, die Sie gern verwenden möchten, nach und nach kennen; andere Programme werden Sie gar nicht brauchen. Stellen Sie sich die Programme vor wie die Mitglieder in einem Verein, dem Sie neu beitreten: Anfangs kennen Sie gar niemanden, und die vielen Namen schwirren Ihnen im Kopf herum, mit der Zeit aber merken Sie sich die Namen aller für Sie wichtigen Personen ganz von allein.*

Das ist toll! Aber wie kann ich auf ein Programm, das ich gern verwende, schneller zugreifen?

Heften Sie das Programm für einen schnelleren Zugriff darauf an das Startmenü an. Hierzu gehen Sie folgendermaßen vor: Klicken Sie den Programmeintrag im Startmenü (oben angezeigt in Schritt 3) mit der rechten Maustaste an. Es erscheint ein Menü, in dem Sie den Eintrag *An Startmenü anheften* mit der linken Maustaste anklicken. Schon ist die Sache erledigt! Weitere Tipps für den schnelleren Zugriff auf gern genutzte Programme erhalten Sie dann in **Kapitel 14**.

Möchten Sie am Computer einen Brief oder ein Einladungsschreiben verfassen? Ein passendes Zubehörprogramm ist bereits vorhanden

Viele Menschen schaffen sich einen Computer vor allem an, um endlich einfacher schreiben und die alte Schreibmaschine auf den Speicher verbannen zu können. Ein einfaches Zubehörprogramm zum Schreiben ist in Windows 7 bereits vorhanden.

Schreiben am Computer – welche Vorteile bietet mir das?

Oh, ich weiß noch, wie ich mir vom Geld, das ich damals zur Konfirmation erhalten habe, eine mechanische Schreibmaschine kaufte und damit noch während meines Studiums Hausarbeiten tippte. Ein Tippfehler – und schon durfte ich von vorn anfangen.

Der Computer bietet da unendlich viele Vorteile: Fehler können ganz einfach korrigiert werden; Texte lassen sich von einem Ort an einen anderen kopieren; es können die verschiedensten Vorlagen eingesetzt werden, um Dokumente ansprechend zu gestalten, z. B. für Briefe oder Manuskripte; es lassen sich Bilder einfügen, ach, und noch vieles mehr! Wenn ich heute ein Buch schreibe, drucke ich die Seiten gar nicht mehr aus – ich versende ein Dokument mit der elektronischen Post, ohne dass dafür Kosten anfallen.

Das hört sich wirklich gut an! Welches Programm benötige ich zum Schreiben?

Ein einfaches Programm zum Verfassen von Texten ist WordPad (sprich: [wördpäd]), das in Windows 7 bereits verfügbar ist. Ein Schreibprogramm, das noch viel mehr Funktionen bietet, ist Word (sprich: [wörd]) – dieses Programm stelle ich Ihnen in **Kapitel 5** ausführlich vor.

Bitte wieder Schritt für Schritt: Wie gehe ich vor, wenn ich am Computer einen Brief verfassen möchte?

Sie möchten mit dem Zubehörprogramm WordPad einen Brief verfassen? Nichts leichter als das! Gehen Sie hierzu folgendermaßen vor:

1

Klicken Sie links unten auf dem Bildschirm auf den Start-Knopf (), wählen Sie *Alle Programme* und entscheiden Sie sich diesmal – wieder durch Anklicken mit der linken Maustaste – für den Ordner *Zubehör*.

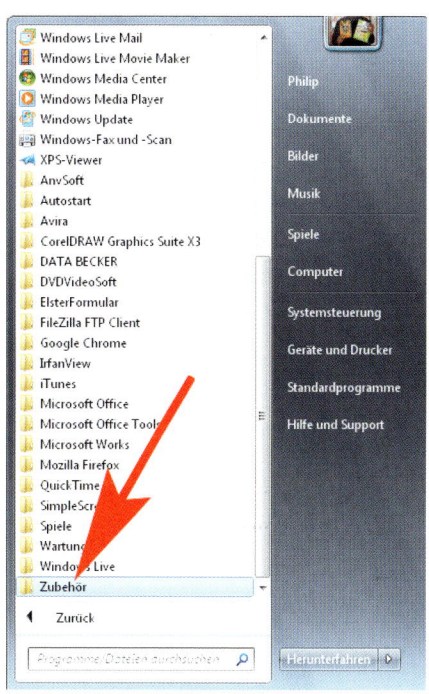

2

Unten im *Zubehör*-Ordner finden Sie den Eintrag *WordPad*, den Sie mit der linken Maustaste anklicken, um das Programm zu starten. (Wenn ich im weiteren Verlauf dieses Buches schreibe „mit der Maus anklicken", ist immer das Anklicken mit der linken Maustaste gemeint. Das Anklicken mit der rechten Maustaste wird jeweils explizit genannt.)

3

Machen Sie sich nun mit der Bedienoberfläche des Programms vertraut. Den größten Teil der Bedienoberfläche nimmt das Eingabefeld ❶ ein, in das Sie Ihren Text tippen; im „Menüband" darüber ❷ finden Sie verschiedene Funktionen, um den Text nach Ihren Wünschen anzupassen, z. B. was die Schriftart, die Schriftgröße oder die Schriftfarbe betrifft; oberhalb des Men-

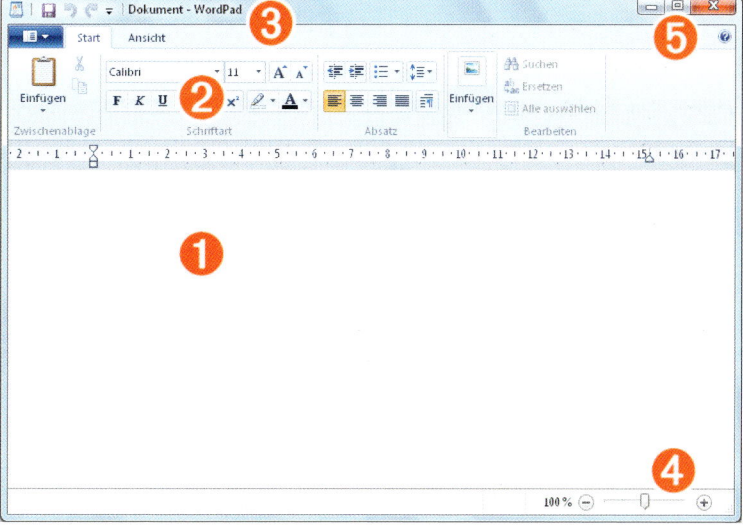

übands stehen Ihnen verschiedene Programmfunktionen zur Verfügung ❸; rechts unten im Programm finden Sie eine Zoomfunktion, um den angezeigten Text zu vergrößern ❹; rechts oben schließlich sehen Sie die Symbole für die Fensterfunktionen ❺.

4

Das sieht ganz schön kompliziert aus, nicht wahr? Ist es aber überhaupt nicht, was Sie schnell feststellen, wenn Sie das Programm einige Male verwenden. Beginnen Sie damit, einen beliebigen Text in das Eingabefeld zu tippen. Falls Sie Text eintippen, aber

nichts passiert, klicken Sie zunächst in das Feld, um es zu aktivieren. Die Stelle, an der der Text erscheint, wird durch den blinkenden Cursor (sprich: [körser], englisch für „Eingabezeiger") angezeigt – der Pfeil in der Abbildung zeigt darauf.

5

Möchten Sie einen Absatz erzeugen? Hierzu drücken Sie die ⌨Enter-Taste bzw. gleichzeitig die ⌨Umschalt- und ⌨Enter-Taste für einen Absatz ohne zusätzlichen Abstand.

6

Vielleicht wünschen Sie eine andere Schriftart oder Sie möchten die Schrift vergrößern? Markieren Sie zunächst den Text, der bearbeitet werden soll, indem Sie die Maus bei gedrückter linker Maustaste darüber bewegen – der markierte Text wird blau unterlegt ❶. Jetzt wählen Sie im Menüband die gewünschte Funktion aus, in diesem Fall klicke ich auf das Menü für die Schriftgrö-

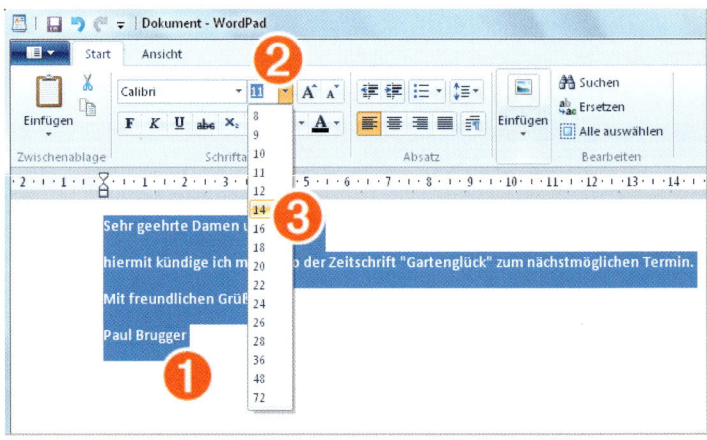

ße ❷ und wähle eine größere Schrift aus ❸. Mein Tipp: Experimentieren Sie ein wenig mit den weiteren Funktionen im Menüband – die Infobox unten zeigt Ihnen, wie Sie Änderungen jederzeit wieder rückgängig machen können.

7

Ist der Text so wie ge-
wünscht? Speichern
Sie diesen als Datei auf
Ihrem Computer (vgl.
Kapitel 7) oder dru-
cken Sie ihn aus (vgl.
Kapitel 8) – die ent-
sprechenden Funktio-
nen finden Sie unter
dem Symbol ■▾ .

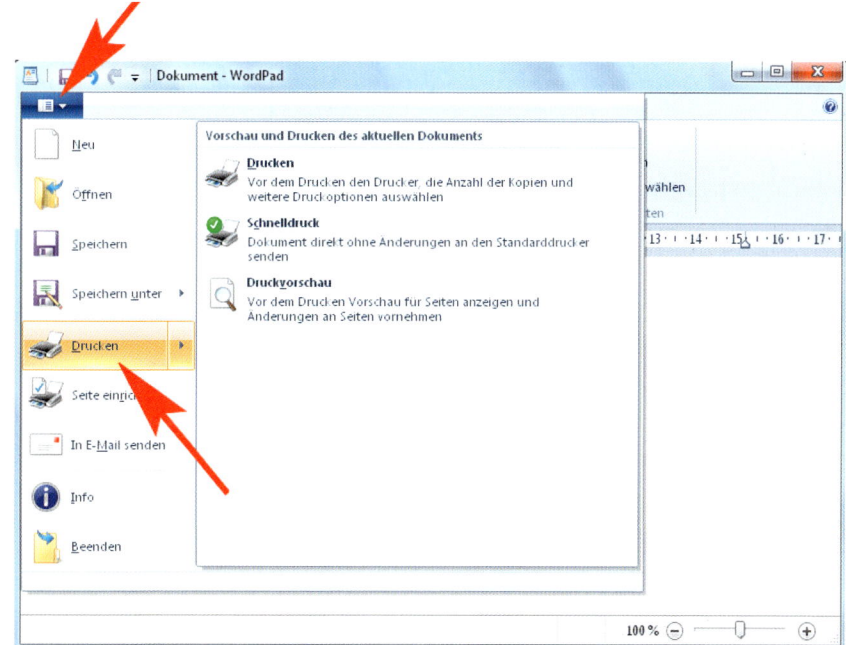

Ich habe mich vertippt: Wie kann ich einen Fehler oder eine Änderung rück-gängig machen?

Sie finden links oben in WordPad zwei Pfeile:
der Pfeil ↩ dient dazu, eine oder mehrere Änderungen im Text rückgängig zu machen; mit dem
Pfeil ↪ stellen Sie rückgängig gemachte Änderungen ggf. wieder her. Zum Beheben von Tipp-
fehlern erscheint allerdings die Rück-Taste ge-
eigneter – diese löscht das Zeichen links neben
dem blinkenden Cursor. Alternativ markieren Sie

den zu löschenden Text mit der Maus und betätigen dann die Entf-Taste (zu den Tasten siehe
Seite 39). Jeder hat da ganz andere Vorlieben, und Sie können bei der Fehlerbehebung
ganz so vorgehen, wie es Ihnen am komfortabelsten erscheint.

Wo auf dem Computer soll ich ein Dokument speichern?

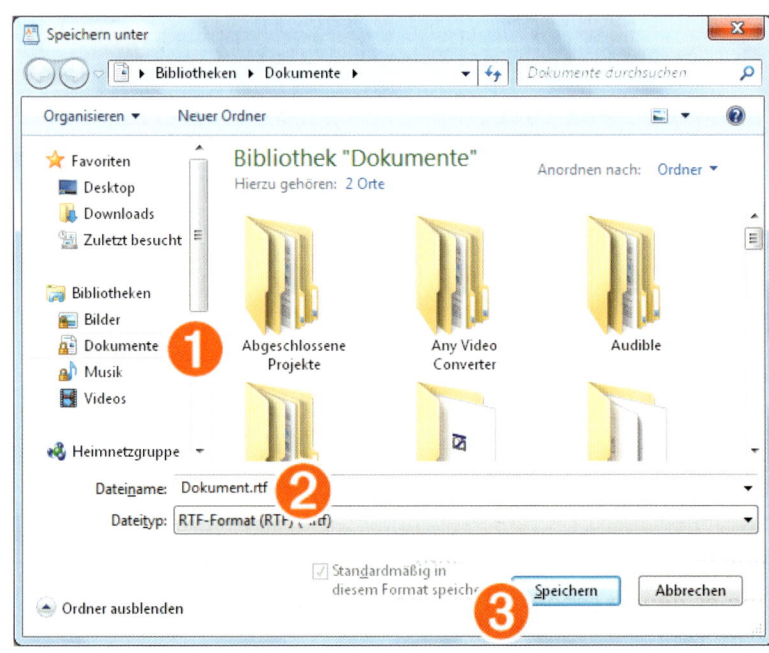

Das Speichern Ihres Dokuments habe ich in der obigen Schrittanleitung unterschlagen, da es durchaus eine eigene Frage wert ist. Klicken Sie links oben in WordPad auf das Symbol 💾 bzw. entscheiden Sie sich unter dem Symbol ▣▾ für *Speichern*, öffnet sich beim ersten Speichern ein Fenster, in dem Sie einen Speicherort festlegen ❶, einen Namen für das Dokument vergeben (klicken Sie in das Eingabefeld, um es zu aktivieren) ❷ und schließlich mit einem Mausklick auf *Speichern* ❸ das Speichern des Dokuments vornehmen.

Meine Empfehlung: Nutzen Sie anfangs den vom Programm vorgeschlagenen Ordner zum Speichern – ein entsprechender Benutzerordner für Dokumente ist auf Ihrem Windows-Computer bereits vorhanden und wird von WordPad automatisch erkannt; doch alles dazu in **Kapitel 7**.

Und wie kann ich ein gespeichertes Dokument zu einem späteren Zeitpunkt wieder öffnen?

Ganz einfach: Sie finden unter dem Symbol ▣▾ auch den Eintrag *Öffnen*. Klicken Sie diesen Eintrag an, um das zuvor gespeicherte Dokument erneut aufzurufen. Schwierigkeiten kann es lediglich manchmal bereiten, eine gespeicherte Datei auf dem Computer wiederzufinden. Mithilfe der Hinweise in **Kapitel 7** wird das für Sie aber zukünftig ein Leichtes sein!

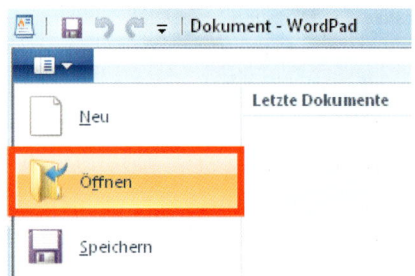

Bilder am Computer malen oder Fotos mit Text versehen: kein Problem mit diesem Zubehörprogramm

Nicht nur ein Programm zum Schreiben, auch ein Programm zum Malen ist auf Ihrem Windows-Computer bereits vorhanden. Lassen Sie mich auch Ihnen dieses Zubehörprogramm vorstellen.

Wie heißt das Malprogramm und wo finde ich es?

Das Malprogramm in Windows 7 trägt den Namen Paint (sprich: [peeint], vom englischen „to paint" für „malen"). Sie finden dieses Zubehörprogramm genauso wie WordPad im Startmenü unter *Alle Programme/Zubehör*.

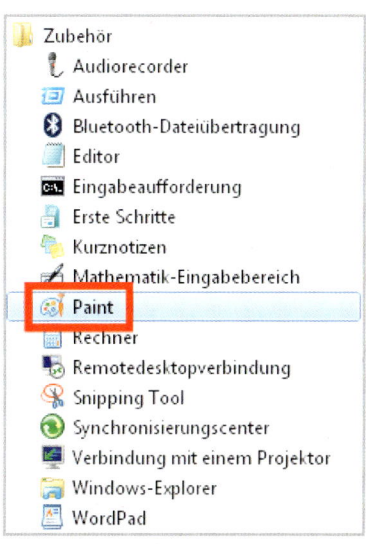

Und mit diesem Programm kann ich richtig malen?

Nun ja, statt eines Pinsels verwenden Sie zum Malen die Maus, und es gehört schon einige Fingerfertigkeit dazu, um damit ein richtiges Gemälde anzufertigen. Aber grundsätzlich malen Sie mit diesem auf dem Bildschirm Ihres Computers wie normalerweise auf teurer Leinwand.

Das weckt mein Interesse, aber bitte wieder Schritt für Schritt: Wie male ich mit dem Zubehörprogramm Paint ein Bild?

Auch das Malen am Computer bereitet Ihnen keinerlei Schwierigkeiten, schon gar nicht, wenn Sie sich die Worte des römischen Dichters Horaz vor Augen halten: „Nichts ist für Menschen zu schwer." Lernen Sie in wenigen Schritten das Zubehörprogramm Paint kennen.

1

Nachdem Sie Paint im Startmenü unter *Alle Programme/Zubehör* aufgerufen haben, steht Ihnen eine Bedienoberfläche zur Verfügung, die der des zuvor kennengelernten Programms WordPad nicht unähnlich ist, wobei ich bei Paint aber in jedem Fall empfehle, das Fenster – durch einen

Mausklick auf das Symbol  rechts oben im Fenster – zu maximieren (vgl. Seite 45). Wie in WordPad finden Sie im Programm Paint ein großes Eingabefeld vor ❶, ein Menüband zum Auswählen von Pinseln, Formen, Farben usw. ❷ sowie oberhalb des Menübands einige Programmfunktionen ❸; unten rechts sehen Sie die ebenfalls bereits aus WordPad bekannte Zoomfunktion ❹; darüber hinaus bieten sich in der Leiste unten einige Informationen zum jeweils geöffneten Bild ❺. Und natürlich: Rechts oben im Programm haben Sie auch in Paint Zugriff auf die Fensterfunktionen ❻.

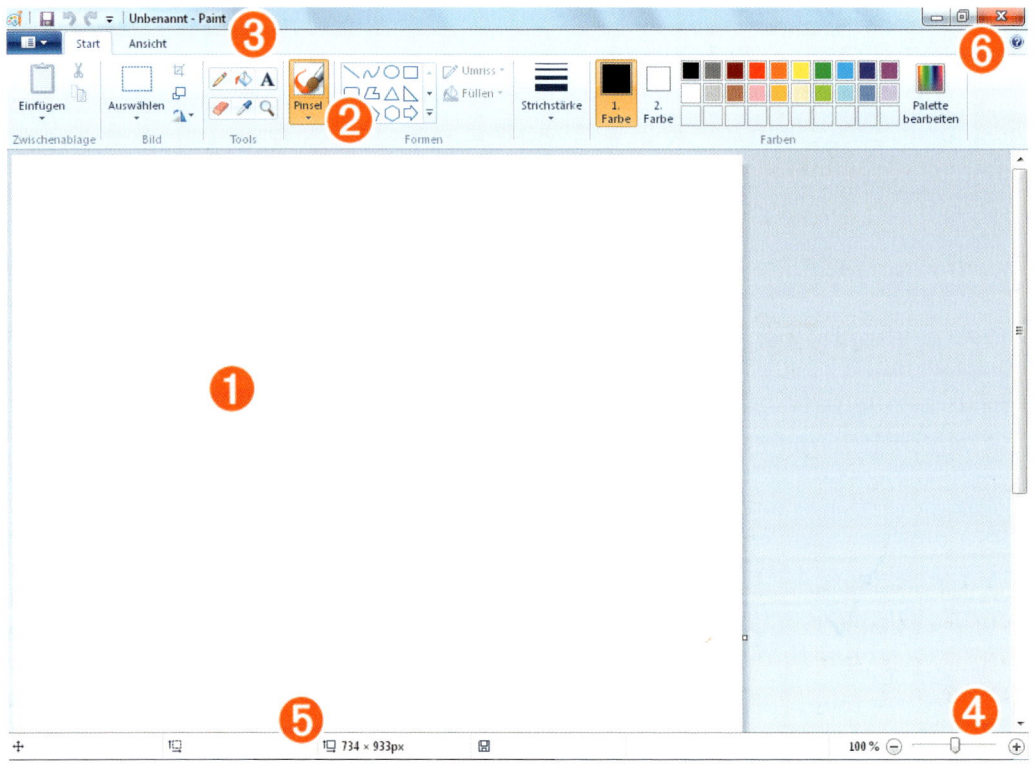

2

Ihrer Kreativität sind in Paint keine Grenzen gesetzt! Auch in diesem Zusammenhang meine Empfehlung: Probieren Sie die einzelnen Funktionen einfach aus, denn auch in Paint steht Ihnen das ↰-Symbol zur Verfügung, um Änderungen rückgängig zu machen. Hier im Bild habe ich eine Herzform ausgewählt ❶ und diese mithilfe des Symbols ⬧ ❷ rot ausgefüllt; ich habe unter *Einfügen* ein auf meinem Computer gespeichertes Foto meiner Hündin Luna eingefügt ❸, mit einem Pinsel den Text „Hallo" ❹ gemalt und dann noch per Symbol **A** als Text eingefügt ❺; schließlich habe ich noch einen anderen Pinsel zum Malen verwendet und per Mausklick die Farben gewechselt ❻. Natürlich ist das kein Picasso, aber das Malen mit Paint bereitet viel Vergnügen!

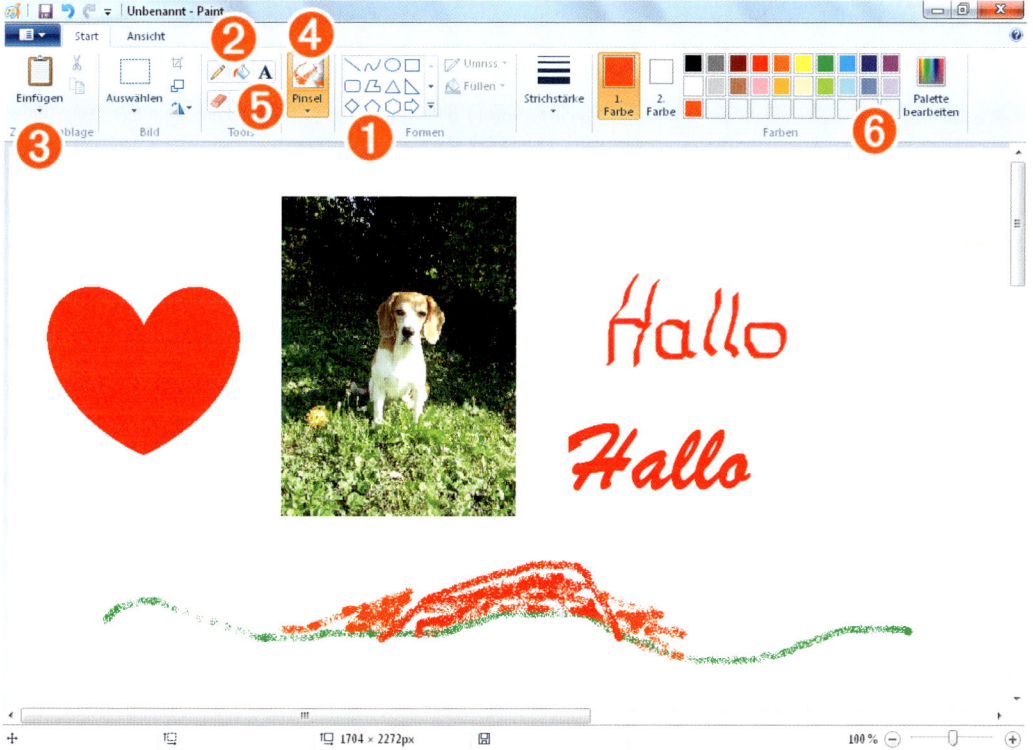

3

Wiederum wie im Zubehör-programm WordPad können Sie zum Schluss unter dem Symbol ▦▾ auswählen, Ihr Werk auf dem Computer zu speichern oder auszudru-cken.

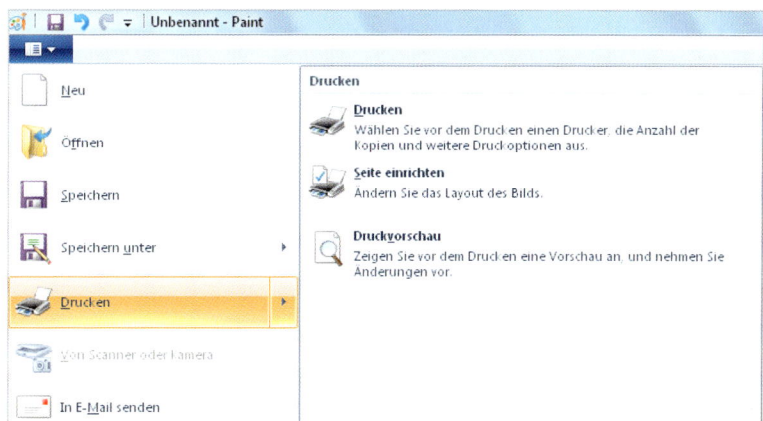

Paul Brugger rät: Sie stellen fest, dass die Programme auf Ihrem Computer viele Unterschiede, aber auch viele Gemeinsamkeiten aufweisen. Legen Sie Ihren Fokus auf die Gemeinsamkei-ten, so werden Ihnen auch neue Programme nicht ganz fremd vorkommen, und Sie können sich viel leichter in das neue Programm „einarbeiten".

Im Menü stehen die Einträge Speichern und Speichern unter – wo liegt denn da der Unterschied?

Wenn Sie ein Dokument oder ein Bild erstmals abspeichern, haben die Einträge *Speichern* und *Speichern unter* die gleiche Funktion: Sie wählen einen Speicherort und einen Namen für Dokument oder Bild aus und speichern es ab. Sollen später Speicherort und Name beibehalten

werden, wählen Sie immer den Eintrag *Speichern* bzw. das Symbol . Soll das Dokument oder Bild später jedoch an einem anderen Ort oder unter einem anderen Namen gespeichert werden, entscheiden Sie sich für den Eintrag *Speichern unter*.

Weitere nützliche Zubehörprogramme, die Sie in Windows 7 bereits vorfinden

Neben WordPad und Paint gibt es noch weitere nützliche Zubehörprogramme, die in Windows 7 bereits verfügbar sind. Hier ein kleiner Überblick über sechs Programme, die vielleicht auch Sie verwenden möchten.

- **Rechner:** Auch den Rechner finden Sie im Startmenü unter Alle *Programme/Zubehör*. Geben Sie Ihre Rechenaufgabe mit der Tastatur ein oder klicken Sie die Ziffernknöpfe im Programm an. Wünschen Sie mehr Rechenfunktionen? Dann entscheiden Sie sich im Rechner für *Ansicht/ Wissenschaftlich*.

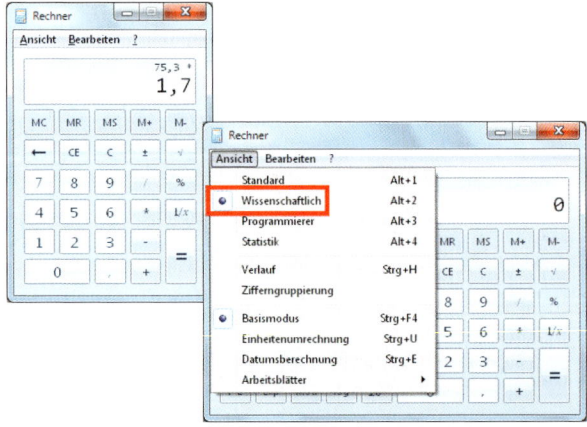

- **Kurznotizen:** eine praktische Gedächtnisstütze! Klicken Sie im Startmenü unter *Alle Programme/Zubehör* auf den Eintrag *Kurznotizen*, um einen kleinen Notizzettel auf dem Desktop einzublenden. Klicken Sie mit der Maus in den Zettel und tippen Sie mit der Tastatur ein, woran immer Sie erinnert werden möchten. Benötigen Sie einen weiteren Zettel? Klicken Sie einfach auf das ➕-Symbol, um diesen zu erstellen. Mit einem Klick auf das ✖-Symbol löschen Sie einen Notizzettel wieder.

■ **Internet Explorer:** Dieses Programm, das Sie unter *Alle Programme* finden oder mit einem Klick auf das Symbol  in der Taskleiste aufrufen, dient dazu, Webseiten aufzurufen. Wenn in den Nachrichten gesagt wird: „Weitere Informationen finden Sie unter Heute.de" oder „Weitere Informationen finden Sie unter Tagesschau.de", können Sie dies zukünftig mit diesem Programm tun. Wie es gemacht wird, zeige ich Ihnen in **Kapitel 10**. Die Abbildung zeigt, wie ich im Internet Explorer die Webseite der Tagesschau aufrufe. (Hinweis: Es werden Ihnen in Windows 7 mehrere Programme zum Aufrufen von Webseiten zur Auswahl angeboten – als Einsteiger ist der Internet Explorer für Sie am besten geeignet.)

■ **Audiorecorder:** Möchten Sie eine Sprachnotiz aufnehmen oder Ihre Memoiren diktieren? Vorausgesetzt, Ihr Computer

verfügt über ein Mikrofon (in viele Notebooks ist ein solches bereits eingebaut), können Sie zu diesem Zweck das Zubehörprogramm Audiorecorder unter *Alle Programme/Zubehör* einsetzen. Klicken Sie auf *Aufnahme beginnen*, um die Sprachaufnahme zu starten, und auf *Aufnahme beenden*, um Ihre Aufzeichnung zu stoppen – das ist gar nicht kompliziert!

- **Windows Media Player:** Der Windows Media Player (sprich: [windous media pleeier], „Media Player" bedeutet „Medienspieler") dient dazu, Musik, Filme sowie auch Bilder auf dem Computer wiederzugeben. Sie finden dieses Programm im Startmenü unter *Alle Programme* bzw. rufen es mit einem Klick auf das Symbol 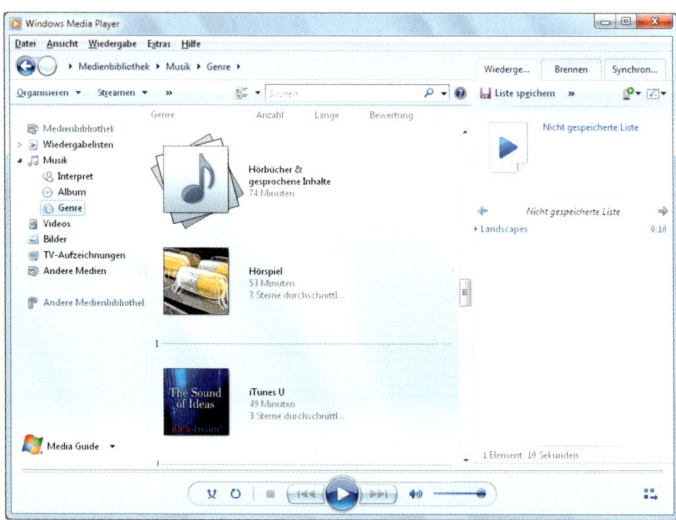 in der Taskleiste auf. In **Kapitel 13** stelle ich Ihnen die Funktionen des Windows Media Player ausführlich vor.

- **Windows-Explorer:** Dieses Programm, das Sie im Startmenü unter *Alle Programme/Zubehör* oder per Klick auf das Symbol in der Taskleiste aufrufen, ist besonders wichtig. Es dient dazu, Ihre Dokumente, Fotos und andere Dateien auf dem Computer zu organisieren. Dem gekonnten Umgang mit dem Windows-Explorer ist das **Kapitel 7** gewidmet. Lassen Sie sich von der Abbildung bitte nicht abschrecken – das Programm mag kompliziert aussehen, funktioniert aber sehr einfach!

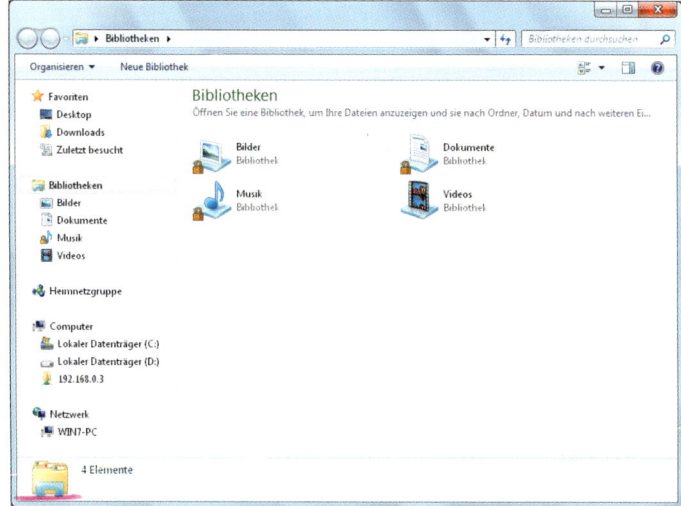

Sie sehen: Programme auf dem Computer, und hier habe ich Ihnen nur einige wenige vorgestellt, warten mit den unterschiedlichsten Funktionen auf. Genauso wie Sie aus einem Bücherregal nur diejenigen Bücher nehmen, die Sie interessieren oder die Sie gerade benötigen, nutzen Sie auch nur diejenigen Programme, die Sie persönlich brauchen; die anderen lassen Sie links liegen.

Ein zusätzliches Programmpaket rüsten Sie mit wenigen Handgriffen kostenlos nach

Sie vermissen bestimmte Programme, z. B. eines zum Versenden von elektronischer Post? Microsoft, der Hersteller von Windows 7, bietet ein zusätzliches kostenloses Programmpaket an, das allerdings zunächst aus dem Internet heruntergeladen werden muss, d. h., eine Internetverbindung (vgl. **Kapitel 10**) ist Voraussetzung. Wenn eine Internetverbindung zur Verfügung steht, laden Sie die Webadresse *http://download.live.com* (auch hierzu finden Sie alle Informationen in **Kapitel 10**) und klicken auf der daraufhin angezeigten Webseite auf *Jetzt herunterladen*.

Die Windows Live Essentials (sprich: [windous laif issentschels], „Windows Live" nennt sich ein von Microsoft angebotener Dienst, „Essentials" bedeutet „Wesentliches"), so nennt sich das Programmpaket, bestehen aus ganz verschiedenen Programmen.

Wenn Sie – den Hinweisen auf dem Bildschirm folgend – den Assistenten starten, werden diese Programme aufgeführt, und Sie setzen per Mausklick ein Häkchen in die Kästchen derjenigen Programme, die Sie haben möchten, bzw. entfernen die Häkchen bei denjenigen Programmen, die Sie nicht wünschen ❶. Die Programme Windows Live Fotogalerie und Mail (sprich: [meeil], englisch für „Post") benötigen Sie in jedem Fall. Klicken Sie sodann auf *Installieren* ❷, um die Programme auf Ihrem Computer verfügbar zu machen.

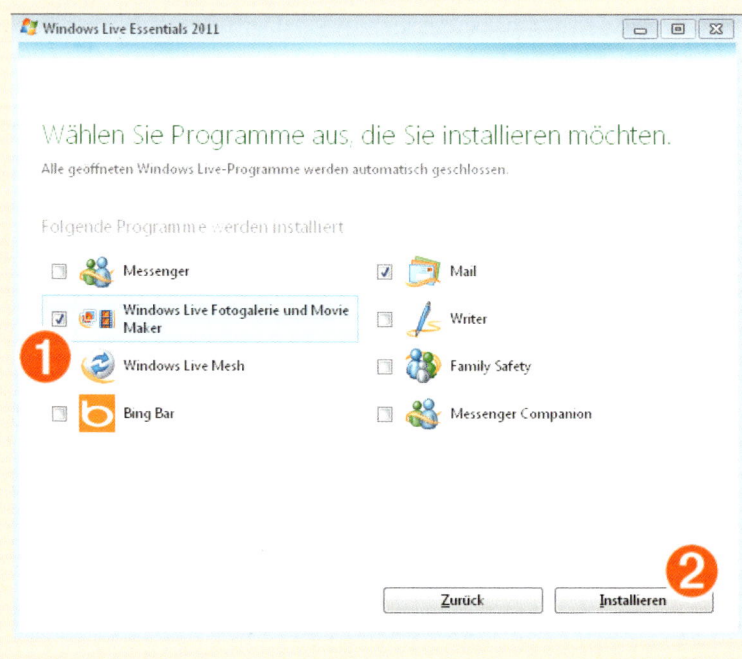

Der Vorgang kann einige Minuten in Anspruch nehmen. Anschließend stehen auch die neuen Programme im Startmenü unter *Alle Programme* zur Verfügung. Das Programm Windows Live Mail werde ich Ihnen in **Kapitel 10** vorstellen, das Programm Windows Live Fotogalerie in **Kapitel 12**.

Schritt für Schritt: weitere Programme in Windows 7 installieren

Sie möchten weitere Programme auf Ihrem Computer verwenden? Viele nützliche Programme, häufig sogar kostenlos, lassen sich aus dem Internet herunterladen. Andere Programme, auch empfehlenswerte Produkte aus dem Hause DATA BECKER, finden Sie im Elektronik-Fachmarkt. Hier zeige ich Ihnen, wie Sie die Programme auf Ihrem Computer verfügbar machen.

Ein Programm ist doch kein Gegenstand – wie kommt er dann auf meinen Computer?

Nein, ein Programm ist kein Gegenstand, sondern es besteht lediglich aus Informationen. Diese Informationen werden aus einer heruntergeladenen Datei oder von einem Datenträger gelesen und dann auf die Festplatte Ihres Computers geschrieben. Sicher haben Sie bereits einmal mit einem Kassettenrekorder Musik aus dem Radio aufgezeichnet – im Prinzip ist das doch nichts anderes!

Gut, das verstehe ich. Aber was sind denn Datenträger?

Ein Datenträger ist grundsätzlich alles, worauf Daten gespeichert werden können. Wenn Sie im Elektronik-Fachmarkt ein Programm kaufen, ist dieses meistens auf einer DVD oder CD gespeichert. Um ein Programm auf dem Computer verfügbar zu machen, es zu installieren, schließen Sie zunächst alle anderen Programme (Sie erinnern sich: per -Symbol) und legen dann den Datenträger in das Laufwerk Ihres Computers ein – so, wie Sie eine MC in den Kassettenrekorder oder eine DVD in den DVD-Spieler am Fernseher einlegen. In den meisten Fällen wird auf dem Bildschirm daraufhin automatisch das Fenster *Automatische Wiedergabe* angezeigt. Klicken Sie dort auf *SETUP.EXE ausführen*, um einen „Assistenten" zu starten.

Und wenn es mit der automatischen Wiedergabe nicht klappen sollte?

Wenn die automatische Wiedergabe nicht startet, müssen Sie den Assistenten von Hand aufrufen – mithilfe des Windows-Explorer, den ich Ihnen in **Kapitel 7** ja noch näher vorstelle. Wählen Sie in diesem Ausnahmefall das DVD-Laufwerk Ihres Computers im Windows-Ex-

◢ Momentan auf dem Datenträger vorhandene Dateien (4)	
📁 x64	31.03.2010 09:32
📁 x86	31.03.2010 09:32
⚙ autorun.inf	22.03.2010 16:17
🔧 setup.exe	12.03.2010 13:43

plorer aus und doppelklicken Sie auf die angezeigte Datei mit der Bezeichnung *Setup* (sprich: [settap], englisch für „Aufbau").

Auch hier bitte Schritt für Schritt: Wie installiere ich ein Programm auf meinem Computer?

Die Assistenten für die Installation unterscheiden sich von Programm zu Programm, aber der Vorgang insgesamt ist meist der gleiche, sodass Ihnen das Installieren neuer Programme immer leichter fallen wird. Hier installiere ich als Beispiel Office 2010 (sprich: [offis 2010], „Office" ist das englische Wort für „Büro"), das das Schreibprogramm Word beinhaltet, das ich Ihnen in **Kapitel 5** vorstelle, sowie das Tabellenprogramm Excel, das Sie in **Kapitel 6** kennenlernen werden.

1

Legen Sie wie oben beschrieben den Datenträger in das Laufwerk Ihres Computers ein und starten Sie im Fenster *Automatische Wiedergabe* (bzw. in Ausnahmefällen im Windows-Explorer) die *Setup*-Datei.

2

Nun werden Sie zur Eingabe eines Product Keys (sprich: [prodakt kih], englisch für „Produktschlüssel") aufgefordert ❶, der dem Hersteller zum Schutz gegen Raubkopien dient. Sie finden ihn in der Regel auf der Verpackung des Programms. Auch eine Produktaktivierung ❷, ebenfalls zum Schutz vor Raubkopien, wird in diesem Fall verlangt. Nachdem der Produktschlüssel akzeptiert wurde, klicken Sie auf *Weiter* ❸ ...

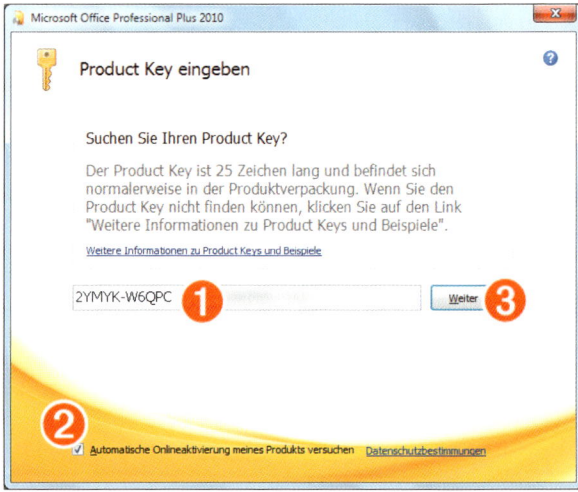

3

... und werden nun zum Lesen der Lizenzbedingungen aufgefordert. Die Lizenzbedingungen dienen in erster Linie der rechtlichen Absicherung des Herstellers. Ich persönlich kenne niemanden, der sie tatsächlich liest. Stimmen Sie den Lizenzbedingungen bei einem vertrauenswürdigen Hersteller getrost zu ❶ und klicken Sie erneut auf *Weiter* ❷.

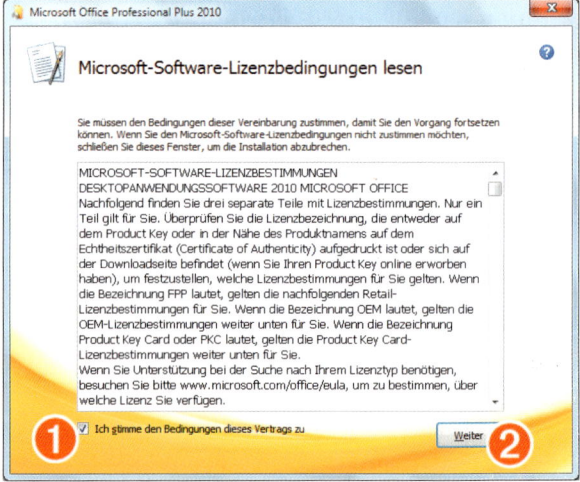

4

Um die Installation vorzunehmen, klicken Sie auf *Jetzt installieren* ❶. Unter *Anpassen* ❷ ließen sich weitere Einstellungen vornehmen, doch davon sollten Sie als Einsteiger erst mal die Finger lassen. Der Fortschritt der Installation wird Ihnen durch einen

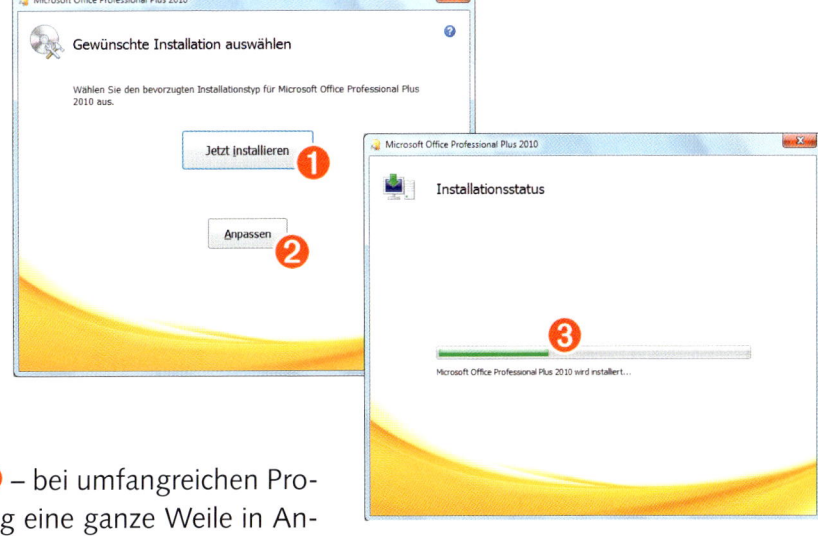

grünen Balken angezeigt ❸ – bei umfangreichen Programmen kann der Vorgang eine ganze Weile in Anspruch nehmen.

5

Klicken Sie am Ende auf *Schließen*. Nach dem Abschluss der Installation steht Ihnen das Programm im Startmenü zur Verfügung; manchmal wird zusätzlich eine Programmverknüpfung auf dem Desktop erstellt. Schon können Sie das neue Programm bzw. in diesem Fall das Programmpaket verwenden!

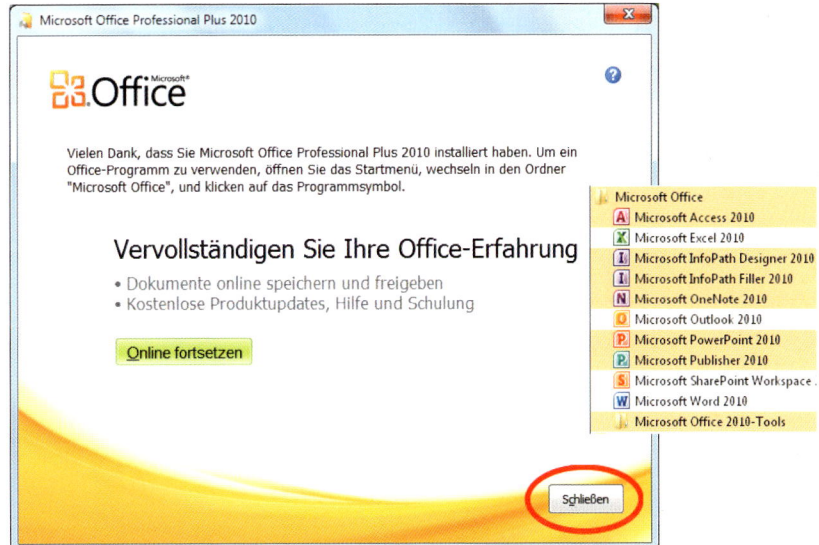

Paul Brugger rät: Installieren Sie nur Programme, die Sie tatsächlich benötigen, und achten Sie darauf, dass die Programme von seriösen Anbietern stammen. Besonders bei Programmen aus dem Internet besteht die Gefahr, bei der Installation eines Programms gleichzeitig ein Schadprogramm mit zu installieren. Wie Sie sich in diesem Zusammenhang absichern, lesen Sie in **Kapitel 11**.

Wie kann ich ein nicht mehr benötigtes Programm wieder entfernen?

Um ein Programm wieder vom Computer zu entfernen, müssen Sie dieses „deinstallieren". Auch hierzu sind nur wenige Schritte erforderlich – gehen Sie folgendermaßen vor:

1

Öffnen Sie – per Klick auf das Symbol  links unten auf dem Bildschirm – das Startmenü und entscheiden Sie sich per Mausklick für den Eintrag *Systemsteuerung*.

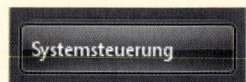

2

Im Fenster, das sich daraufhin öffnet, klicken Sie auf *Programm deinstallieren*.

3

Nun wird Ihnen eine Liste der auf dem Computer verfügbaren Programme angezeigt (abgesehen von den Zubehörprogrammen). Ein Programm, das Sie vom Computer entfernen möchten, klicken Sie in der Liste an ❶. Entscheiden Sie sich dann per Mausklick für *Deinstallieren* ❷. In vielen Fällen wird die Deinstallation sofort vorgenommen, in anderen Fällen öffnet sich ein Assistent, der Ihnen bei der Deinstallation des Programms behilflich ist.

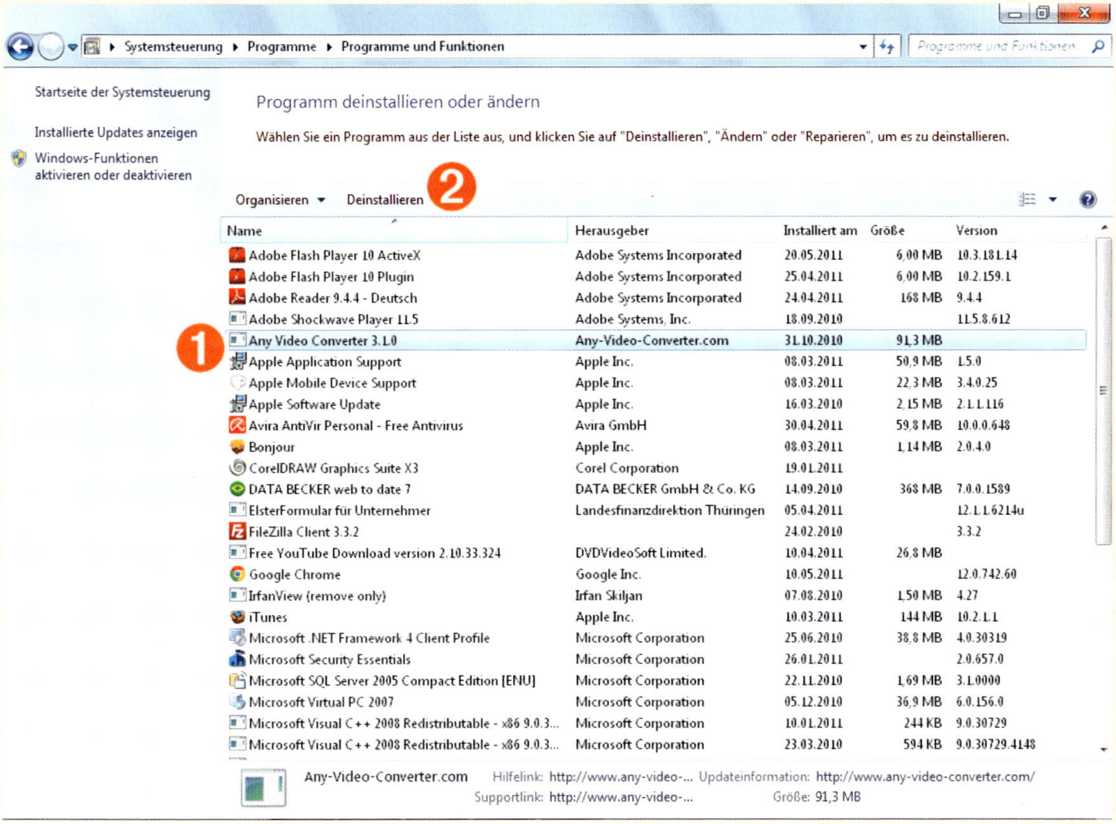

Gehen Sie zum Entfernen eines Programms stets vor wie hier beschrieben, löschen Sie also niemals einfach nur einen Programmordner – verschiedene Komponenten des Programms würden ansonsten auf dem Computer verbleiben!

Diese weiteren Programme empfehle ich Ihnen für die Verwendung im Computeralltag

Sie sind auf den Geschmack gekommen und möchten noch weitere Programme auf Ihrem Computer installieren? In der folgenden Tabelle habe ich eine kleine Sammlung von zehn Programmen für Sie zusammengestellt, deren Installation sich in jedem Fall lohnt. Einige davon können Sie im Elektronik-Fachmarkt kaufen bzw. bestellen, andere laden Sie kostenlos aus dem Internet herunter (vgl. **Kapitel 10**). Mein Tipp: Fragen Sie ggf. einen Enkel oder Neffen, ob er Ihnen beim Herunterladen behilflich sein kann, und spendieren Sie dafür einen Kinobesuch!

Warum gerade diese Programme?

Es handelt sich um Programme, die gerade für ältere Menschen interessant sein können: zum Schreiben, zur Bearbeitung von Bildern, zum Betrachten von Videos und für einige Zwecke mehr. Beachten Sie aber, dass es viele Tausend nützlicher Programme gibt – die folgende Auswahl kann also nur klein und subjektiv sein.

Programm	Abbildung	Was kann man damit machen?
PowerPoint (sprich: [paoerpoint], englisch für „Kraftpunkt")	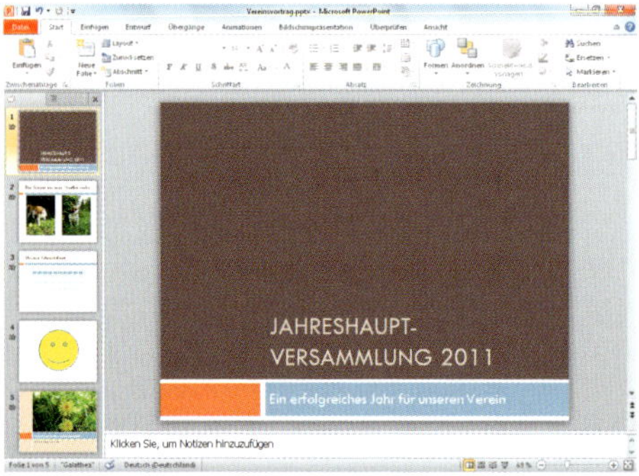 	Dieses Programm zählt wie Word und Excel zum Office-Paket von Microsoft. Es dient zum Erstellen attraktiver Präsentationen, z. B. für den nächsten Vereinsvortrag. Microsoft Office ist in Elektronik-Fachmärkten sowie in vielen Buchhandlungen erhältlich.
OpenOffice (sprich: [oupenoffis]; englisch für „offenes Büro")		Sie suchen nach einer kostenlosen Alternative zu Microsoft Office? Entscheiden Sie sich dann am besten für OpenOffice – ein kostenloses Office-Paket, das Sie aus dem Internet herunterladen. Webadresse: *http://www.openoffice.org*.
Adobe Reader (sprich: [ädoub rihder], „Reader" ist das englische Wort für „Leser")	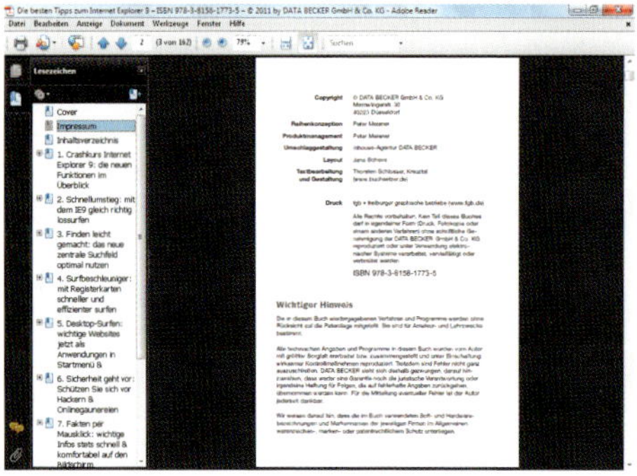	Dieses Programm des Unternehmens Adobe dient zum Lesen von Dokumenten im Format PDF, auf das Sie häufig stoßen, wenn Sie erst mal das Internet verwenden. Der Adobe Reader gehört zur Grundausstattung Ihres Computers und kann unter der Webadresse *http://get.adobe.com/de/reader* heruntergeladen werden.

Programm	Abbildung	Was kann man damit machen?
VLC Media Player		Dieses Programm dient, wie der bereits erwähnte Windows Media Player, zum Abspielen von Musik und Videos, kennt aber mehr Formate und kaum Probleme! Webadresse: *http://www.videolan.org*.
GIMP	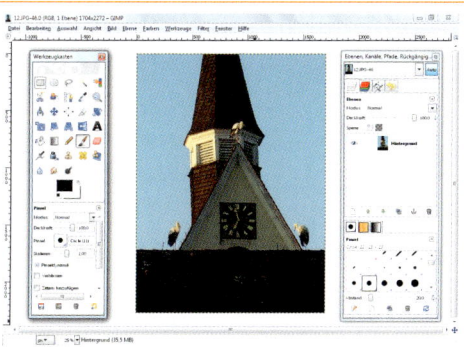	GIMP ist ein professionelles Bildbearbeitungsprogramm, das komplett zum Nulltarif zu haben ist. Nehmen Sie sich für die Einarbeitung viel Zeit, denn das Programm hat unendlich viele Funktionen! Webadresse: *http://www.gimp.org*.
IrfanView (sprich: [örfänwiu], „View" bedeutet im Englischen „Sicht")		Dieses Programm dient zum Betrachten von Bildern, bietet aber zusätzlich eine Reihe weiterer nützlicher Bildfunktionen und ist darüber hinaus recht einfach zu handhaben. IrfanView finden Sie unter der Webadresse *http://www.irfanview.de*.
Google Earth (sprich: [guhgel örf], Google ist der Name des Herstellers, „Earth" ist das englische Wort für „Erde")	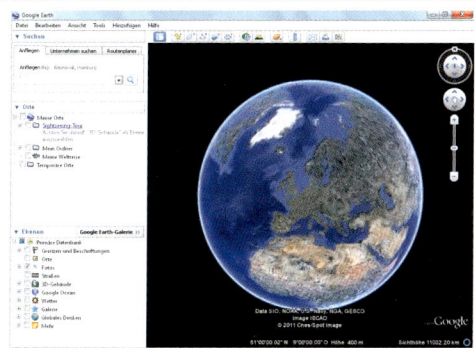	Ein faszinierendes Programm, das Sie sich auf keinen Fall entgehen lassen sollten: Rufen Sie in Google Earth Satellitenbilder und Straßenansichten aus aller Welt auf – und auch das völlig kostenlos, wobei eine bestehende Internetverbindung Voraussetzung ist. Webadresse: *http://earth.google.de*.

Programm	Abbildung	Was kann man damit machen?
ElsterFormular	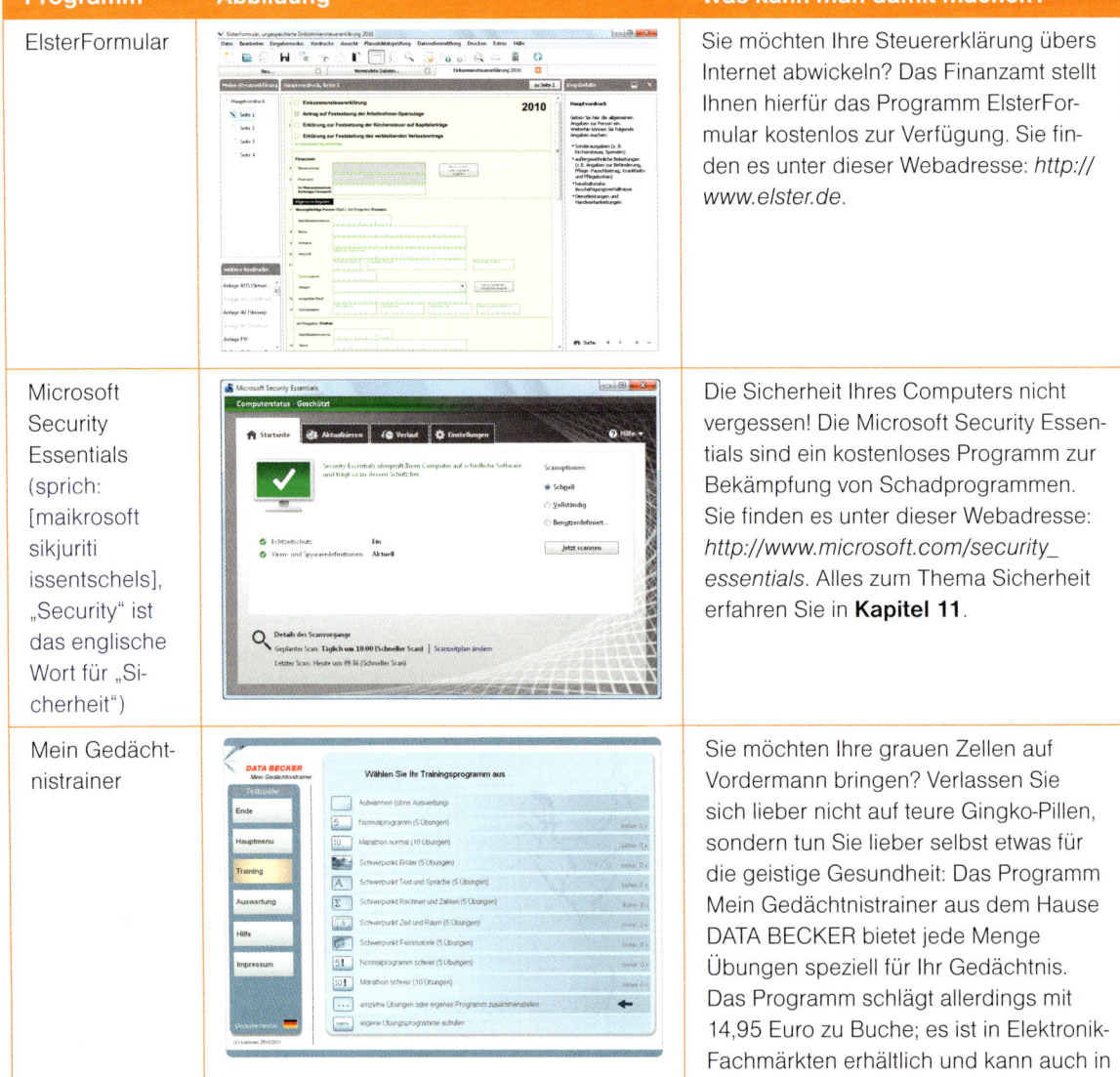	Sie möchten Ihre Steuererklärung übers Internet abwickeln? Das Finanzamt stellt Ihnen hierfür das Programm ElsterFormular kostenlos zur Verfügung. Sie finden es unter dieser Webadresse: *http://www.elster.de*.
Microsoft Security Essentials (sprich: [maikrosoft sikjuriti issentschels], „Security" ist das englische Wort für „Sicherheit")		Die Sicherheit Ihres Computers nicht vergessen! Die Microsoft Security Essentials sind ein kostenloses Programm zur Bekämpfung von Schadprogrammen. Sie finden es unter dieser Webadresse: *http://www.microsoft.com/security_essentials*. Alles zum Thema Sicherheit erfahren Sie in **Kapitel 11**.
Mein Gedächtnistrainer		Sie möchten Ihre grauen Zellen auf Vordermann bringen? Verlassen Sie sich lieber nicht auf teure Gingko-Pillen, sondern tun Sie lieber selbst etwas für die geistige Gesundheit: Das Programm Mein Gedächtnistrainer aus dem Hause DATA BECKER bietet jede Menge Übungen speziell für Ihr Gedächtnis. Das Programm schlägt allerdings mit 14,95 Euro zu Buche; es ist in Elektronik-Fachmärkten erhältlich und kann auch in Buchhandlungen bestellt werden.

Ganz einfach: Briefe oder Einladungen schreiben mit dem Programm Word

"Schreiben ist leicht. Man muss nur die falschen Wörter weglassen."

(Mark Twain)

Wenn man Menschen fragt, ältere, aber auch junge, warum sie einen Computer verwenden möchten, kommt eine Antwort besonders häufig: zum Schreiben. In diesem Kapitel möchte ich Sie an die Hand nehmen und mit Ihnen gemeinsam eines der berühmtesten und meistgenutzten Computerprogramme der Welt entdecken: Word – ein Schreibprogramm, das aber noch viel, viel mehr kann.

Egal, ob Sie ansprechende Briefe verfassen, Einladungen für die nächste Hauptversammlung Ihres Vereins erstellen, eine Hausarbeit für das spät angefangene Studium schreiben oder endlich Ihren lange geplanten Roman in Angriff nehmen möchten – mit Word fällt Ihnen, wie Sie sehen werden, das Schreiben viel leichter!

Mit Word Briefe schreiben oder beliebige andere Dokumente erstellen

Wer gern und viel schreibt, kommt heutzutage nicht mehr am Computer vorbei. Vom Brief bis zu den fünfbändigen Memoiren – mit dem Programm Word gelingt jeder Text perfekt.

Warum sollte ich gerade Word verwenden? Gibt es keine Alternativen?

Oh doch, selbstverständlich gibt es Alternativen zu Word. Word ist allerdings das Standardprogramm zum Erstellen von Texten – man spricht in diesem Zusammenhang übrigens auch von einem Textverarbeitungsprogramm; weil sich dieses Wort aber unnötig kompliziert anhört, verwende ich lieber den Begriff „Schreibprogramm". Eine ernst zu nehmende Alternative zu Word wäre in jedem Fall das Programm Writer (sprich: [wraiter], englisch für „Schreiber"), das zum OpenOffice-Paket gehört (siehe Seite 72). Das Zubehörprogramm WordPad, das ich Ihnen in **Kapitel 4** vorgestellt habe, ersetzt Word hingegen nicht wirklich, da es nur einen Bruchteil der Möglichkeiten bietet. Für die Beschreibungen in diesem Kapitel lege ich das Programm Word allein deshalb zugrunde, weil es die meisten Menschen verwenden.

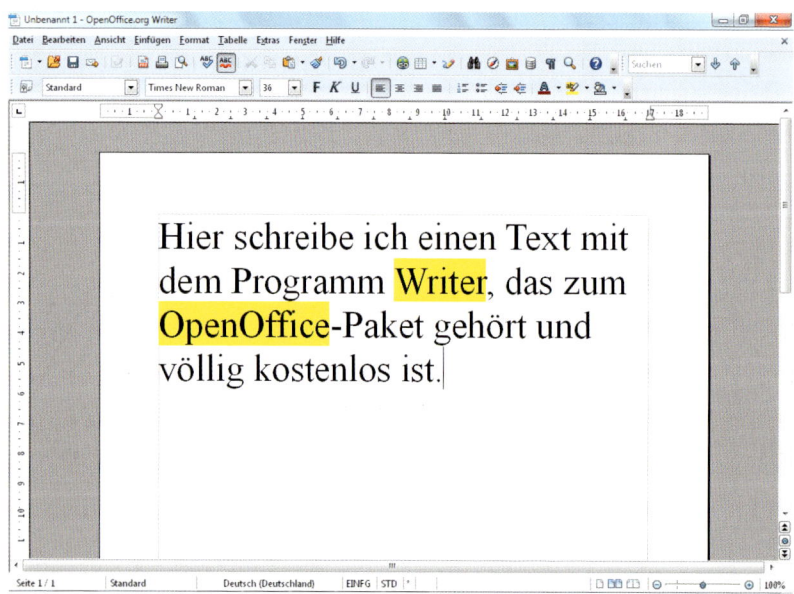

Hier schreibe ich einen Text mit dem Programm Writer, das zum OpenOffice-Paket gehört und völlig kostenlos ist.

Angenommen, ich verwende Writer: Kann ich mit diesem Programm auch Dokumente öffnen, die mit Word erstellt wurden?

Ja, Sie können mit Writer problemlos die meisten Word-Dokumente öffnen und sogar Dokumente als Word-Dokumente speichern. Und mit Writer erstellte Dokumente können auch in der aktuellen Word-Version geöffnet werden. Man nennt dieses Verhalten von zwei Programmen untereinander auch „Kompatibilität" (vom lateinischen Wort „compatior" für „Mitleid haben").

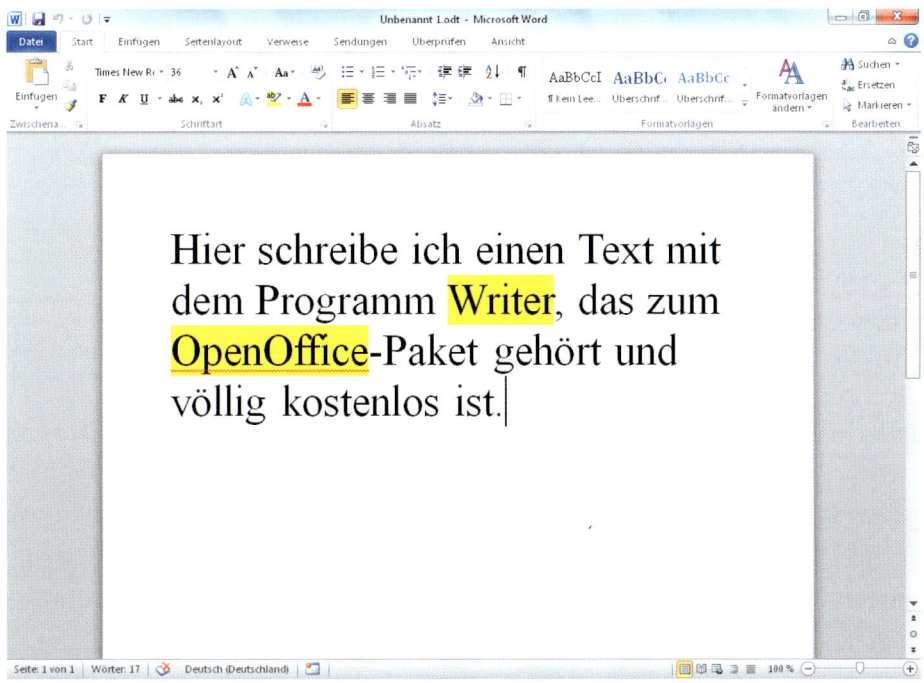

Hier öffne ich ein mit Writer erstelltes Dokument in Word – das klappt problemlos, und Sie stellen fest, dass sich die beiden Programme auch optisch recht ähnlich sind.

Im obigen Abschnitt ist von der „aktuellen Word-Version" die Rede – was bedeutet das?

Das Computerprogramm Word gibt es bereits seit Anfang der 1980er Jahre und wird seither stetig weiterentwickelt. Die aktuelle Word-Version für Windows nennt sich Word 2010, wobei es sich um die vierzehnte Version des Programms handelt. Auch zukünftig wird es neue Versionen geben, aber glauben Sie mir: Wenn Sie lernen, mit einer Word-Version umzugehen, beherrschen Sie auch die künftigen Versionen; ich selbst verwende mehrere Versionen des Programms für unterschiedliche Zwecke.

Ein Bekannter hat sich das neueste Office-Paket gekauft und bietet mir eine ältere Version von Word günstig an. Soll ich sie kaufen?

Nun, Ihr Freund wird seine Neuanschaffung nicht ohne Grund getätigt haben. Bei Computerprogrammen ist es grundsätzlich immer empfehlenswert, auf dem neuesten Stand zu sein. Die bessere Alternative zum Gebrauchtkauf wäre dann doch die Verwendung des kostenlosen Programms Writer.

Einen Text am Computer erstellen: Sie haben viel mehr Möglichkeiten als mit einer Schreibmaschine!

Texte mit Word oder einem anderen Schreibprogramm zu erstellen, ist wirklich sehr einfach, wenn Sie sich anfangs auf die wichtigsten Funktionen der Texterstellung beschränken. So schreiben Sie mit Word einen Brief:

1

Wie bei den anderen Programmen fängt es an: Sie bewegen den Mauszeiger auf den Start-Knopf links unten auf dem Bildschirm, öffnen mit einem Mausklick das Startmenü und entscheiden sich unter *Alle Programme* für *Microsoft Office/Microsoft Word 2010*.

2

Wie Sie auf Seite 55 im Zusammenhang mit WordPad kennengelernt haben, tippen Sie nun Ihren Text in das große Eingabefeld ein ❶ (und setzen Absätze per [Enter]-Taste). Auch das Menüband ❷ und die Leiste mit den Programmfunktionen ❸ kommt Ihnen von WordPad her bekannt vor, wobei sich aber in Word viel mehr Funktionen bieten.

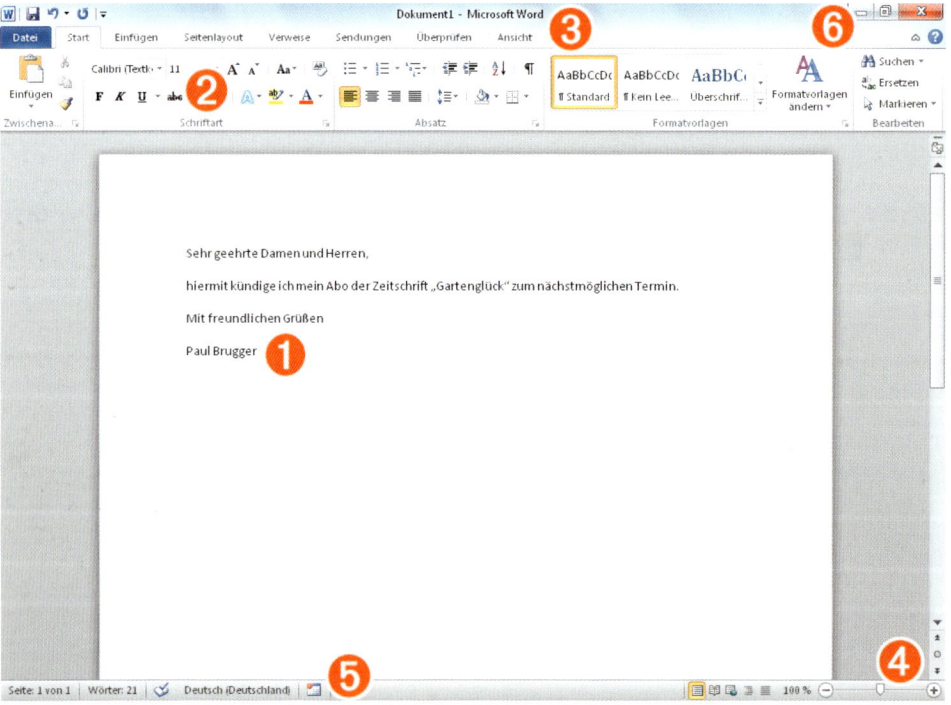

Unten rechts in der Bedienoberfläche von Word finden Sie eine Zoomfunktion ❹; in der Leiste können darüber hinaus andere Ansichten aufgerufen und Informationen zum Text angezeigt werden ❺; oben rechts im Programmfenster schließlich finden Sie die vertrauten Fensterfunktionen ❻.

3

Nun möchten Sie Ihren Text erst einmal speichern. Auch das funktioniert prinzipiell wie in WordPad: Klicken Sie auf das 💾-Symbol links oben in der Bedienoberfläche von Word oder alternativ auf *Datei* und wählen Sie den Eintrag *Speichern* ❶ bzw. *Speichern unter*. Bestimmen Sie anschließend den Speicherort ❷ (hier entscheide ich mich für das Speichern auf dem Desktop), ändern Sie ggf. den für das Dokument automatisch vorgeschlagenen Namen ❸ und klicken Sie auf *Speichern* ❹.

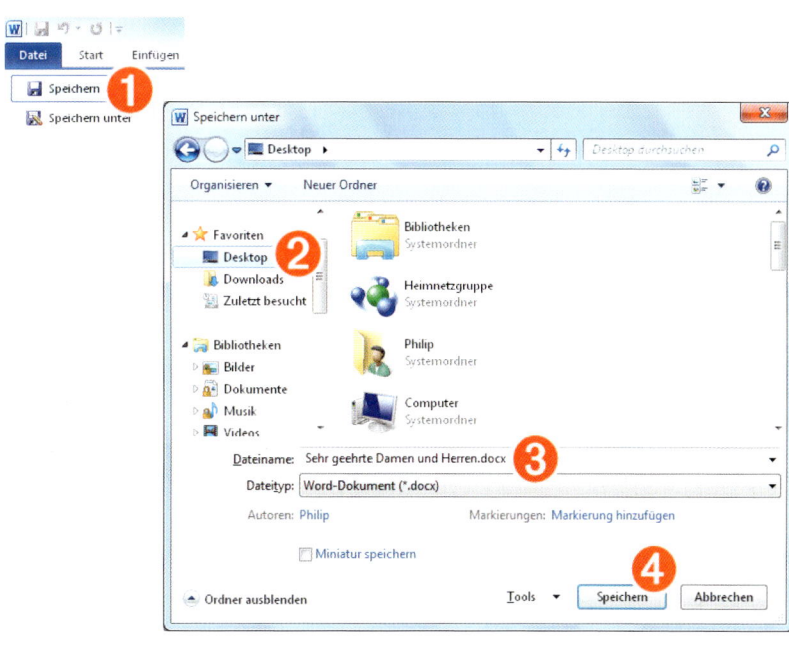

So weit, so gut. Sie stellen fest, dass das Erstellen eines Textes in etwa gleich verläuft wie in WordPad (und das gilt ebenso für andere Schreibprogramme). Auch Tippfehler lassen sich so schnell beheben wie in WordPad – rekapitulieren Sie hierzu die auf Seite 57 vorgestellten Funktionen zum Rückgängigmachen von Änderungen.

Paul Brugger rät: *Gehen Sie beim Kennenlernen Ihres Schreibprogramms langsam vor. Wenn Sie sich zum ersten Mal an ein Klavier setzen, geben Sie ja auch noch kein Konzert. Tippen Sie zuerst mal nur Ihre Texte ein, bearbeiten können Sie diese später immer noch. Wichtig: Speichern Sie Ihre Dokumente regelmäßig ab, um etwaigen Datenverlusten vorzubeugen!*

Deutschlehrer inklusive: Lassen Sie Rechtschreibfehler von Word korrigieren

Fehler in Word rückgängig zu machen, ist, wie Sie gesehen haben, kein Problem. Aber was ist, wenn Sie einen Fehler gar nicht bemerken? Je länger ein Dokument ist, desto leichter können sich Rechtschreib- und Grammatikfehler einschleichen. Word hilft Ihnen bei der Korrektur!

1

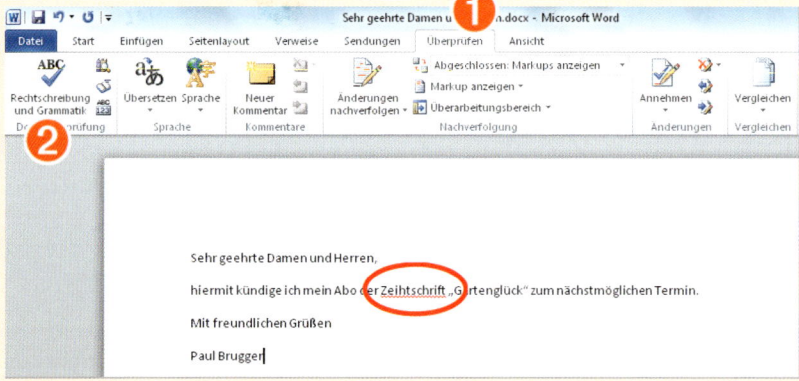

In den zuvor erstellten Brief habe ich einen kleinen Rechtschreib-fehler eingebaut. Das Programm meldet sofort durch rote Unterstreichung, das ihm etwas verdächtig vorkommt. Um Ihren Text von Word prüfen zu lassen, klicken Sie oben auf *Überprüfen* ❶. Entscheiden Sie sich dann links im Menüband für die Schaltfläche *Rechtschreibung und Grammatik* ❷.

2

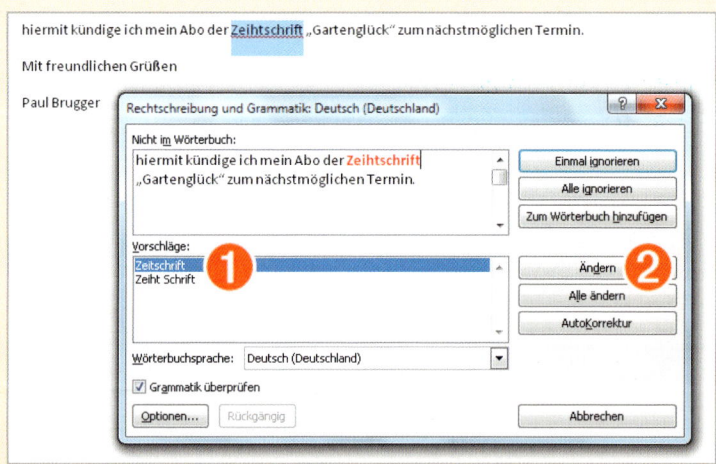

In einem neuen Fenster werden Ihnen nun Korrekturvorschläge gemacht. Wählen Sie den passenden Vorschlag aus ❶ und bestätigen Sie mit *Ändern* ❷. Word erkennt zwar nicht jeden Fehler, aber doch einen hohen Prozentsatz!

Übrigens bietet Word – in dem in Schritt 2 gezeigten Fenster – auch eine *AutoKorrektur* an, d. h., das Programm kann Fehler automatisch ohne weiteres Zutun korrigieren. Der Effekt ist allerdings nicht selten eine Verschlimmbesserung, sodass ich von einer automatischen Korrektur eher abrate.

Andere Textfarbe, Schriftgröße oder Schriftart gewünscht? Hierfür sind jeweils nur wenige Handgriffe erforderlich

Nachdem Sie Ihren Text erstellt haben, möchten Sie diesen bearbeiten: Vielleicht möchten Sie die Textfarbe verändern, die Schriftgröße bearbeiten oder eine andere Schriftart einstellen? Mit Word ist das gar kein Problem!

Ich möchte nicht den ganzen Text bearbeiten, sondern nur einen Teil davon – wie kann ich dies dem Computer mitteilen?

Word bearbeitet jeweils nur den Text, den Sie zuvor markiert haben. Wie das geht, habe ich auf Seite 56 bereits kurz beschrieben: Sie halten die linke Maustaste gedrückt und ziehen den Mauszeiger über den gewünschten Text, sodass dieser daraufhin

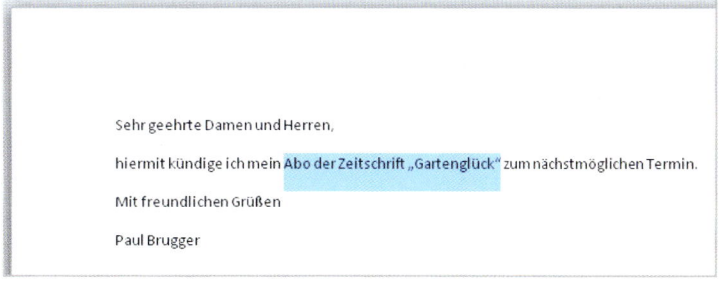

blau unterlegt erscheint. Alternativ können Sie den Cursor auch vor bzw. hinter den gewünschten Text setzen und diesen dann mit den Tasten Umschalt+→ bzw. Umschalt+← markieren. Den gesamten Text zu markieren, geht am schnellsten: Hierzu verwenden Sie die Tastenkombination Strg+A. Im zuvor erstellten Brief habe ich aber lediglich eine kurze Passage markiert.

Hach, das ist ja wirklich einfach! Nun würde ich gern die Schriftfarbe des markierten Textes verändern – wie gehe ich dazu vor?

Hier kommt das Menüband ins Spiel. Nachdem Sie den Text markiert haben, entscheiden Sie sich im Menüband unter *Start* ❶ für den zu diesem Symbol **A** ▾ gehörenden Pfeil ❷. Wählen Sie, alles per Mausklick, eine Farbe aus, die Ihnen zusagt ❸. Die Farbe wird daraufhin für den markierten Text übernommen.

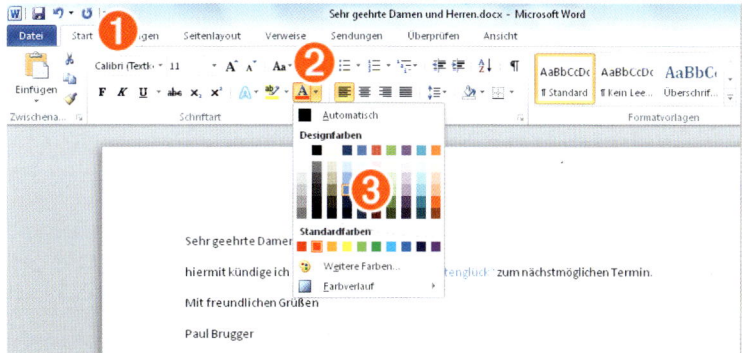

Und wenn ich eine größere Schrift wünsche: Ist dieser Bearbeitungsschritt ebenso einfach?

Na, und ob – das Prinzip ist exakt gleich! Entscheiden Sie sich diesmal unter *Start* ❶ für das Schriftgrößenmenü (11   ▾) ❷. Wählen Sie dann mit der Maus die gewünschte Schriftgröße aus ❸ – wenn Sie den Mauszeiger auf eine Schriftgröße bewegen, erhalten Sie eine entsprechende Vorschau, um zu ermitteln, ob die Schriftgröße Ihren Wünschen entspricht.

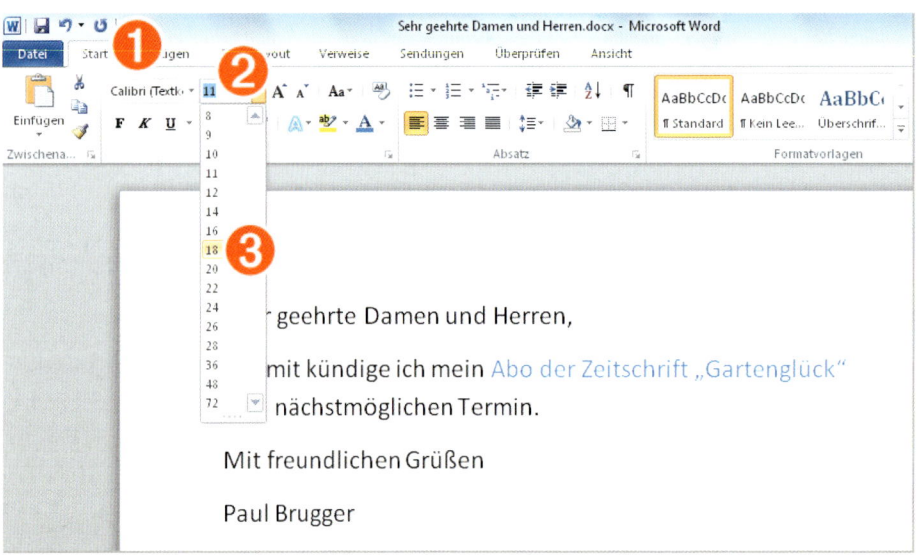

Muss ich die Schriftgröße für Überschriften von Hand festlegen?

Nein, für die Überschriften sowie für viele weitere Textkategorien bietet Ihnen Word ansprechende Vorlagen an. Markieren Sie wieder den gewünschten Text und wählen Sie unter *Start* per Mausklick die passende „Formatvorlage" aus. Die Überschriftenvorlagen können später übrigens auch dazu dienen, automatisch ein Inhaltsverzeichnis zu erstellen (klicken Sie oben in Word auf *Verweise*, um eine entsprechende Schaltfläche ausfindig zu machen).

Auch das hat geklappt! Jetzt möchte ich gern noch eine andere Schriftart auswählen – wie geht das?

Auch für die Schriftart steht in Word unter *Start* ein Menü zur Verfügung. Voreingestellt ist die Schriftart Calibri, doch die ist sicher nicht jedermanns Geschmack. Markieren Sie also Ihren Text und wählen Sie dann einfach im Schriftartenmenü (Calibri (Textk⋅ ▾) eine andere Schriftart aus – wieder hilft Ihnen die Vorschau, die erscheint, wenn Sie den Mauszeiger auf eine Schriftart bewegen, bei der Auswahl.

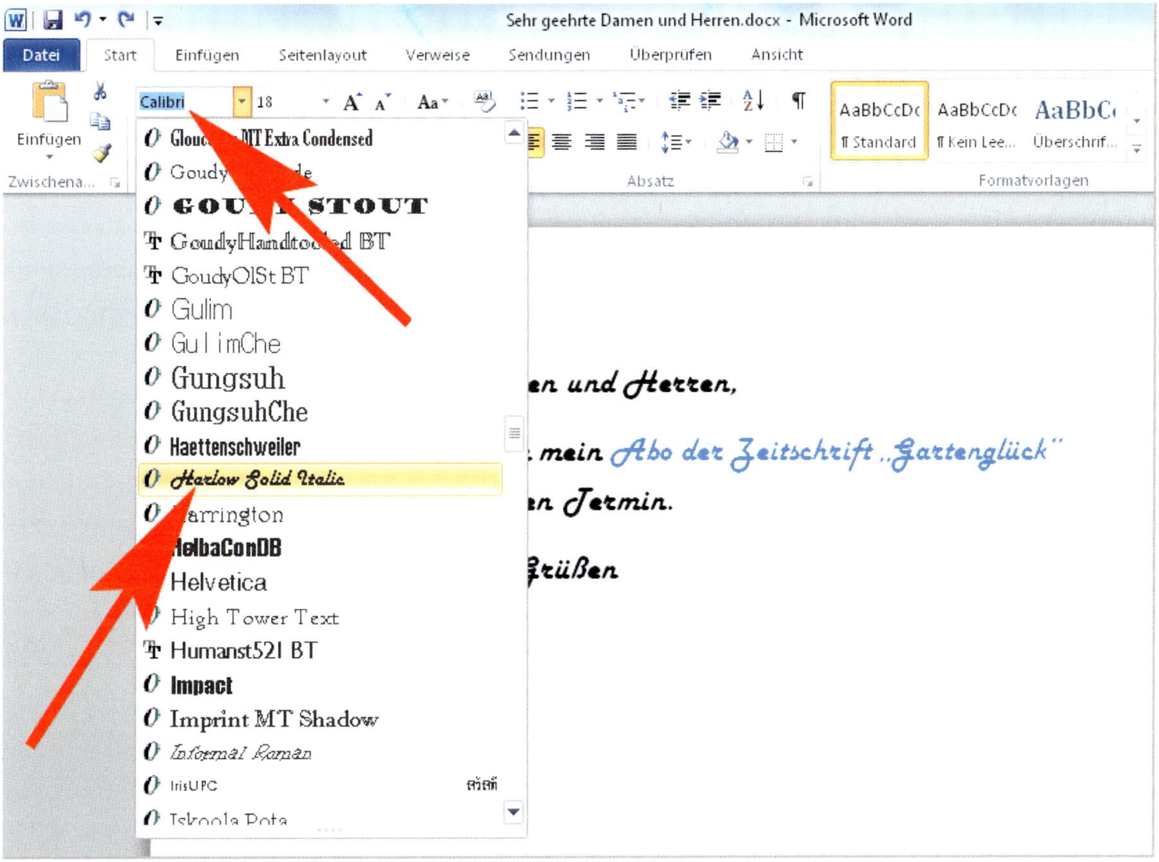

Paul Brugger rät: *Die vielen Funktionen in Word sind recht verführerisch! Nutzen Sie aber nicht zu viele Farben und Funktionen, um Ihre Texte nicht zu überfrachten – Ihr guter Geschmack sei für das Erstellen von Texten das oberste Gebot!*

Im Menüband sind noch viele weitere Symbole zu sehen – was haben diese zu bedeuten?

Ich will Sie keinesfalls überfordern. Lernen Sie die einzelnen Funktionen nach und nach durch Ausprobieren kennen. Einige weitere wichtige Symbole zu kennen, die Sie unter *Start* finden, könnte aber nicht schaden:

- **F**: Ein Klick auf dieses Symbol lässt den markierten Text fett gedruckt erscheinen.

- ***K***: Ein Klick auf dieses Symbol bewirkt, dass der markierte Text kursiv gedruckt dargestellt wird.

- **U**: Soll der markierte Text unterstrichen werden? Dann klicken Sie im Menüband auf dieses Symbol.

- : Ein Klick auf dieses Symbol kopiert den markierten Text in die „Zwischenablage"; per Klick auf die *Einfügen*-Schaltfläche können Sie ihn daraufhin andernorts einfügen.

- : Im Gegensatz zum -Symbol wird der markierte Text durch einen Klick auf dieses Symbol nicht kopiert, sondern ausgeschnitten und – wiederum per *Einfügen*-Schaltfläche – andernorts eingefügt.

- : Dieses Symbol dient zum Kopieren von Formatierungen. Haben Sie z. B. einen Text rot gefärbt und fett gedruckt und möchten diese Eigenschaft auf einen anderen Text im Dokument übertragen, klicken Sie zunächst auf den roten Text, dann auf das -Symbol, dann auf den anderen Text – Sie stellen fest, dass die Eigenschaften automatisch übernommen werden.

- : Diese Symbole dienen zur Textausrichtung. Standardmäßig ist der Text rechts ausgerichtet; Sie können per Mausklick jedoch z. B. auch den Blocksatz auswählen.

- ¶: Normalerweise sehen Sie in Word nur Ihren Text; ein Klick auf dieses Symbol zeigt jedoch auch Textmarkierungen an, z. B. die von Ihnen gesetzten Absätze.

> *Sehr·geehrte·Damen·und·Herren,¶*
>
> *hiermit·kündige·ich·mein·Abo der Zeitschrift „Gartenglück".*
> *zum·nächstmöglichen·Termin.¶*
>
> *Mit·freundlichen·Grüßen¶*
>
> *Paul·Brugger¶*

Aber noch einmal: Gehen Sie es langsam an! Sie müssen nicht alle Funktionen von Anfang an beherrschen, erarbeiten Sie sich diese nach und nach, ganz von allein während der alltäglichen Word-Nutzung. Bitte alles ganz entspannt!

Das Dokument noch ansprechender gestalten durch richtige Papiergröße, Seitenränder und mehr

Bisher habe ich Ihnen gezeigt, wie Sie mit Word beliebige Texte erstellen und bearbeiten. Vielleicht möchten Sie außerdem die ganze Seite ansprechender gestalten? Mit den folgenden Hinweisen wird Ihnen dies ganz leicht fallen.

Mir wird auf dem Bildschirm lediglich ein Teil der Seite angezeigt. Ist es möglich, die gesamte Seite darzustellen?

Selbstverständlich, wobei dann aber natürlich auch die Schrift verkleinert erscheint. Entscheiden Sie sich oben in Word für *Ansicht* ❶ und wählen Sie entweder *Eine Seite* ❷ oder *Vollbild-Lesemodus* ❸ (für die Darstellung in etwas größerem Format), um sich die gesamte Seite anzeigen zu lassen – also so, wie sie auf einem Blatt Papier erscheint.

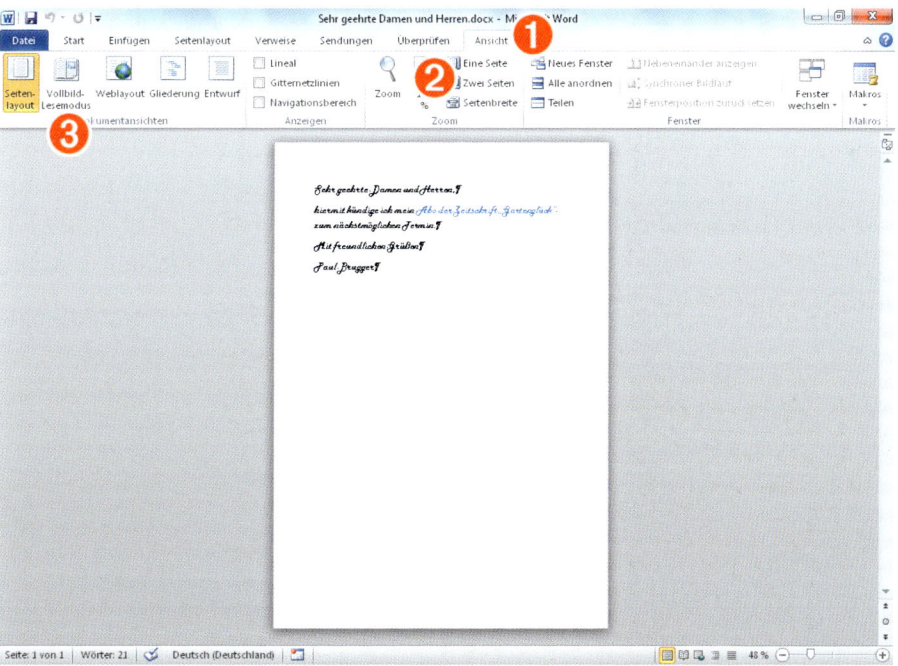

Paul Brugger rät: *Erkennen Sie das Prinzip! Word bietet Ihnen Tausende Funktionen, mit deren Beschreibung mehrere Bücher gefüllt werden könnten. Wichtig für Sie ist aber zunächst einmal nur, dass Sie verstehen, wie Word grundsätzlich funktioniert – und das Prinzip ist doch sehr einfach, finden Sie nicht?*

Apropos Blatt Papier – kann ich in Word ein anderes Papierformat auswählen?

In den meisten Fällen werden Sie das voreingestellte DIN-A4-Format verwenden wollen, aber das muss nicht immer der Fall sein. Zum Auswählen eines anderen Formats klicken Sie oben in Word auf *Seitenlayout* ❶ und dann auf *Größe* ❷. Wiederum per Mausklick wählen Sie das gewünschte Papierformat aus, in diesem Fall wähle ich *A5* ❸.

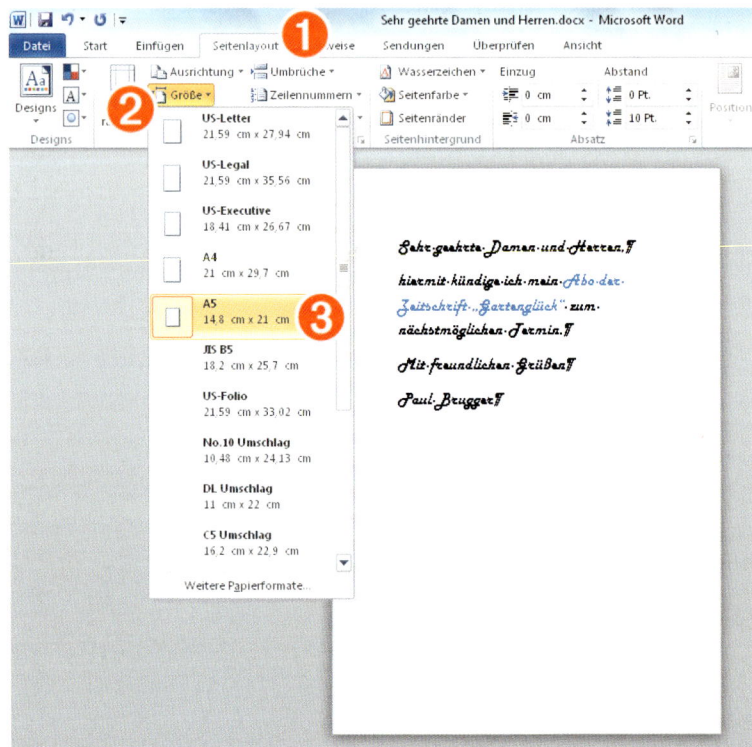

Sehr gut! Und nun würde ich gern die Seitenränder etwas verkleinern – wie geht das?

Auch das ist eine Sache weniger Mausklicks: Entscheiden Sie sich unter *Seitenlayout* ❶ diesmal für *Seitenränder* ❷ und legen Sie die gewünschten Seitenränder fest ❸ – die Änderung wird prompt in Ihrem Dokument übernommen.

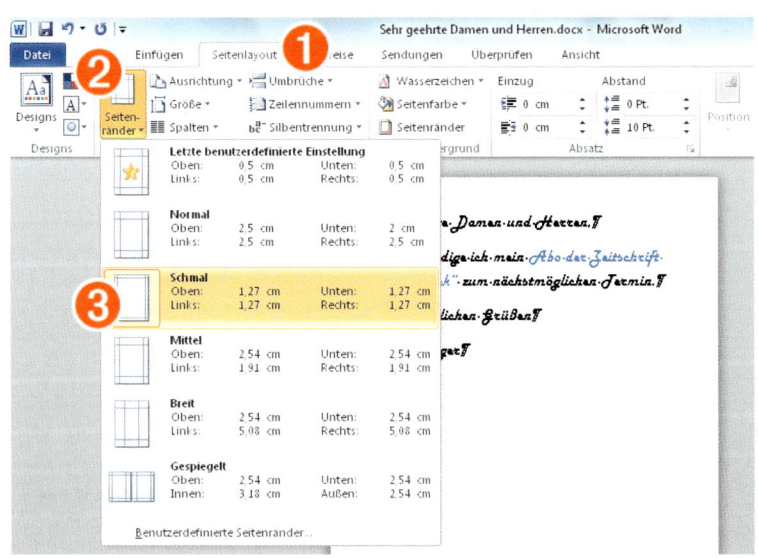

Das Menüband wird in Word plötzlich nicht mehr angezeigt!

Das Menüband kann mit einem Mausklick auf das ⌃-Symbol rechts oben in der Bedienoberfläche von Word ausgeblendet werden, um mehr Platz für das Dokument zu gewinnen. Falls Sie das Menüband versehentlich ausgeblendet haben, blenden Sie es mit einem Mausklick auf das ♡-Symbol wieder ein. Übrigens: Wenn Sie links oben in Word *Datei* und dann *Optionen* wählen, können Sie das Menüband Ihren Vorstellungen entsprechend anpassen und noch weitere Einstellungen vornehmen – warten Sie damit jedoch so lange, bis Sie einige Übung im Umgang mit Word gewonnen haben.

Das Dokument sieht mir noch zu langweilig aus: Kann ich einen hübschen Seitenrand einfügen?

Ja, auch das ist eine einfache Übung. Klicken Sie unter *Seitenlayout* ❶ auf *Seitenränder* ❷ (Achtung! Es handelt sich um eine andere Schaltfläche als die gleichnamige oben gezeigte.), um ein entsprechendes Fenster zu öffnen. Wählen Sie in diesem Fenster die Art des Randes aus ❸ und entscheiden Sie sich für eine der Vorlagen ❹ (in diesem Fall wähle ich ein buntes Muster aus Tannenbäumen). Da ich zuvor die Seitenränder verkleinert habe, verringere ich noch die Breite des Seitenrandes ❺, bevor ich mit einem Klick auf *OK* ❻ bestätige.

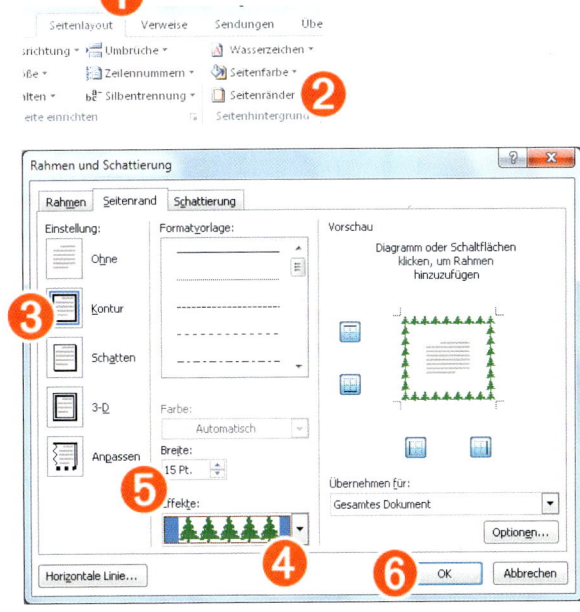

Das sieht schon sehr gut aus! Allerdings steht der Text sehr weit oben im Dokument, während unten sehr viel freier Raum ist. Kann ich den Text weiter heruntersetzen?

Verwenden Sie zu diesem Zweck Absätze, die Sie mit der [Enter]-Taste erzeugen, wobei Sie zuvor den blinkenden Cursor per Mausklick oder mit der Tastenkombination [Strg]+[Pos1] an den Anfang des Dokuments setzen.

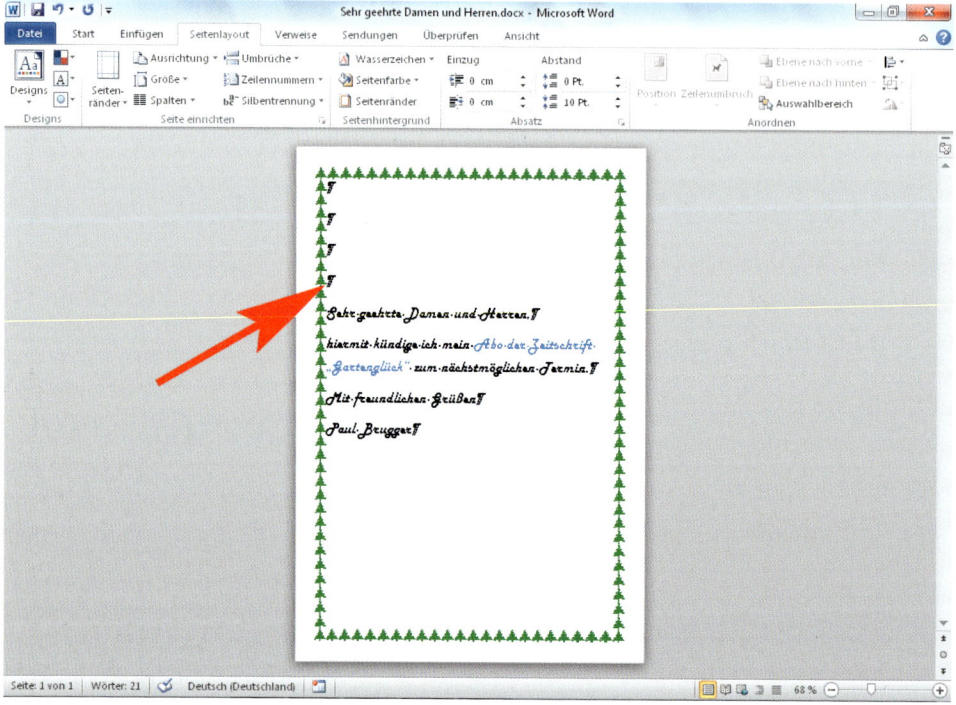

Kann ich auch die Seitenfarbe ändern?

Auch das geht, wobei Sie diese Funktion aber nur verwenden, wenn Sie Ihr Dokument in elektronischer Form weiterreichen möchten; zum Ausdrucken mit buntem Hintergrund finden Sie farbenfrohes Papier in jedem Papiergeschäft. Um die Seitenfarbe zu ändern, klicken Sie einfach unter *Seitenlayout* ❶ auf *Seitenfarbe* ❷ und wählen die gewünschte Hintergrundfarbe aus ❸.

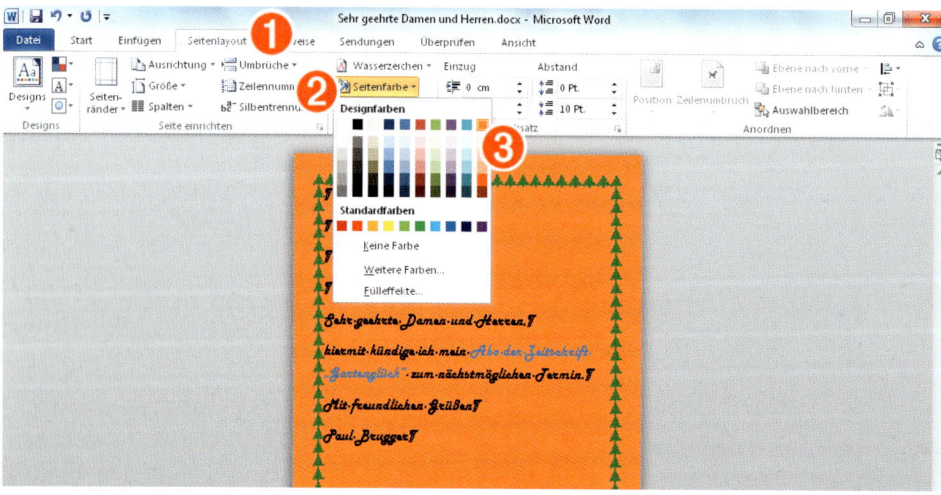

Ein Dokument in elektronischer Form weiterreichen – was heißt das?

Statt ein Dokument auszudrucken, können Sie dieses auch mit der elektronischen Post versenden, wie ich es Ihnen in **Kapitel 10** vorstelle; das Dokument lässt sich außerdem auf einem Datenträger speichern. Speichern Sie Ihr Dokument in diesem Fall im PDF-Format ab, und zwar so: Klicken Sie links oben in Word auf *Datei* und wählen Sie *Speichern unter*. Speichern Sie Ihr Dokument ganz normal wie auf Seite 79 beschrieben, entscheiden Sie sich jedoch im Menü *Dateityp* für *PDF*. Der Vorteil des PDF-Formats ist, dass Ihr Dokument auf allen Computern gleich angezeigt wird.

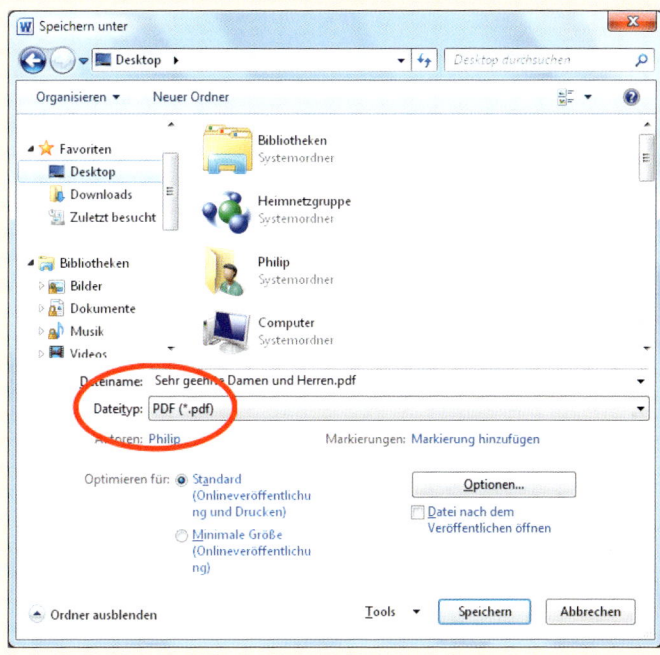

Auch das geht ganz einfach: Dokumente mit Bildern und anderen Inhalten bereichern

Sie haben im Verlauf des Kapitels festgestellt, dass das Computerprogramm zu viel mehr imstande ist als eine Schreibmaschine. Und auch das kann keine Schreibmaschine: Fügen Sie in Word mit wenigen Handgriffen Bilder und andere Elemente in Ihre Dokumente ein.

Ein Bild einfügen – aber dazu muss sich das Bild doch erst mal auf dem Computer befinden, oder?

In der Tat: Das Bild, das Sie in ein Word-Dokument einfügen möchten, muss sich zunächst mal auf dem Computer befinden. In **Kapitel 12** erfahren Sie, wie Sie Ihre eigenen Bilder auf den Computer bekommen. In Word steht darüber hinaus bereits eine Bildersammlung zur Verfügung, die Sie für Ihre Dokumente verwenden können. Und Ihnen ist ja sicher das berühmte Sprichwort vertraut: „Ein Bild sagt mehr als tausend Worte."

Auch hier bitte wieder Schritt für Schritt: Wie füge ich ein Bild in mein Dokument ein?

Gern zeige ich Ihnen, wie ich in den zuvor erstellten Brief ein Foto einfüge, das sich bereits auf meinem Computer befindet. Auch das ist ganz einfach:

1

Setzen Sie zunächst den blinkenden Cursor an die Position, an der das Bild eingefügt werden soll. In diesem Fall setze ich hierzu einen weiteren Absatz am Ende des Dokuments.

2

Entscheiden Sie sich anschließend oben im Menüband unter *Einfügen* ❶ für *Grafik* ❷ ...

3

... und wählen Sie den Speicherort des Bildes aus ❶ (vgl. **Kapitel 7**). Entscheiden Sie sich dann, per Mausklick, für ein Bild ❷ und bestätigen Sie mit *Einfügen* ❸.

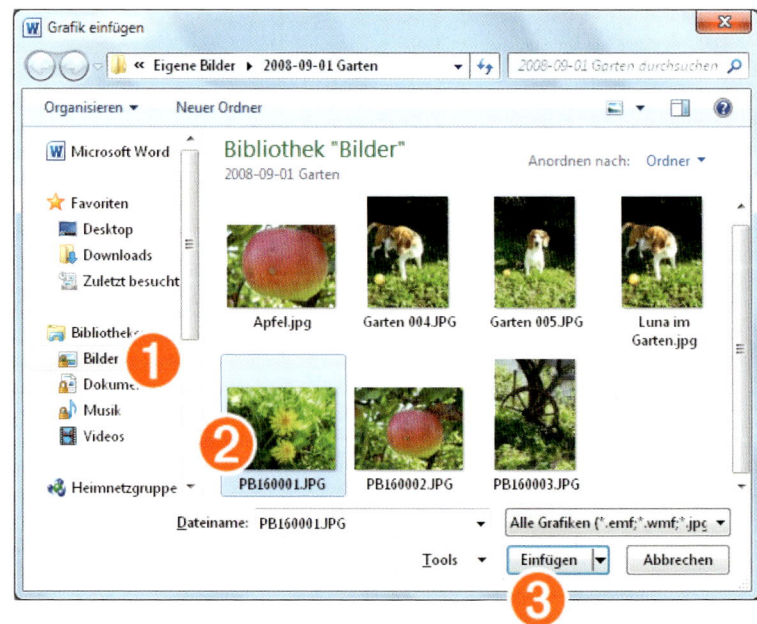

4

Das Bild ist etwas zu groß geraten? In den Ecken des Bildes finden Sie das Symbol ⬚. Klicken Sie dieses Symbol an, halten Sie die linke Maustaste gedrückt und ziehen Sie das Bild kleiner. Alternativ geben Sie oben im Menüband eine andere Bildgröße an. Falls Symbole und Bildoptionen nicht angezeigt werden, klicken Sie das Bild zunächst an, um diese einzublenden.

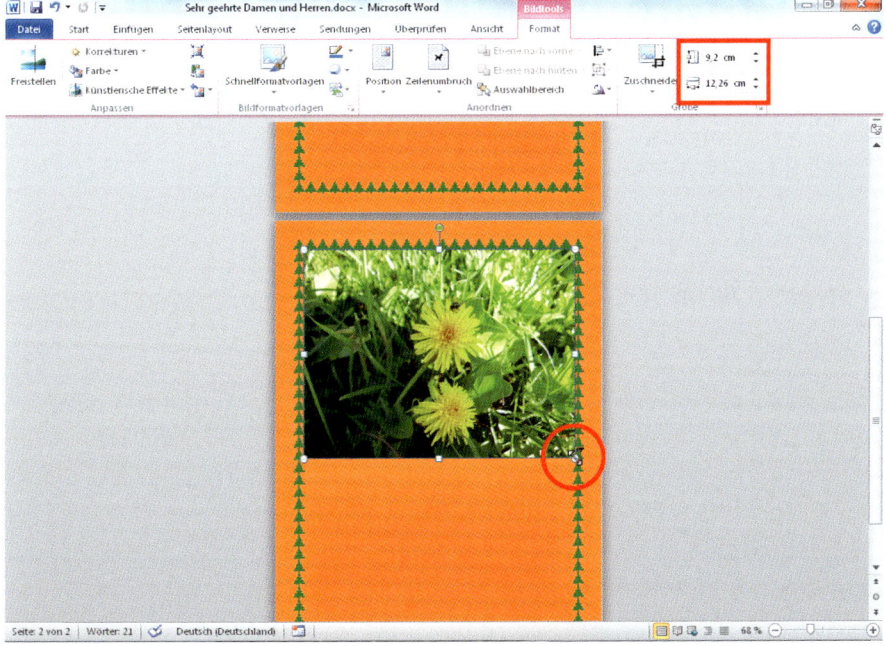

5

Und auch im Zusammenhang mit den eingefügten Bildern bietet Word Ihnen viele Funktionen. Möchten Sie das Bild z. B. noch mit einem attraktiven Rahmen versehen? Wenn Sie das Bild ausgewählt haben, wählen Sie hierzu im Menüband unter *Format* ❶ die Schaltfläche *Schnellformatvorlage* ❷ und entscheiden sich per Mausklick für einen Rahmen, der Ihren Wünschen entspricht ❸.

Paul Brugger rät: Aufgepasst! Was auf dem Computerbildschirm gut aussieht, muss nicht unbedingt gut aussehen, wenn Sie ein Dokument ausdrucken. Viele Effekte kommen – insbesondere wenn Sie in Schwarz-Weiß drucken – nicht besonders gut heraus. Mehr zum Thema „Ausdrucken Ihrer Dokumente" erfahren Sie in **Kapitel 8**. Für das elektronische Weiterreichen von Dokumenten sind die angebotenen Effekte in jedem Fall empfehlenswert!

Und wie gehe ich vor, wenn ich ein Bild aus der Word-Bildersammlung verwenden möchte?

Auch dann, wenn Sie noch keine eigenen Bilder auf dem Computer gespeichert haben, können Sie Bilder in Ihre Dokumente einfügen. Wie beim Einfügen der Bilder setzen Sie hierzu den Cursor an die Position, an der das Bild erscheinen soll. Klicken Sie dann unter *Einfügen* ❶ auf die Schaltfläche *ClipArt* ❷ (als Clipart bezeichnet man Illustrationen aus gemeinfreien Werken). Es wird rechts ein Fenster eingeblendet: Geben Sie in das Suchfeld ein beliebiges Thema ein und drücken Sie die ⌈Enter⌉-Taste ❸. Passende Bilder werden Ihnen nun angezeigt – die Auswahl erfolgt per Mausklick ❹. Bringen Sie das eingefügte Bild zum Schluss noch in die gewünschte Größe ❺. Die Clipart-Sammlung in Word ist sehr umfangreich, da ist ganz sicher etwas nach Ihrem individuellen Geschmack dabei!

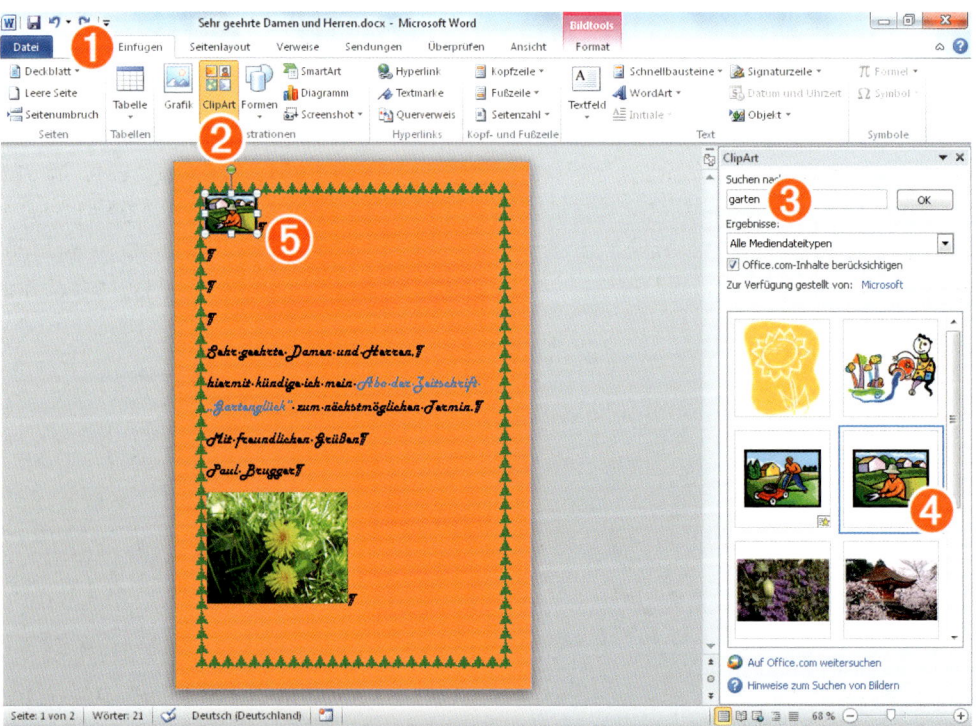

Welche Inhalte kann ich noch in ein Word-Dokument einfügen?

Wenn Sie oben im Menüband auf *Einfügen* klicken, finden Sie eine Übersicht der Inhalte, die sich in Ihr Word-Dokument einfügen lassen, insbesondere erwähnenswert:

■ **Tabelle:** Sie erstellen eine Bilanz für die nächste Hauptversammlung Ihres Vereins? Entscheiden Sie sich unter *Einfügen* für die Schaltfläche *Tabelle* und bestimmen Sie per Mauszeiger die Tabellengröße – eine entsprechende Tabelle wird daraufhin in das Dokument eingefügt; diese kann dann auch noch verschönert werden.

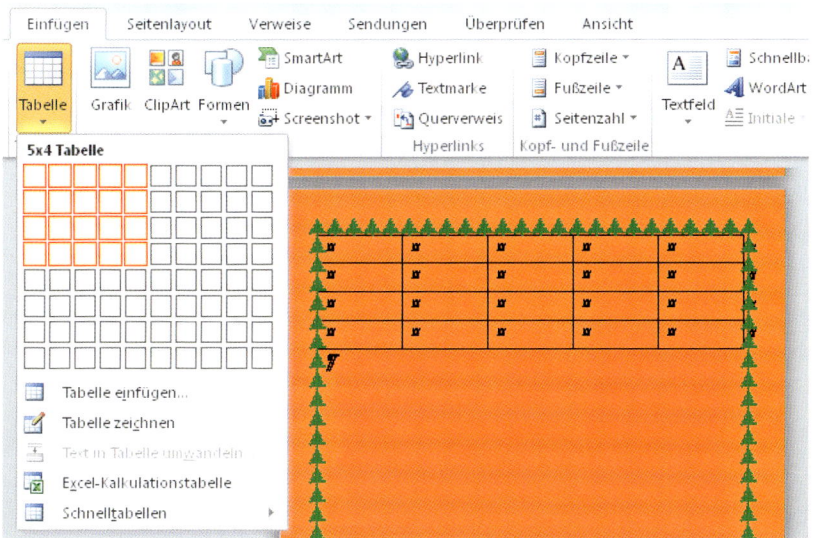

■ **Diagramm:** Auch Diagramme zur Veranschaulichung von Fakten sind schnell erstellt. Unter *Einfügen* klicken Sie dazu auf die Schaltfläche *Diagramme* und wählen einen der angebotenen Diagrammtypen aus. Das Programm Excel, das ich Ihnen in **Kapitel 6** vorstelle, wird daraufhin parallel zu Word geöffnet, und Sie können die für das Diagramm benötigten Daten eingeben.

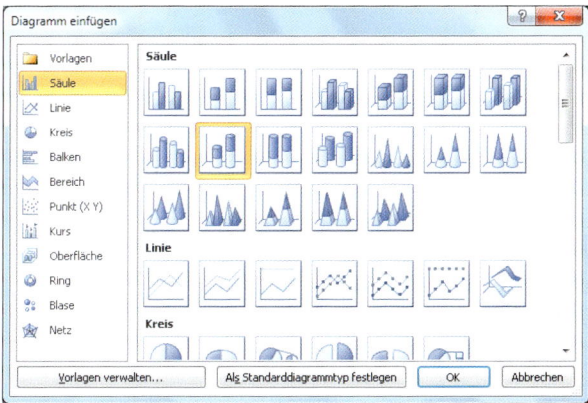

- **Textfeld:** Weitere wichtige Elemente sind die Textfelder, die es Ihnen ermöglichen, Ihre Texte sowie auch Bilder beliebig im Dokument zu positionieren. Ein Textfeld eignet sich z. B. ideal dafür, einen ansprechenden Briefkopf zu gestalten. Um ein Textfeld einzufügen, entscheiden Sie sich unter *Einfügen* für die Schaltfläche *Textfeld* und wählen ein Textfeldformat aus. Bringen Sie das Textfeld dann im Dokument in Position und füllen Sie es mit Ihren Inhalten.

Auch Fußzeilen, Querverweise und mehr lassen sich im Dokument erstellen, wobei Sie aber dazu im Umgang mit Word schon geübter sein sollten. Noch einmal: Lassen Sie sich Zeit – beginnen Sie mit den Grundfunktionen und arbeiten Sie sich nach und nach zum Word-Meister hoch!

6

Warum ist am Ende der Rente noch so viel Monat übrig? Gekonnt kalkulieren mit dem Programm Excel

"Wahrlich, es ist nicht das Wissen, sondern das Lernen, nicht das Besitzen, sondern das Erwerben, nicht das Da-Sein, sondern das Hinkommen, was den größten Genuss gewährt."

(Carl Friedrich Gauß)

Ein ebenfalls weltberühmtes Computerprogramm ist Excel, mit dem viele Unternehmen ihre Buchhaltung erledigen, das aber auch für den privaten Einsatz exzellente Funktionen bietet: Erstellen Sie mit Excel Tabellen aller Art, machen Sie passende Diagramme daraus und führen Sie automatische Berechnungen durch.

In diesem Kapitel stelle ich Ihnen dieses äußerst nützliche Programm vor, das Sie z. B. zum Erstellen eines Haushaltsbudgets einsetzen können, zur Verwaltung Ihrer Autokosten oder um einen Überblick über die Einnahmen und Ausgaben Ihres Vereins zu erhalten. Lassen Sie sich von den vielfältigen Funktionen des Programms überraschen!

Mit Excel ist das Erstellen und Berechnen von Tabellen ein Kinderspiel

Tabellen und Diagramme erstellen, selbst schwierigste Berechnungen durchführen – hierbei ist Ihnen das Programm Excel eine große Hilfe, das ebenfalls zum Office-Paket von Microsoft gehört.

Wie bei Word stellt sich mir die Frage: Gibt es Alternativen?

Ja, wiederum verweise ich gern auf OpenOffice als Alternative (siehe Seite 72). In diesem kostenlosen Office-Paket ist das Programm Calc (sprich: [kalk], eine Abkürzung für „Calculation", das englische Wort für „Berechnung") enthalten, das wie Excel einen sehr großen Funktionsumfang bietet, der für Ihre Zwecke in jedem Fall ausreichen wird. Wie bei Word gilt aber: Weil Excel das in diesem Zusammenhang am häufigsten verwendete Programm ist, lege ich dieses Programm für die Darstellungen dieses Kapitels zugrunde. Bei Excel und Calc spricht man übrigens von Tabellenkalkulationsprogrammen; der Einfachheit halber verwende ich aber lieber den Begriff „Tabellenprogramm".

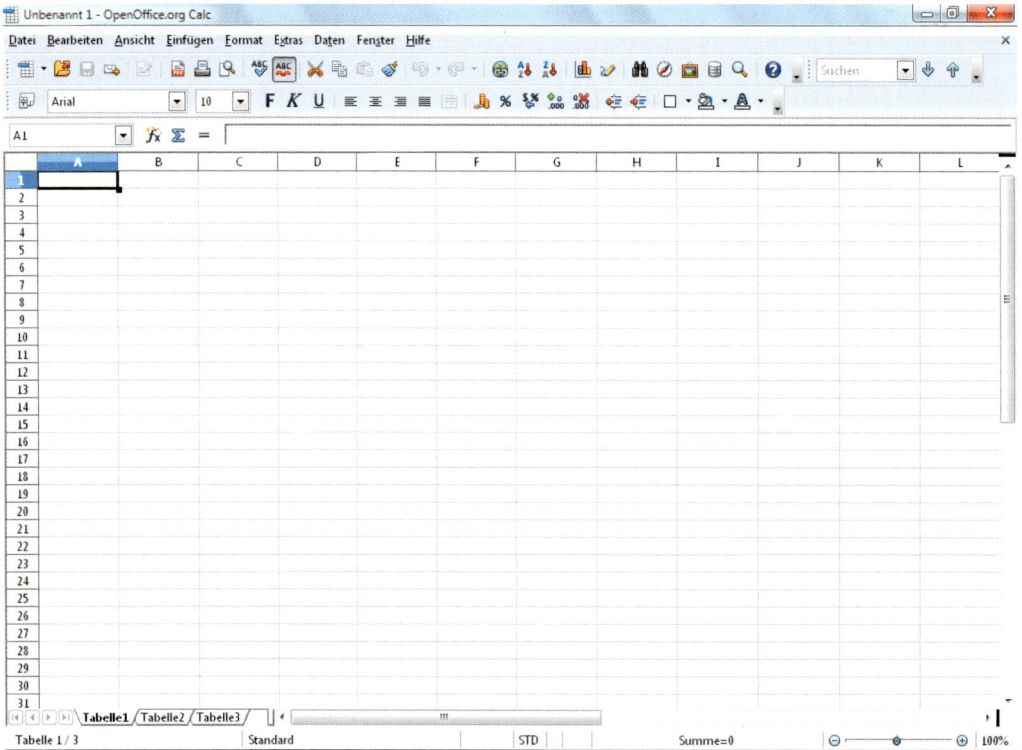

Ab in die Zelle: Nach dem Start des Programms Calc wird Ihnen ein Tabellenblatt angezeigt, das Sie mit Ihren ganz persönlichen Daten füllen können.

Kann ich, wie es bei Word und Writer der Fall ist, Tabellen aus Calc in Excel verwenden und umgekehrt?

Ja, zumindest bei „normalen" Tabellen bereitet dies keinerlei Probleme. Mit Calc erstellte Tabellen lassen sich im Excel-Format speichern, mit Excel erstellte Tabellen lassen sich im Calc-Format speichern, und auch das Importieren fremder Formate ist für die beiden Programme ein Kinderspiel.

Welche Unterschiede bestehen zwischen Calc und Excel?

Es handelt sich grundsätzlich um zwei verschiedene Programme, die zwar ähnliche Funktionen bieten, bei denen die Funktionen aber in unterschiedlicher Form aufgerufen werden. Wenn Sie Calc statt Excel verwenden, werden Ihnen die Hinweise dieses Kapitels dienlich sein, um einzelne Schritte nachvollziehen zu können, die jeweiligen Menüpunkte müssen jedoch ausfindig gemacht werden.

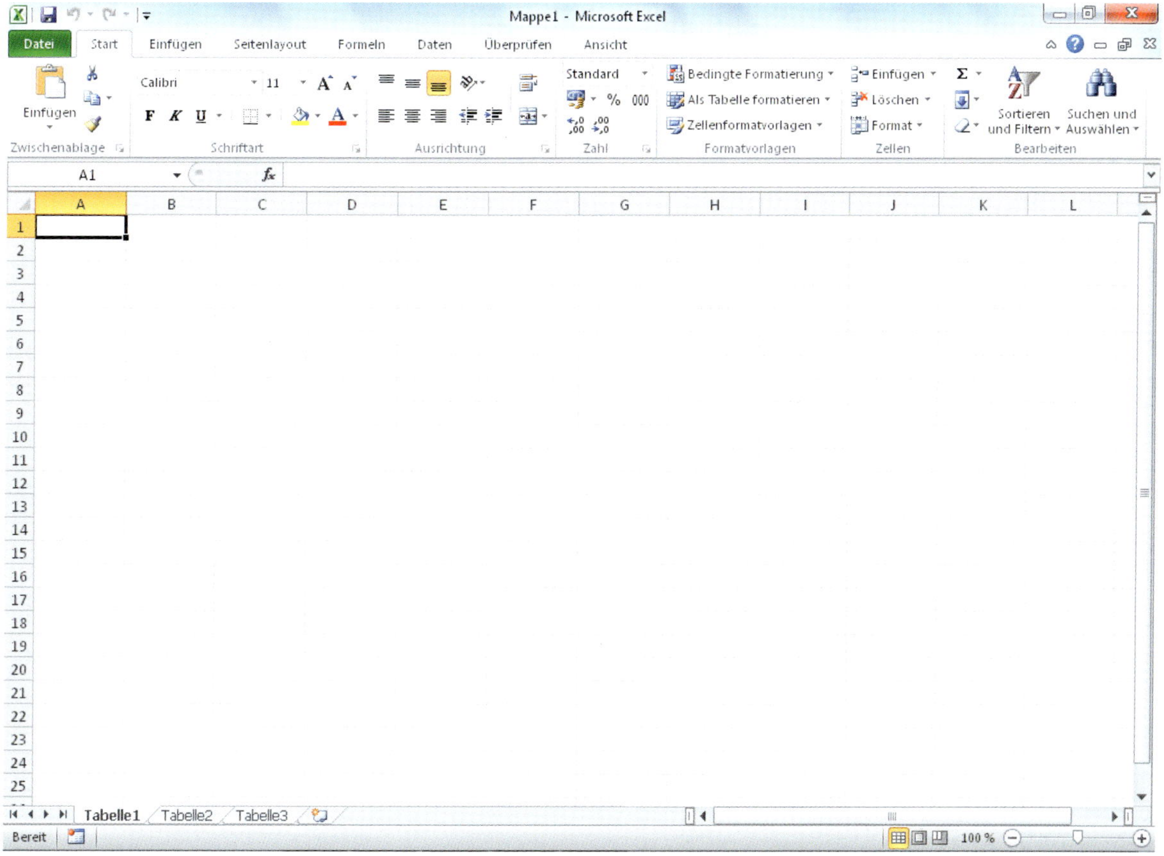

Die Programme Excel (hier im Bild) und Calc ähneln sich auf den ersten und zweiten Blick sehr, die Unterschiede liegen im Detail.

Sie legen eine Tabelle an und speichern diese auf Ihrem Computer ab

Benötigen Sie überhaupt ein Tabellenprogramm? Ich meine doch. Verschaffen Sie sich mithilfe von Excel beispielsweise einen Überblick über Ihre monatlichen Ein- und Ausgaben. Gern zeige ich Ihnen Schritt für Schritt, wie Sie eine entsprechende Tabelle anlegen.

1

Sie finden Excel nach der Installation von Office 2010 im Startmenü unter *Alle Programme/Microsoft Office*. Klicken Sie den entsprechenden Programmeintrag an, um Excel zu starten.

2

Erstellen Sie nun Ihre Tabelle, indem Sie links oben damit beginnen, die leeren Felder mit Ihren Daten zu füllen. Wie viele Spalten und Zeilen Sie verwenden, bleibt dabei ganz Ihnen überlassen. Die hier vorgestellte Tabelle hat zwei Spalten: In der linken Spalte stehen die Kategorien, in der rechten Spalte die zugehörigen Zahlen. Wechseln Sie zu einer anderen Spalte, indem Sie diese mit der Maus anklicken; alternativ verwenden Sie die Pfeiltasten oder die [Tab]-Taste (vgl. Tabelle auf Seite 39 f.).

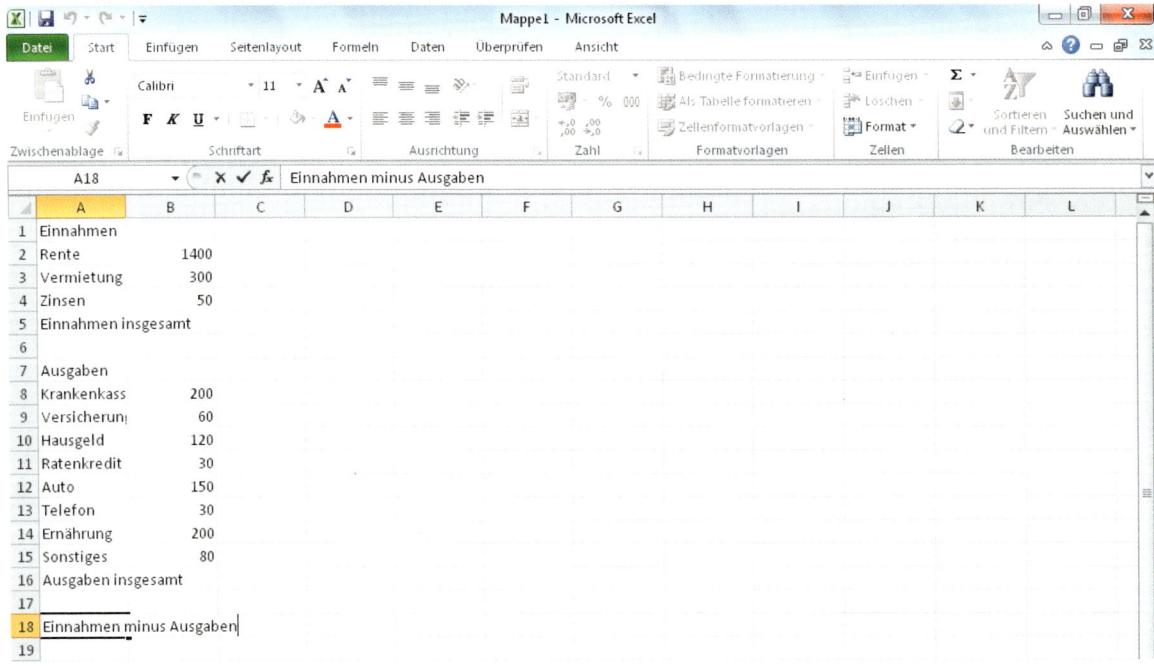

3

Sie merken, dass in der Tabelle einiges noch nicht stimmt: Einige Einträge sind nicht vollständig sichtbar, außerdem fehlen die Summen. Ich bitte um Geduld, diese Schritte folgen! Speichern Sie die Tabelle nun aber zunächst ab – wie bei Word, indem Sie links oben in Excel auf das 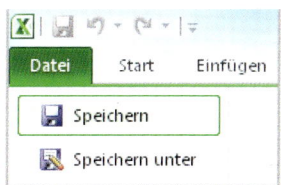-Symbol klicken bzw. unter *Datei* den Eintrag *Speichern* wählen (siehe Seite 79).

> Paul Brugger rät: *Erstellen Sie für den Anfang erst einmal keine allzu komplizierte Tabelle. Falls Sie kein pensionierter Mathelehrer sind, könnten Sie ansonsten die vielen Daten und Zahlen verwirren. Um die Schritte dieses Kapitels nachvollziehen zu können, genügt prinzipiell eine zweispaltige und zweizeilige Tabelle; wobei Sie in die linke Spalte jeweils einen Begriff eingeben und in die rechte Spalte eine diesem Begriff zugeordnete Zahl. Machen Sie es sich einfach – denn ist nicht gerade dies ein Privileg des Alters?*

Für mehr Übersicht passen Sie die Zeilen und Spalten Ihrer Tabelle an

Die oben erstellte Tabelle lässt noch arg zu wünschen übrig – in ihrem Ursprungszustand ist sie noch recht unübersichtlich. Nutzen Sie verschiedene Funktionen in Excel, um Ihre Tabelle übersichtlicher zu gestalten.

Kann ich – wie in Word – Inhalte hervorheben?

Ja. Excel bietet zwar nicht so viele Möglichkeiten wie Word, was die Bearbeitung der Inhalte betrifft, aber Sie können z. B. den Inhalt einer oder mehrerer markierter Zellen fett gedruckt darstellen oder eine der pfiffigen „Zellenformatvorlagen" einsetzen.

Langsam, langsam. Zunächst mal: Wie markiere ich eine Zelle?

Um eine Zelle zu markieren, klicken Sie diese einfach an. Mehrere Zellen markieren Sie, indem Sie den Mauszeiger bei gedrückter linker Maustaste darüber bewegen. Sollten die gewünschten Zellen nicht nebeneinander liegen, klicken Sie diese bei gedrückter Strg-Taste nacheinander an. Die Abbildung zeigt, wie ich auf letztere Weise zwei Zellen markiert habe.

	A	B
1	Einnahmen	
2	Rente	1400
3	Vermietung	300
4	Zinsen	50
5	Einnahmen insgesamt	
6		
7	Ausgaben	
8	Krankenkass	200
9	Versicherun;	60
10	Hausgeld	120
11	Ratenkredit	30
12	Auto	150
13	Telefon	30
14	Ernährung	200
15	Sonstiges	80
16	Ausgaben insgesamt	
17		
18	Einnahmen minus Ausgaben	

Ich möchte die Inhalte der markierten Zellen fett gedruckt darstellen: Wie gehe ich hierzu vor?

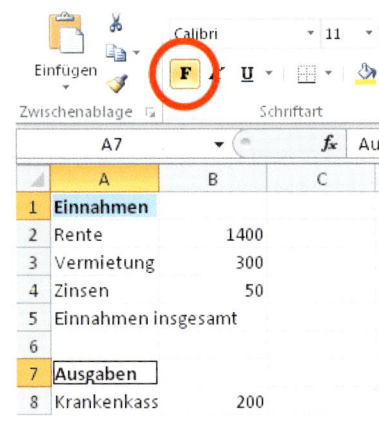

Das funktioniert genauso wie in Word. Nachdem Sie die Zellen markiert haben, entscheiden Sie sich im Menüband unter *Start* für die gewünschte Funktion, klicken in diesem Fall also auf das Symbol **F**. Die Änderung wird prompt in der Tabelle übernommen.

Und was hat es mit den erwähnten Zellenformatvorlagen auf sich?

Die Zellenformatvorlagen in Excel helfen Ihnen dabei, die Zellen Ihrer Tabelle noch attraktiver zu gestalten. Wieder markieren Sie dazu, wie oben beschrieben, die gewünschten Zellen. Klicken Sie dann unter *Start* ❶ auf die Schaltfläche *Zellenformatvorlagen* ❷ und wählen Sie eine Vorlage aus, die Ihnen besonders zusagt ❸. Sie sehen: Auch Excel funktioniert nach einfachen Prinzipien!

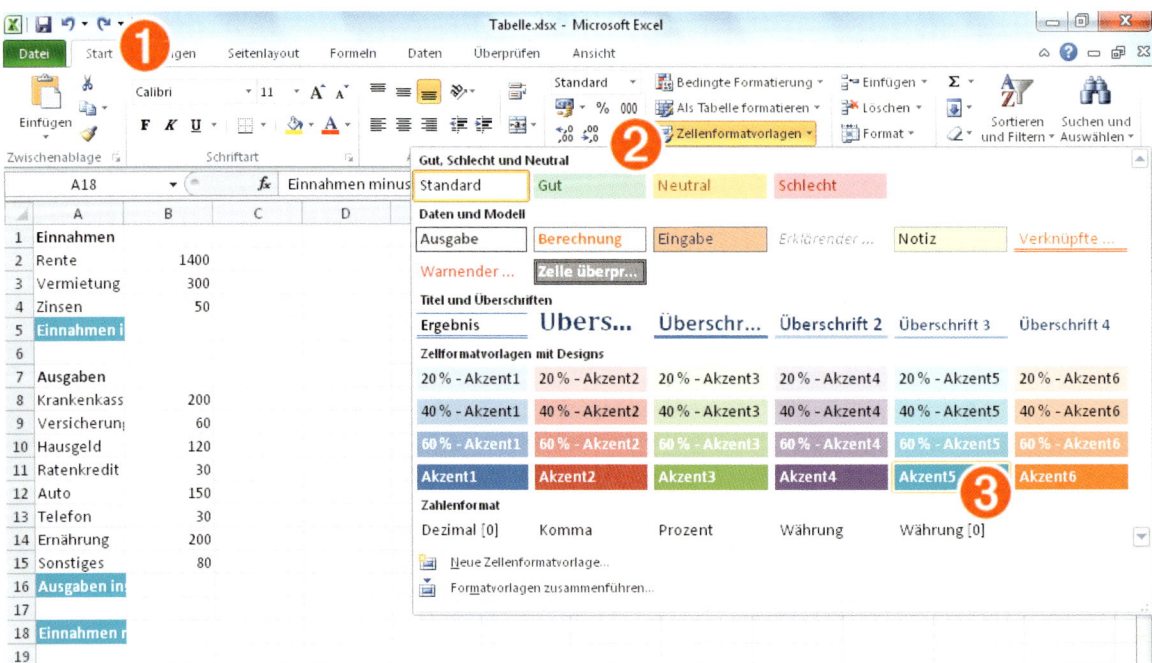

Muss ich immer die gesamte Zelle bearbeiten oder kann ich auch Passagen innerhalb einer Zelle fett drucken usw.?

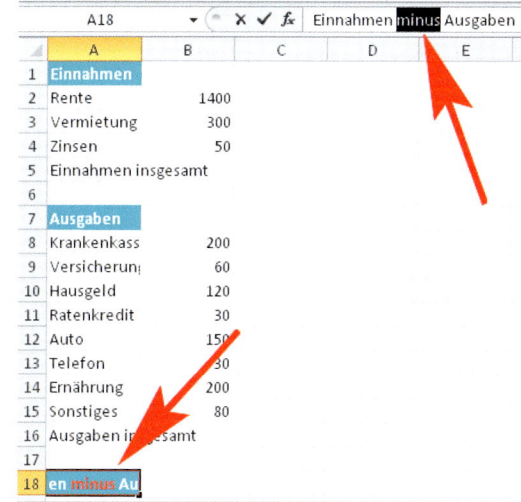

Die Bearbeitung können Sie auch innerhalb einer Zelle vornehmen. Wenn Sie eine Zelle anklicken, werden die Inhalte in einer Leiste oberhalb der Tabelle angezeigt. Markieren Sie dort die gewünschte Passage und wählen Sie im Menüband die gewünschten Bearbeitungsfunktionen, hier z. B. entscheide ich mich für Fettdruck und Rotfärbung eines einzelnen Wortes.

Auch das ist verstanden. Es besteht aber immer noch das Problem, dass für einige Inhalte die Zelle nicht groß genug ist. Was kann ich da machen?

Sowohl die Zeilen (also die Zellen in der Waagerechten) als auch die Spalten (also die Zellen in der Senkrechten) lassen sich ganz Ihren Wünschen entsprechend anpassen. Markieren Sie diese zunächst: Um eine Zeile zu markieren, klicken Sie auf die zugehörige Zahl links neben den Zellen; um eine Spalte zu markieren, klicken Sie auf den zugehörigen Buchstaben oberhalb der Zellen. In diesem Fall habe ich Spalte *A* markiert ❶. Klicken Sie nach dem Markieren unter *Start* ❷ auf *Format* ❸ und wählen Sie eine Funktion aus – hier entscheide ich mich für die empfehlenswerte Funktion *Spaltenbreite automatisch anpassen* ❹.

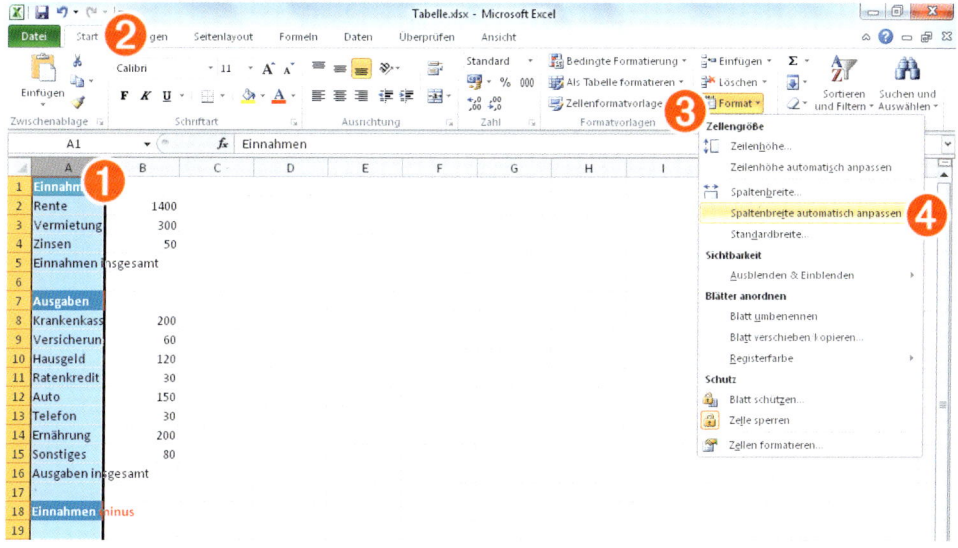

Sehr gut. Jetzt würde ich die Tabelle für mehr Übersichtlichkeit gern noch mit einem Rahmen versehen. Wie geht das?

Markieren Sie zunächst wieder die gewünschten Zellen. Unter *Start* klicken Sie auf den zum Symbol ⊞ ▼ gehörenden Pfeil (das Symbol passt sich Ihrer jeweiligen Auswahl an) – schon können Sie die „Rahmung" für die Zellen auswählen (hier: *Alle Rahmenlinien*). Um einen Rahmen zu bearbeiten bzw. wieder zu entfernen, treffen Sie nach dem Markieren einfach eine andere Auswahl bzw. entscheiden sich zur Entfernung eines Rahmens für den Eintrag *Kein Rahmen*.

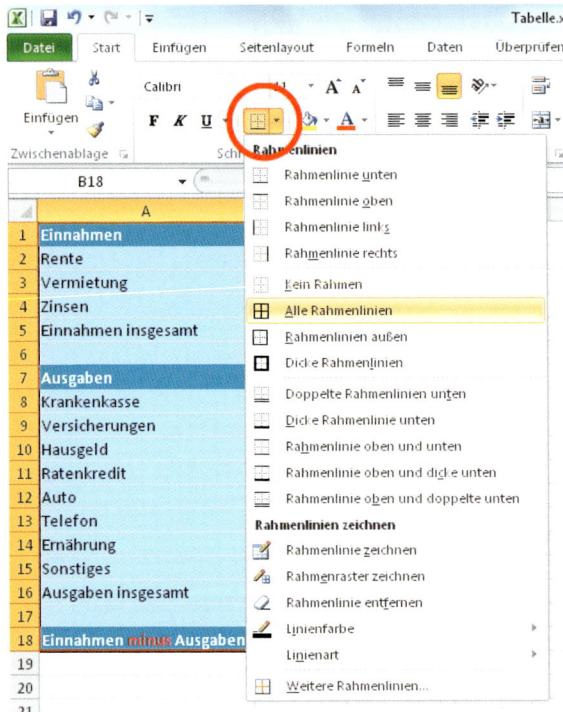

Ganz schön praktisch: Mit Excel lassen sich auch die verschiedensten Berechnungen durchführen

Eine ansprechende und übersichtliche Tabelle haben Sie nun erstellt; ein weiterer großer Nutzen von Excel besteht darin, dass das Programm automatische Berechnungen durchführen kann. Sie müssen Excel nur sagen, was Sie wollen.

Zwei Summen bilden, dann die zweite Summe von der ersten abziehen – wie, bitte schön, soll ich dem Programm diese Aufgabe vermitteln?

Ach, für Excel ist das eine ganz einfache Übung – das Programm kann noch viel, viel kompliziertere Berechnungen durchführen. Für den Anfang soll diese jedoch genügen; gehen Sie wieder Schritt für Schritt vor:

Markieren Sie zunächst mit der Maus die Zellen, aus deren Inhalten Sie eine Summe bilden möchten. Die Abbildung zeigt, wie ich die Zellen B2, B3 und B4 markiert habe.

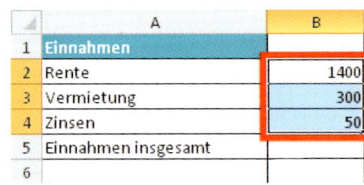

2

Klicken Sie nun unter *Start* ❶ auf das Symbol Σ ▾ ❷. Die Summe wird daraufhin automatisch in der Zelle unterhalb der Zahlen eingefügt ❸.

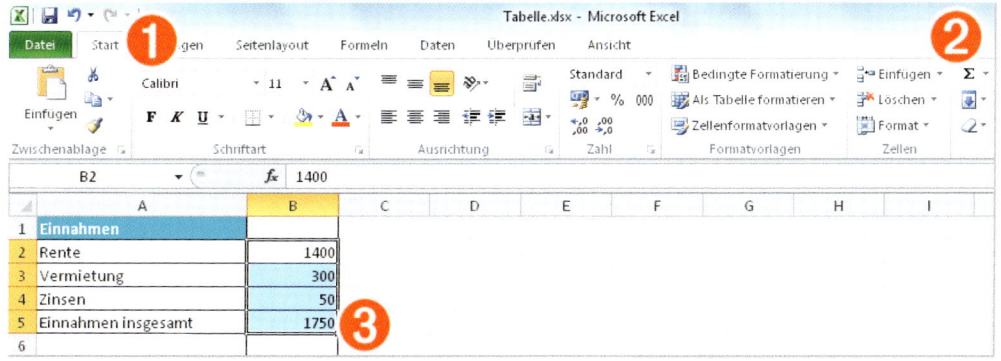

3

Nachdem ich die Berechnung im Einnahmenblock durchgeführt habe, führe ich sie auf gleiche Weise auch im Ausgabenblock durch. Also wieder: Zellen markieren und auf das Σ ▾-Symbol klicken, um die Summe einzufügen.

7	Ausgaben	
8	Krankenkasse	200
9	Versicherungen	60
10	Hausgeld	120
11	Ratenkredit	30
12	Auto	150
13	Telefon	30
14	Ernährung	200
15	Sonstiges	80
16	Ausgaben insgesamt	870

4

Die letzte Berechnung ist nun etwas verzwickter: Zum einen befinden sich die Zellen, für die die Berechnung durchgeführt werden soll, nicht untereinander; zum anderen soll keine Summe, sondern eine Differenz gebildet werden. Geben Sie hier die „Formel" von Hand ein, indem Sie die Zelle anklicken, in der das Ergebnis erscheint. Tippen Sie ein Gleichzeichen ein, gefolgt von Ihrer Formel – in diesem Fall ziehe ich mit *=B5-B16* den Inhalt der Zelle B16 vom Inhalt der Zelle B5 ab. Drücken Sie die Enter-Taste, um Ihre Berechnung durchzuführen.

	A	B
1	Einnahmen	
2	Rente	1400
3	Vermietung	300
4	Zinsen	50
5	Einnahmen insgesamt	1750
6		
7	Ausgaben	
8	Krankenkasse	200
9	Versicherungen	60
10	Hausgeld	120
11	Ratenkredit	30
12	Auto	150
13	Telefon	30
14	Ernährung	200
15	Sonstiges	80
16	Ausgaben insgesamt	870
17		
18	Einnahmen minus Ausgaben	880
		=B5-B16

Übrigens: Wenn Sie einzelne Werte ändern, werden auch die Summen und Differenzen automatisch angepasst – die Formel bleibt ja dieselbe!

Das Programm gefällt mir immer besser. Nun würde ich allerdings gern noch eine Sortierung der Zahlen vornehmen – ist auch das möglich?

Jawohl, auch das ist mit Excel das reinste Kinderspiel. Markieren Sie dazu zunächst die Zellen, die sortiert werden sollen. Wichtig: Markieren Sie in unserem Beispiel die Zellen beider Spalten ❶, damit die Zuordnung erhalten bleibt. Klicken Sie sodann unter *Start* auf die Schaltfläche *Sortieren und Filtern* ❷ und wählen Sie, wieder für unser Beispiel, den Eintrag *Benutzerdefiniertes Sortieren* ❸ aus. Im Fenster, das sich öffnet, entscheiden Sie sich für eine Sortierung nach *Spalte B* ❹ und bestätigen mit einem Mausklick auf *OK* ❺.

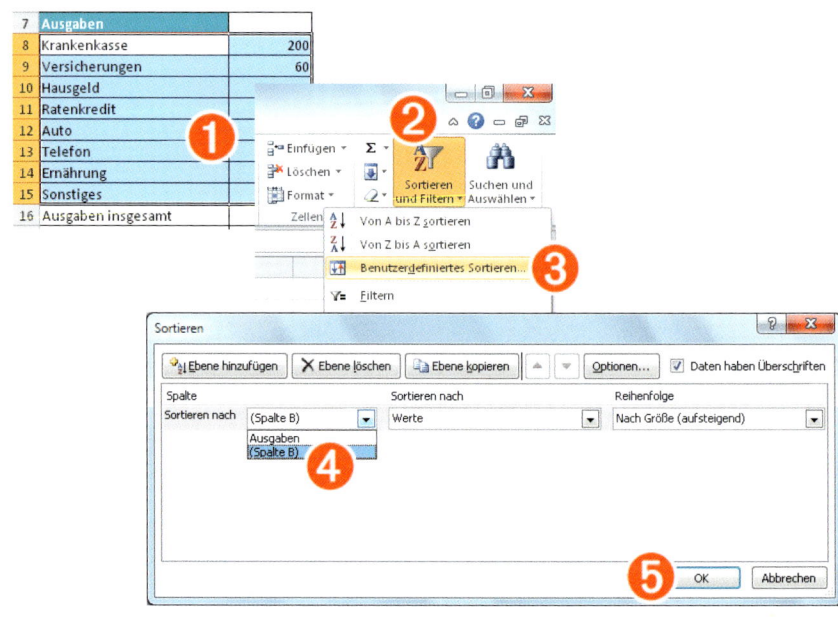

Kann Excel die Zahlen eigentlich auch mit Euro-Zeichen anzeigen?

Excel kennt Währungen und viele andere Zahlenformate. Markieren Sie wiederum die gewünschten Zellen. Unter *Start* finden Sie ein Menü, in dem Sie das gewünschte Format auswählen können.

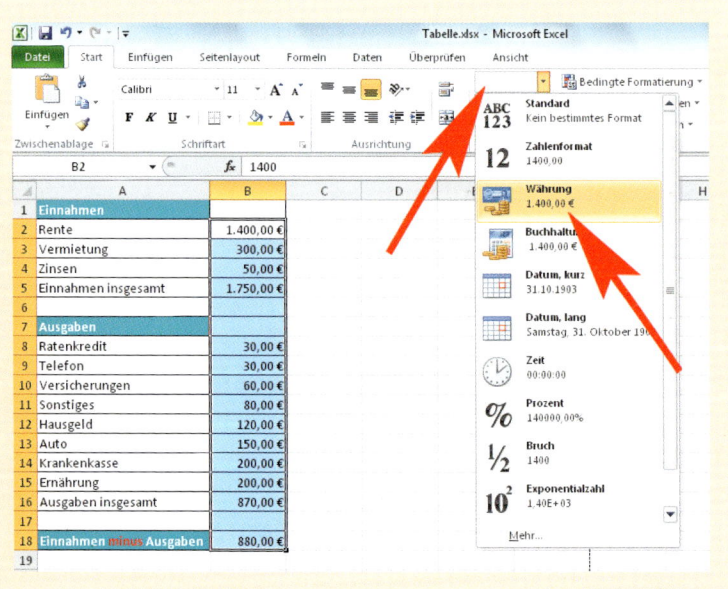

Diagramme für mehr Übersicht – so einfach lassen sich diese mit Excel erstellen

Sie möchten die Inhalte Ihrer Tabelle in einem Diagramm veranschaulichen? Hier zeige ich Ihnen Schritt für Schritt, wie einfach es ist, aus den eingegebenen Daten ein Diagramm zu gestalten und – beispielsweise – in ein Word-Dokument einzufügen.

1

Markieren Sie zunächst die Zellen mit den Daten, aus denen das Diagramm gestaltet werden soll; hier markiere ich z. B. die einzelnen Einnahmeposten ...

	A	B
1	**Einnahmen**	
2	Rente	1.400,00 €
3	Vermietung	300,00 €
4	Zinsen	50,00 €
5	Einnahmen insgesamt	1.750,00 €

2

... und klicke dann unter *Einfügen* ❶ auf die Schaltfläche eines Diagrammtyps (hier: *Kreis*) ❷ und wähle ein Diagramm aus, das mir zusagt ❸.

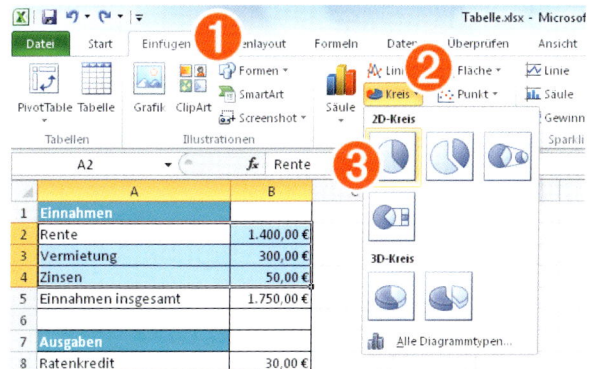

3

Das Diagramm wird daraufhin in das Tabellenblatt eingefügt. Im Menüband finden Sie verschiedene Funktionen, um das Diagramm nach Ihren Vorstellungen anzupassen; wenn Sie mit der linken Maustaste auf das Diagramm bzw. einzelne Elemente des Diagramms doppelklicken, öffnet sich ein Fenster mit weiteren Funktionen.

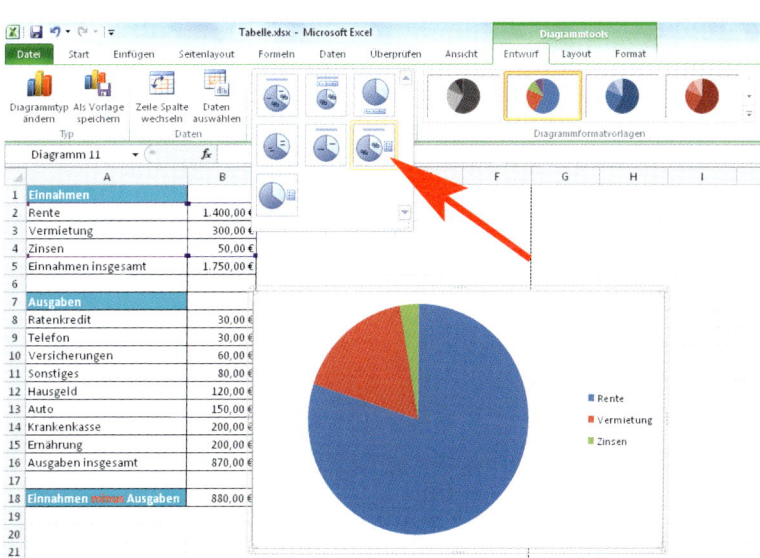

4

Entspricht das Diagramm Ihren Wünschen und möchten Sie es nun in ein Word-Dokument einfügen? Dann klicken Sie mit der rechten Maustaste auf eine freie Fläche des Diagramms und wählen Sie im Menü, das sich öffnet, den Eintrag *Kopieren*.

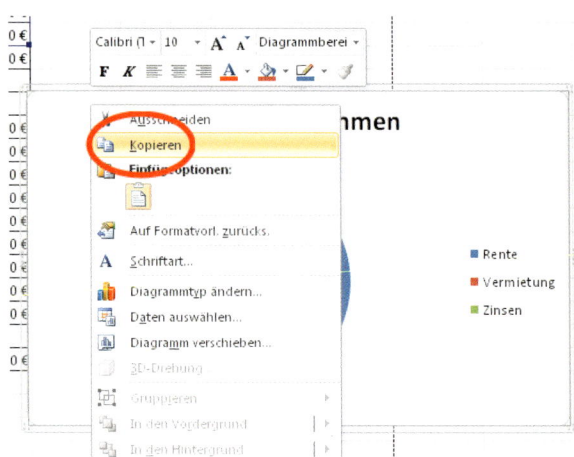

5

Öffnen Sie das Word-Dokument, in das Sie das Diagramm einfügen möchten; setzen Sie den blinkenden Cursor an die entsprechende Position und klicken Sie im Menüband unter *Start* auf die *Einfügen*-Schaltfläche.

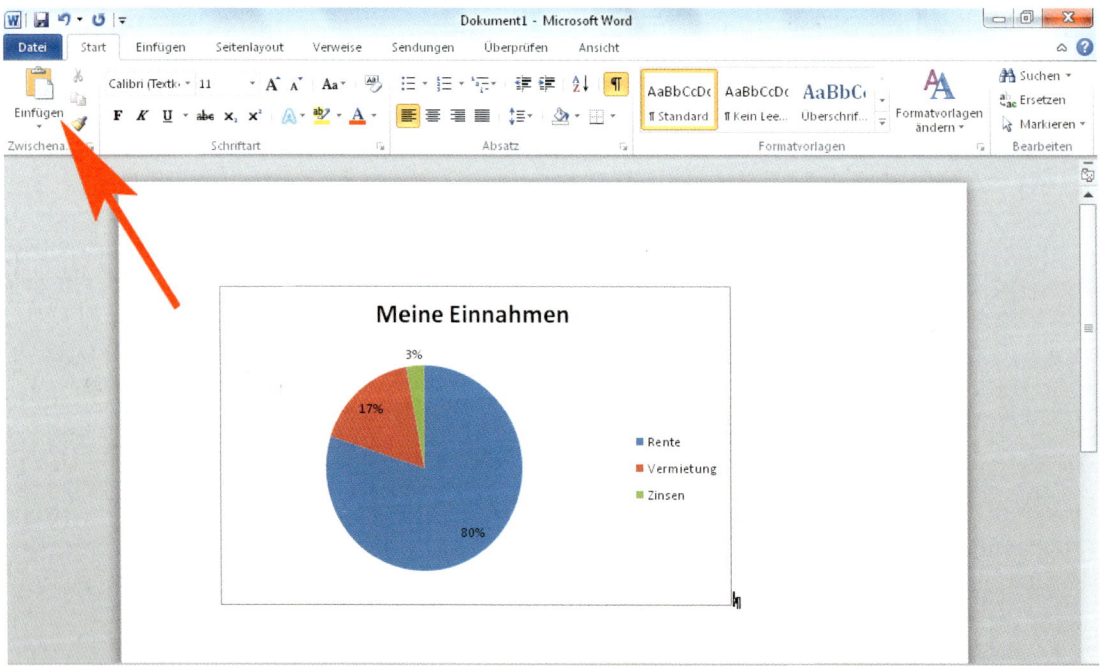

Excel bietet noch viel mehr Funktionen, Office 2010 bietet noch weitere Programme, aber für den Anfang sollen die ja schon zahlreichen Informationen erst einmal genügen. Lernen Sie im Folgenden weitere wichtige Funktionen Ihres Computers kennen!

Briefe und Tabellen sofort wiederfinden: Dieses Programm hilft Ihnen dabei

"Alles auf Erden lässt sich finden, wenn man nur zu suchen sich nicht verdrießen lässt."

(Philemon von Syrakus)

Sie machen Fortschritte in Siebenmeilenstiefeln: Nachdem Sie in diesem Buch bereits erfahren haben, wie Sie Texte, Tabellen oder Zeichnungen erstellen, möchte ich Ihnen nun zeigen, wie Sie Ihre Dokumente, Bilder uund andere Dateien auf dem Computer verwalten und jederzeit wiederfinden.

Auch für diesen Zweck steht Ihnen ein spezielles Programm zur Verfügung: der Windows-Explorer. Lernen Sie den so wichtigen Windows-Explorer in diesem Kapitel ausführlich kennen und erfahren Sie, was es mit Dateien, Ordnern und Bibliotheken auf sich hat.

Sie erfahren, was Dateien sind und wie Sie diese in Ordnern und Bibliotheken speichern

Vielleicht haben Sie sich bereits die Frage gestellt, wie es überhaupt möglich ist, dass z. B. Dokumente, die Sie mit der Tastatur eintippen, vom Computer gespeichert werden. Gern gebe ich Ihnen einige erhellende Einblicke.

Also: Wie werden Dokumente oder Bilder auf dem Computer gespeichert?

Nun, die Informationen, die zu einem Dokument gehören, werden dabei auf ein Speichermedium (z. B. auf die Festplatte – siehe Abbildung rechts und Seite 23) „geschrieben" und zu einer „Datei" zusammengefasst. Stellen Sie sich eine Datei vor wie eine Klarsichthülle, die Sie mit Texten, Bildern und anderen Inhalten füllen. Die Datei ist also, einfach ausgedrückt, ein Element, das Informationen zusammenfasst.

Gibt es denn nur eine Art von Datei?

Oh nein, es gibt sehr viele Dateitypen. Den jeweiligen Dateityp erkennen Sie an der Endung einer Datei; ein Dateiname könnte beispielsweise *dokument.doc* oder *bild.jpg* lauten. Keine Bange: Im Lauf der Zeit lernen Sie die für Sie wichtigen Dateitypen automatisch kennen, Sie müssen die einzelnen Dateitypen also nicht auswendig lernen. Einige besonders häufige Dateitypen habe ich – für ein erstes Kennenlernen – in der Tabelle gesammelt.

Dateiendung	Symbol	Was wird gespeichert?
.doc		Diesen Dateityp haben Sie bereits kennengelernt, wenn Sie – wie in **Kapitel 5** beschrieben – mit Word ein Dokument erstellt und auf Ihrem Computer gespeichert haben. Es ist das Format für Word-Dokumente.
.xls		Dieser Dateityp kommt Ihnen eventuell aus **Kapitel 6** bekannt vor, denn mit ihm werden Excel-Dateien auf dem Computer gespeichert.
.txt		Einfache Textdateien, ganz ohne Formatierung, lassen sich unter diesem Dateityp speichern.
.rtf		Ebenfalls ein Textformat, das aber einfache Formatierungen erlaubt und ideal für den Austausch zwischen verschiedenen Schreibprogrammen geeignet ist.

Dateiendung	Symbol	Was wird gespeichert?
.pdf		Auch diesen Dateityp für Dokumente habe ich in diesem Buch bereits erwähnt. Sein Vorteil: Die Dokumente werden auf unterschiedlichen Computern und anderen Geräten auf die gleiche Weise angezeigt.
.jpg		Hinter diesem Dateityp verbergen sich Fotos und andere Bilder; es kommt bei digitalen Fotos (also Fotos aus dem Internet oder von der Digitalkamera) sehr häufig zum Einsatz.
.gif		Auch dieser Dateityp beinhaltet Bilder, allerdings ist die Farbtiefe nur gering.
.bmp		Und noch ein Dateityp für Bilder, hinter dem sich häufig Fotos in ausgezeichneter Qualität verbergen.
.png		Sie merken bereits am Symbol, dass dieser Dateityp dem GIF-Format ähnelt. In der Tat wurde das PNG-Format als Alternative zu jenem entworfen.
.tif		Dieser Dateityp dient, wie das BMP-Format, meist zum Speichern von Bildern in ausgezeichneter Qualität.
.mp3		Von diesem Dateityp haben Sie sicherlich bereits gehört oder gelesen. Er dient zum Speichern von Musik- und anderen Audiodateien.
.wav		Auch mit diesem Dateityp werden Töne gespeichert; im Gegensatz zum MP3-Format findet dabei keine Komprimierung statt, d. h., die Töne erklingen in ursprünglicher Qualität.
.wma		Ein weiteres häufiges Audioformat, das z. B. zum Einsatz kommen kann, wenn Sie mit dem Windows Media Player eine Audio-CD auf Ihrem Computer speichern möchten (siehe **Kapitel 13**).
.wmv		Dateien dieses Typs beinhalten Videos, die Sie auf Ihrem Computer speichern und betrachten können.
.avi		Auch Dateien mit dieser Endung beinhalten Videos, häufig in guter Qualität.
.mp4		Und noch ein Videoformat, das sich insbesondere für den Einsatz auf Tablet-PCs und Smartphones eignet (vgl. Seite 21).
.mov		Dieser Dateityp beinhaltet ebenfalls Videos.

Dateiendung	Symbol	Was wird gespeichert?
.flv		Sicher haben Sie bereits erfahren, dass Sie auch im Internet Videos betrachten können. Häufig kommt hierbei dieser Dateityp zum Einsatz.
.zip		Hierbei handelt es sich streng genommen nicht um einen Dateityp, sondern um eine Art Rucksack, in den eine oder mehrere Dateien „gepackt" werden, um sie einfach transportieren zu können.
.exe		Dieser sehr häufig vorkommende Dateityp schließlich steht für ausführbare Dateien, sprich: Programme. Öffnen Sie eine solche Datei grundsätzlich nur, wenn Sie genau wissen, worum es sich handelt!

Paul Brugger rät: *Wie erwähnt, das sind nur einige von sehr, sehr vielen Dateitypen. Einige der Symbole können sich noch dazu je nach dem verwendeten Programm unterscheiden. Lassen Sie sich in diesem Zusammenhang aber nicht unterkriegen, denn die gute Nachricht lautet: Bei den meisten Dateitypen weiß Ihr Computer von ganz allein, was er damit zu tun hat bzw. welche Programme er zum Öffnen verwenden muss. Mit den oft komplizierten Namen der einzelnen Dateitypen möchte ich Sie gar nicht erst behelligen.*

Unterscheiden sich die einzelnen Dateien nur im Hinblick auf die Inhalte?

Nun, jede Datei hat – je nach Inhalt – auch eine gewisse Speichergröße, d. h., sie nimmt einen gewissen Platz im Speicher ein. Während Textdateien relativ „klein" sind, also nur wenig Speicherplatz benötigen, bewegen sich Bild- und Musikdateien im Mittelfeld; Videodateien beanspruchen hingegen meist viel Speicherplatz, da in ihnen am meisten Informationen gespeichert werden müssen. Ganz konkret:

- Eine Textdatei hat meist eine Speichergröße von nur wenigen Kilobyte (sprich: [kilobait], ein Kilobyte entspricht tausend Bytes, wobei es sich um Informationseinheiten handelt).

- Eine Bilddatei, die Sie von der Digitalkamera auf den Computer überspielen, hat meist eine Speichergröße von nur wenigen Megabyte (sprich: [megabait], ein Megabyte entspricht tausend Kilobytes).

- Ein abendfüllender Spielfilm, den Sie als Datei auf dem Computer speichern, kann es leicht auf mehrere Gigabyte Speichergröße bringen (sprich: [gigabait], ein Gigabyte entspricht tausend Megabytes).

Natürlich könnten Sie auch eine Textdatei erstellen, die ein Gigabyte Speicherplatz beansprucht – allerdings müssten Sie in dieser Datei dann die rund 200-fache Textmenge der Bibel speichern!

Huch, bei diesen großen Zahlen wird mir ja schwindlig. Jetzt möchte ich wissen, was es mit den Ordnern auf sich hat.

Die Dateien sind, um beim oben angestellten Vergleich zu bleiben, Klarsichthüllen, in denen Sie Informationen sammeln; die Ordner nun dienen dazu, Ihre Klarsichthüllen, also die Dateien, aufzubewahren. Wie die Ordner im Wohnzimmerschrank beschriften Sie die Ordner, und im Idealfall sortieren Sie die Klarsichthüllen in die passenden Ordner ein, um sie schnell wiederzufinden. Die Abbildung rechts zeigt Ihnen, wie ein leerer Ordner auf dem Computer aussieht.

Muss ich diese Ordner erstellen oder sind sie bereits vorhanden?

Alle wichtigen Ordner sind bereits vorhanden. Erst dann, wenn Sie viele Dateien auf Ihrem Computer ansammeln, wird es erforderlich sein, neue Ordner zu erstellen. Doch dazu mehr im Verlauf des Kapitels. Wenn Sie die Ordner auf dem Computer nach und nach füllen, werden auch die Ordnersymbole den Inhalten entsprechend angepasst. Die Abbildung zeigt z. B. einen Ordner, den ich mit eigenen Fotos gefüllt habe.

Und was ist unter einer Bibliothek zu verstehen?

Die Bibliotheken sind dann sozusagen Regale, in denen die Ordner abgestellt werden. Wobei die Bibliotheken auf Ihrem Computer praktischer zu handhaben sind als die Leihbücherei Ihrer Stadt oder die Bibliothek in Ihrem Haus: Ordner lassen sich nämlich einer oder mehreren Bibliotheken zuweisen, ohne den ursprünglichen Speicherort zu verändern. Die Abbildung zeigt als Beispiel die Bibliothek *Dokumente*.

Paul Brugger rät: *Dateien, Ordner, Bibliotheken – ich gebe zu, das ist momentan alles noch sehr theoretisch. Wenn Sie weiterlesen und beginnen, Dateien, Ordner und Bibliotheken zu verwenden, wird Ihnen schnell klar werden, was der Zweck des Ganzen ist, nämlich Ordnung und Übersicht auf Ihrem Computer.*

Mit diesem Programm verwalten Sie Ihre Dateien ganz bequem

Sie möchten sich einen Überblick über die von Ihnen bisher erstellten Dokumente verschaffen und ein bestimmtes Dokument öffnen? Verwenden Sie dazu das Programm Windows-Explorer, das kompliziert aussehen mag – in Wirklichkeit aber alles andere als kompliziert ist.

Warum sollte ich das Programm Windows-Explorer verwenden? Kann ich eine Datei nicht direkt im jeweiligen Programm öffnen?

Gut aufgepasst! Es ist völlig richtig, dass sich eine Datei auch direkt im jeweiligen Programm öffnen lässt (meist mit *Datei/Öffnen*). Der Windows-Explorer ist jedoch hilfreich, wenn Sie vielleicht noch gar nicht so genau wissen, welches von vielen Dokumenten Sie gerade benötigen – hier verschafft Ihnen der Windows-Explorer einen Überblick.

Und wie verwende ich den Windows-Explorer?

Der Windows-Explorer kann grundsätzlich zu verschiedenen Verwendungszwecken dienen. Lassen Sie mich Ihnen im Folgenden Schritt für Schritt zeigen, wie Sie das Programm verwenden, um eine Beispieldatei zu öffnen:

1

Sie finden das Programmsymbol des Windows-Explorer (⧉) unten in der Taskleiste. Klicken Sie das Symbol an, um das Programm zu starten. (Falls das Symbol von der Taskleiste abgelöst wurde, öffnen Sie den Windows-Explorer im Startmenü unter *Alle Programme/Zubehör*.)

2

Lernen Sie die Bedienoberfläche des Programms kennen: Sie sehen in der „Navigationsleiste" links ❶ kleinere Einträge – hierbei handelt es sich um Ordner, Bibliotheken sowie „Laufwerke" (das sind Speicherorte für die Ordner und Bibliotheken). Wenn Sie in der Navigationsleiste einen Eintrag anklicken, wird Ihnen der jeweilige Inhalt im Anzeigebereich rechts angezeigt ❷. Die anderen Elemente sind erst mal gar nicht so wichtig: Die Leiste oben zeigt den „Speicherpfad" des angeklickten Elements an ❸ und bietet darüber hinaus rechts ein Suchfeld. In der Leiste darunter finden Sie einige Funktionen, z. B. um die Ansicht zu verändern ❹. Unten im Programm erhalten Sie nähere Informationen zum gerade geöffneten Element ❺.

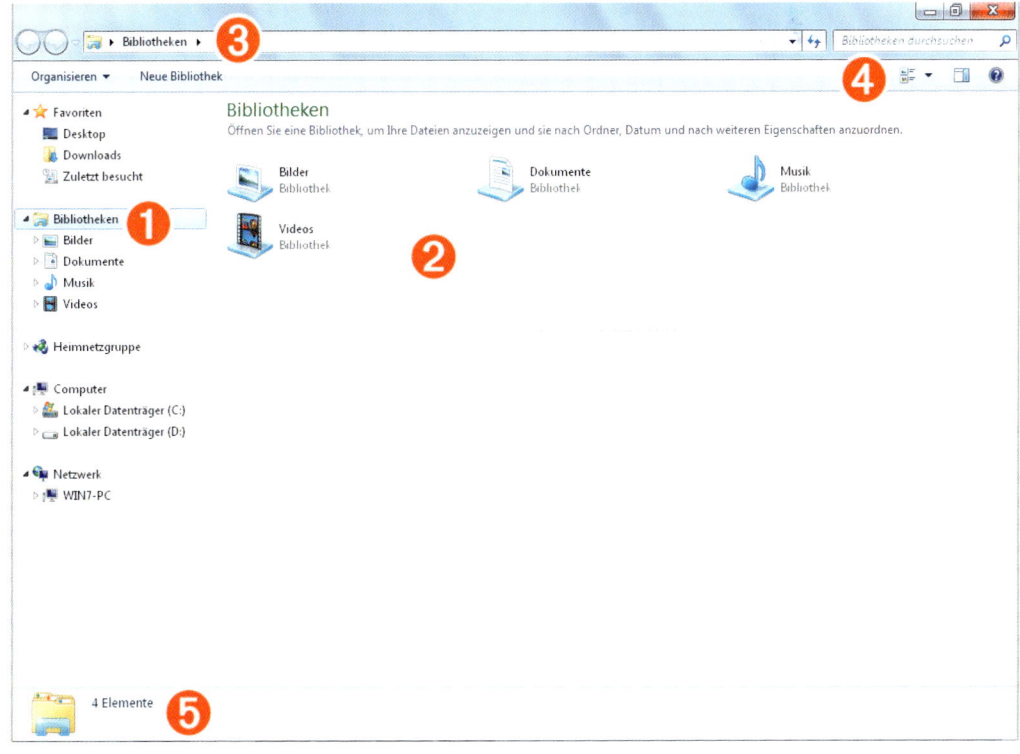

3

Angenommen, Sie möchten nun in Ihrer Bibliothek einen bestimmten Ordner auswählen: Klicken Sie dazu in der Navigationsleiste auf das zugehörige Pfeilsymbol (▷) ...

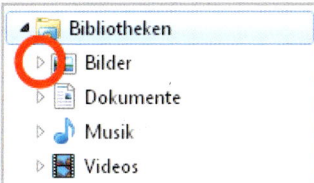

4

... und klicken Sie den gewünschten Ordner an, um dessen Inhalte im Anzeigebereich einzublenden. In diesem Fall klicke ich auf den Ordner *Öffentliche Bilder*, in dem der Unterordner *Beispielbilder* enthalten ist. Statt die Pfeilsymbole in der Navigationsleiste zu verwenden, können Sie auch im Anzeigebereich auf ein Element doppelklicken, um es zu öffnen.

5

Nachdem ich den Ordner *Beispielbilder* geöffnet habe, werden mir dessen Inhalte angezeigt – in diesem Fall sind verschiedene Fotos enthalten. Um ein Foto zu öffnen, doppelklicke ich auf die gewünschte Datei.

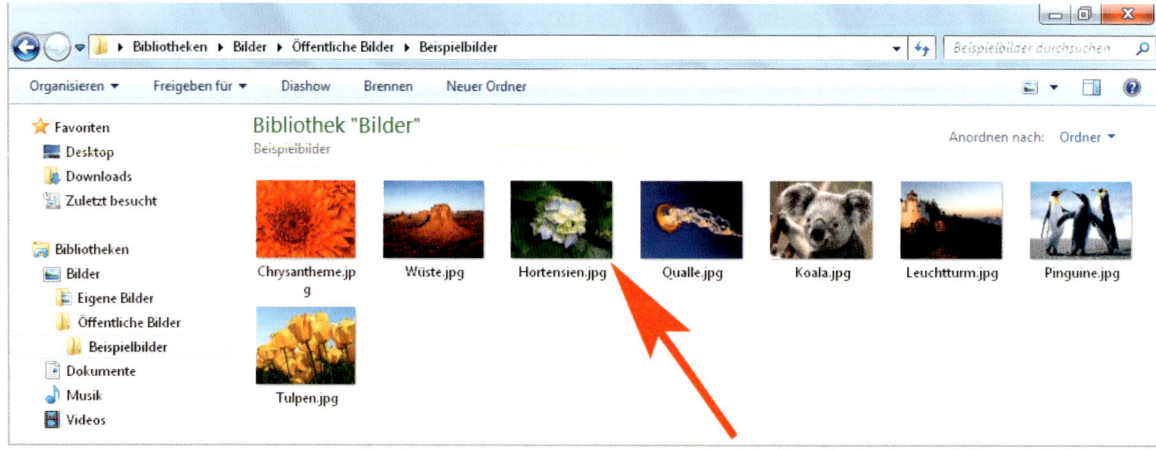

6

Ihr Computer startet automatisch das passende Programm und zeigt Ihnen die geöffnete Datei an. Das ist doch gar nicht schwer, oder?

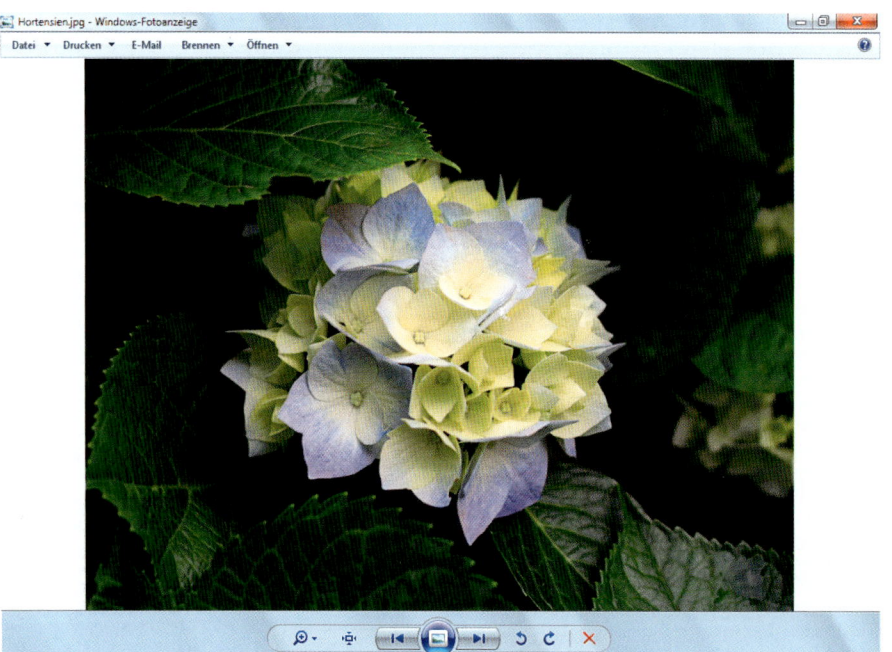

Muss ich eine Datei zwingend öffnen oder kann ich sie auch direkt im Windows-Explorer betrachten?

Viele Dateien, insbesondere Bilder, lassen sich auch direkt im Windows-Explorer betrachten. Sie finden rechts oben im Programm das Symbol . Klicken Sie auf den zugehörigen Pfeil, um eine von verschiedenen Ansichtsoptionen auszuwählen, die ich gern für Sie entschlüssele:

- **Symbole:** Wenn Sie sich für die Ansichtsoption *Symbole* entscheiden, werden Ihnen die Symbole bzw. Bilder in der gewählten Größe zusammen mit dem Dateinamen angezeigt.

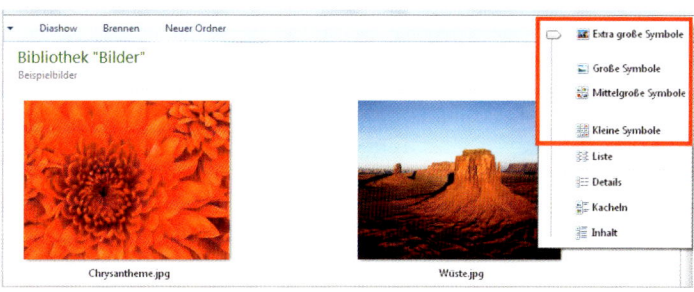

- **Liste:** Die Ansichtsoption *Liste* bietet nur sehr kleine Symbole und liefert neben dem Dateinamen keine weiteren Informationen – diese Ansichtsoption ist deshalb nur für einen schnellen Überblick über die Inhalte eines Ordners geeignet.

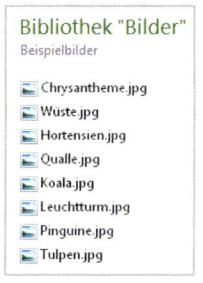

- **Details:** Auch die Ansichtsoption *Details* bietet eine Liste mit kleinen Symbolen; diese Liste liefert jedoch zusätzlich einige Angaben zu den Eigenschaften der Dateien.

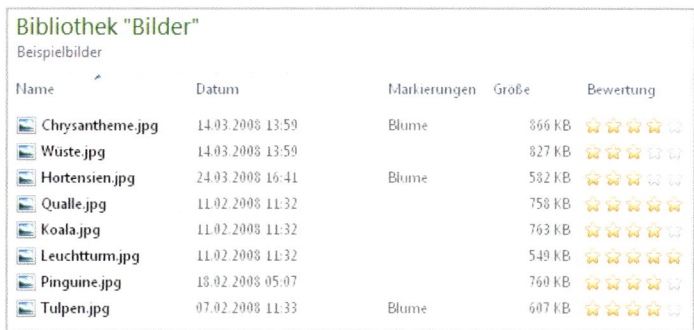

- **Kacheln:** Bei der Ansichtsoption *Kacheln* werden Ihnen neben etwas größeren Symbolen nähere Infos zu den Dateien geboten.

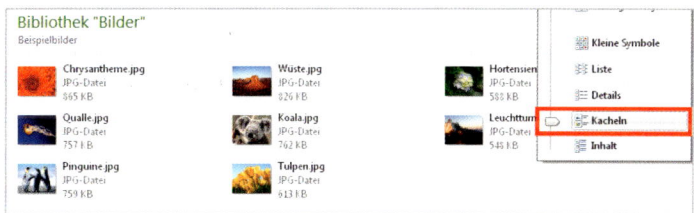

- **Inhalt:** Bei der Ansichtsoption *Inhalt* schließlich erhalten Sie etwas größere Symbole und noch mehr Dateieigenschaften als bei der Ansichtsoption *Details*.

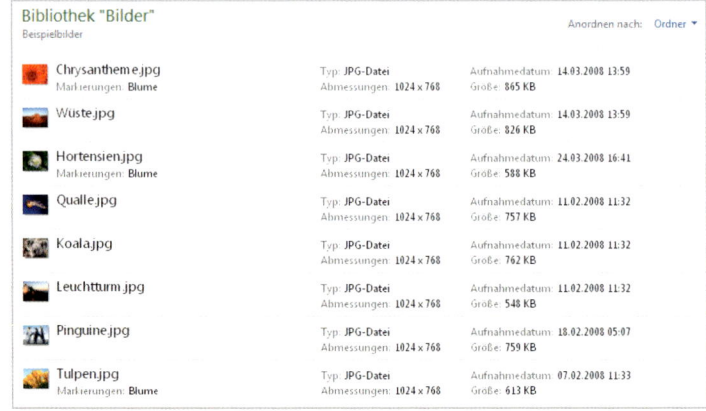

Welche Ansichtsoption Sie bevorzugen, richtet sich ganz nach Ihrem Geschmack. Ich persönlich präferiere *Große Symbole*, wechsle jedoch manchmal zur Ansicht *Details*, wenn ich mich auf die Schnelle über die Eigenschaften der in einem Ordner enthaltenen Dateien in Kenntnis setzen möchte.

Die extragroßen Symbole sind Ihnen noch nicht groß genug? Dann blenden Sie mit einem Mausklick auf das Symbol rechts oben im Windows-Explorer ein Vorschaufenster ein – dort lassen sich neben Bildern auch Word-Dokumente, Excel-Tabellen und viele andere Dateien anzeigen. Mit einem erneuten Mausklick auf das Symbol blenden Sie das Vorschaufenster wieder aus.

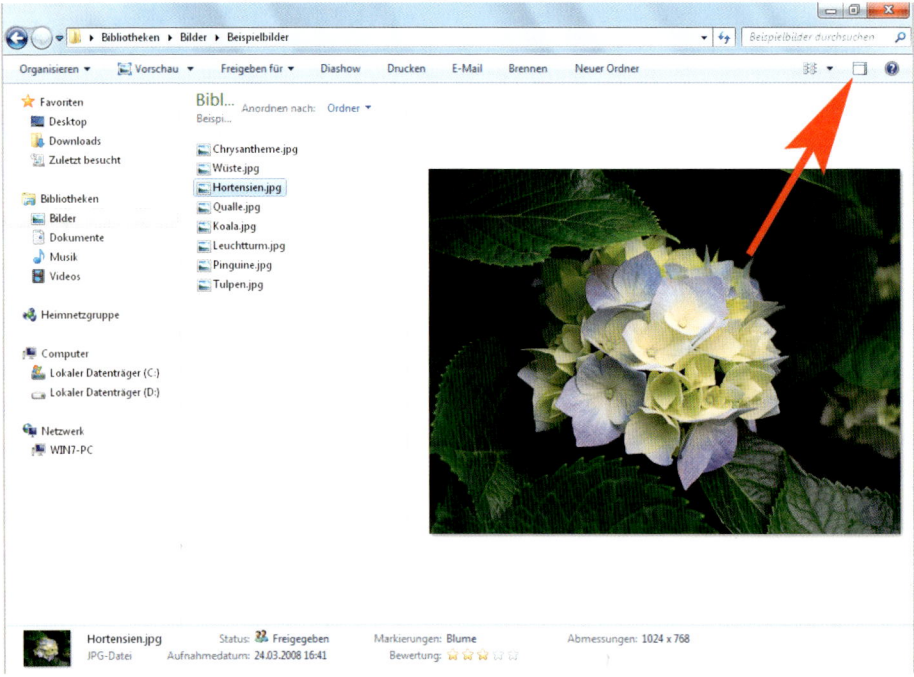

Was ist, wenn eine Datei nicht mit dem gewünschten Programm geöffnet wird?

Für die meisten Dateien steht auf Ihrem Computer ein „Standardprogramm" zur Verfügung, mit dem die Dateien geöffnet werden. Möchten Sie ein anderes Programm zum Öffnen auswählen, oder steht im Ausnahmefall überhaupt kein Standard bereit?

Klicken Sie eine Datei in diesem Fall mit der rechten Maustaste an und entscheiden Sie sich im Menü für den Eintrag *Öffnen mit* ❶. Sie können die Datei nun entweder einmalig mit einem anderen Programm öffnen, indem Sie eines der vorgeschlagenen Programme anklicken ❷ oder unter *Standardprogramm auswählen* ❸ ein neues Standardprogramm festlegen.

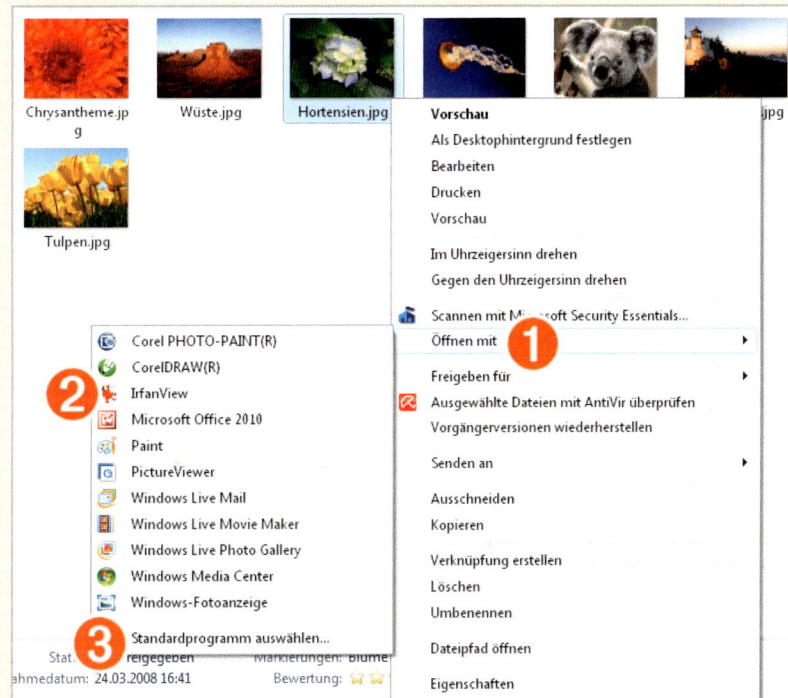

Vielleicht möchten Sie auch bestimmen, dass ein von Ihnen installiertes Programm sämtliche Dateien öffnet, die es „versteht"? Klicken Sie links unten auf dem Bildschirm auf den Start-Knopf ( ) und wählen Sie *Standardprogramme*. Im Fenster, das sich daraufhin

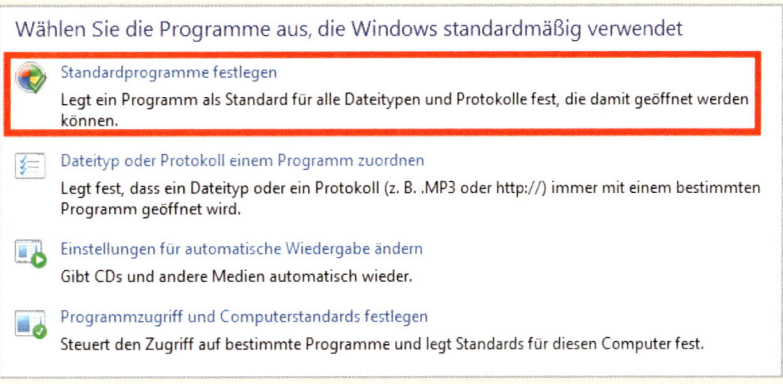

öffnet, entscheiden Sie sich für *Standardprogramme festlegen*.

Damit ich einen Überblick bekomme: Welche Ordner und Bibliotheken stehen auf meinem Computer zur Verfügung?

Wenn Sie ein Archiv betreten, um etwas zu recherchieren, müssen Sie sich nicht mit sämtlichen Bereichen vertraut machen, sondern nur mit denjenigen, die Sie benötigen. Genauso ist es auf Ihrem Computer: Lernen Sie nur diejenigen Ordner und Bibliotheken kennen, die für Sie wichtig sind, bei den anderen genügt ein kurzer Überblick, den ich Ihnen hier gern vermittle.

Warum überhaupt Ordner und Bibliotheken bei meinen wenigen Dateien?

Auch für Ihren Computer gilt das Sprichwort: „Ordnung ist das halbe Leben." Halten Sie bei Ihren Dateien von Anfang an Ordnung, um auch dann den Überblick zu behalten, wenn es im Lauf der Zeit immer mehr werden.

Wo soll ich meine Dateien denn speichern?

Wenn Sie sich die Navigatonsleiste des Windows-Explorer einmal genau anschauen, finden Sie dazu mehrere Möglichkeiten: Normalerweise verwenden Sie zum Speichern die vier Bibliotheken für Bilder, Dokumente, Musik und Videos. Genauso können Sie die Datei aber z. B. auch auf dem Desktop speichern oder im „Netzwerk" (also auf einem anderen Computer, der mit Ihrem Computer in Verbindung steht).

Gibt es weitere Speicherorte, die ich kennen sollte?

Für Ihre ersten Schritte sollte die Kenntnis der vier Bibliotheken erst einmal genügen. Jedoch sollten Sie auch wissen, dass für Sie in Windows ein „Benutzerordner" zur Verfügung steht: Dieser beinhaltet unter anderem die Ordner *Eigene Bilder*, *Eigene Dokumente*, *Eigene Musik* und *Eigene Videos* – diese Ordner wurden den entsprechenden Bibliotheken zugeordnet und können über diese eingesehen werden. Darüber hinaus werden im Benutzerordner weitere Daten und Einstellungen gespeichert, und auch ein Ordner zum Verwalten von Kontaktdaten ist vorhanden. Am schnellsten öffnen Sie den Benutzerordner, indem Sie rechts oben im Startmenü Ihren Benutzernamen anklicken.

Werden im Benutzerordner auch die Programme gespeichert?

Nein, Programmdateien werden meistens im Ordner *Programme* abgelegt, den Sie finden, wenn Sie in der Navigationsleiste des Windows-Explorer das Laufwerk Ihres Computers (man nennt es auch *C:*) anklicken. In seltenen Fällen speichern Programme damit erstellte Dateien im Programmordner ab, dann ist es gut, diesen zu kennen. Änderungen sollten Sie in diesem Ordner aber erst einmal nicht durchführen.

Und wo sind die Dateien des Betriebssystems gespeichert?

Diese Dateien verbergen sich auf dem Laufwerk *C:* im Ordner *Windows*. Erschrecken Sie nicht, wenn Sie diesen Ordner öffnen, denn Sie finden zahlreiche weitere Ordner und Dateien vor. Keine Bange: Als Einsteiger haben Sie mit diesem Ordner überhaupt nichts zu tun.

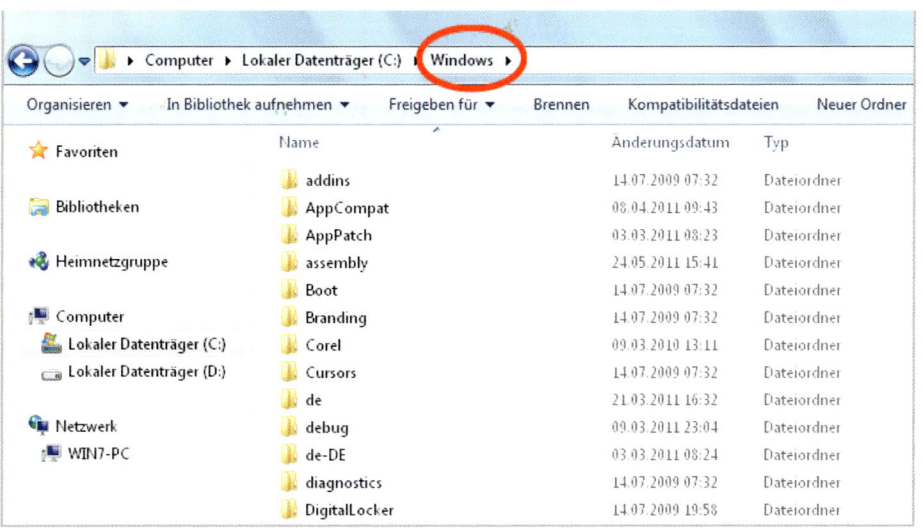

Paul Brugger rät: *Klicken Sie doch einmal ein wenig im Windows-Explorer herum, um sich mit den verschiedenen Ordnern vertraut zu machen. Sie stoßen dabei auf viele seltsame Namen und wunderliche Dateitypen, können aber nichts falsch machen – aber wirklich nur anklicken, zunächst nichts anderes machen!*

Wie kann ich neue Ordner und Bibliotheken erstellen?

Wenn sich im Laufe der Zeit sehr viele Dateien auf Ihrem Computer ansammeln, kann es sich anbieten, für diese weitere Ordner zu erstellen. Lassen Sie mich Ihnen in einer kleinen Schrittanleitung zeigen, wie Sie einen neuen Ordner sowie eine neue Bibliothek erstellen und den neuen Ordner der neuen Bibliothek zuweisen:

1

Um einen neuen Ordner zu erstellen, öffnen Sie zunächst den gewünschten Speicherort für diesen Ordner – das kann ein bereits vorhandener Ordner sein, eine Bibliothek oder wie hier ein Laufwerk. Nachdem Sie den Speicherort geöffnet haben, klicken Sie oben im Windows-Explorer auf *Neuer Ordner*.

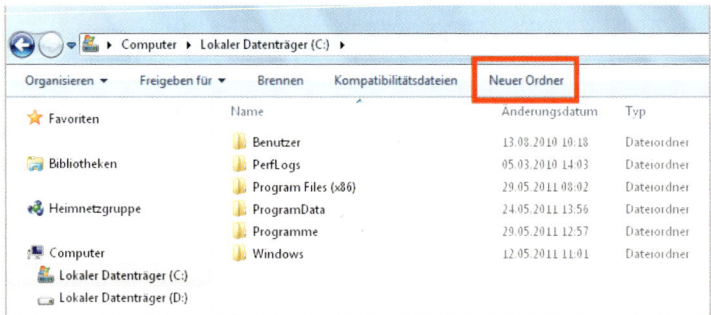

2

Der neue Ordner wird eingefügt. Tippen Sie den gewünschten Ordnernamen ein. Um diesen zu übernehmen, drücken Sie die Enter-Taste oder klicken auf eine freie Fläche des Anzeigebereichs.

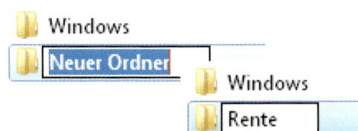

3

Den neuen Ordner haben Sie schnell erstellt. Nun möchten Sie noch eine neue Bibliothek anlegen. Klicken Sie dazu im Navigationsbereich des Windows-Explorer auf *Bibliotheken* ❶ und entscheiden Sie sich oben für *Neue Bibliothek* ❷.

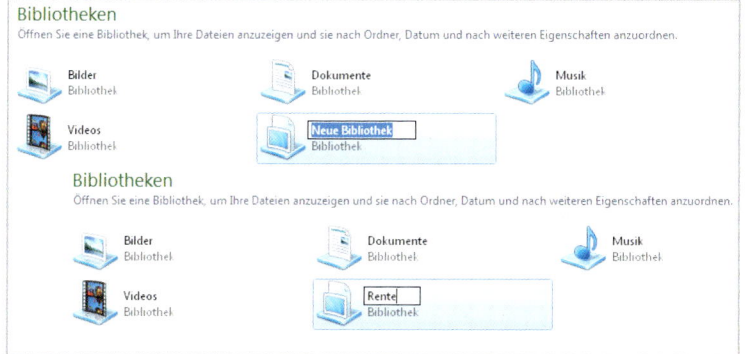

4

Wie beim Ordner: Geben Sie der Bibliothek einen beliebigen Namen und drücken Sie die Enter-Taste bzw. klicken Sie auf eine freie Fläche des Anzeigebereichs.

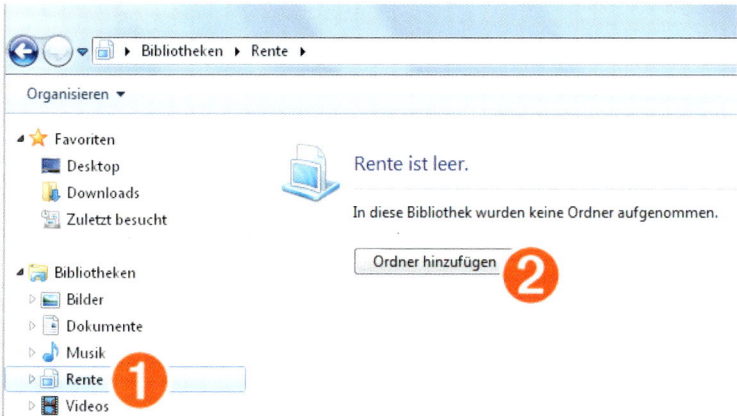

5

Nun möchten Sie Ihrer Bibliothek noch den Ordner zuweisen. Wählen Sie die Bibliothek hierzu in der Navigationsleiste des Windows-Explorer aus ❶ und klicken Sie auf *Ordner hinzufügen* ❷.

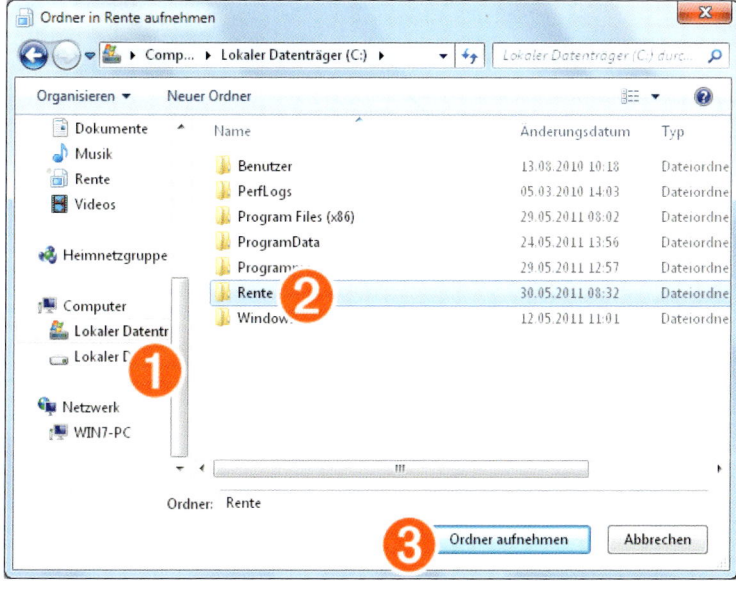

6

Im Fenster, das sich öffnet, finden Sie links die Ordnerstruktur, wie Sie sie auch in der Navigationsleiste des Windows-Explorer finden. Klicken Sie hier, in diesem Fall, das Laufwerk an ❶, wählen Sie dann im Anzeigebereich rechts den Ordner aus ❷ und bestätigen Sie mit einem Mausklick auf *Ordner aufnehmen* ❸.

Das ist ja wirklich nicht schwer: Was allerdings, wenn ich noch einen weiteren Ordner in die Bibliothek aufnehmen möchte?

Wenn einer Bibliothek bereits mindestens ein Ordner zugewiesen wurde, wird Ihnen die Schaltfläche *Ordner aufnehmen* aus Schritt 6 nicht mehr angezeigt. Klicken Sie zum Hinzufügen dann mit der rechten Maustaste auf die Bibliothek, wählen Sie *Eigenschaften* und dann *Ordner hinzufügen*. Bestätigen Sie Ihre Änderungen abschließend mit einem Mausklick auf *OK*.

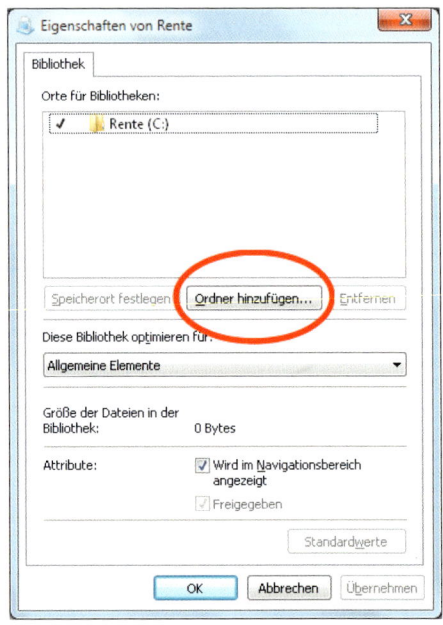

Kann ich einen Ordner oder eine Bibliothek nachträglich noch umbenennen?

Das Umbenennen von Dateien, Ordnern und Bibliotheken ist gar kein Problem. Klicken Sie ein Element dazu zweimal kurz nacheinander an – allerdings nicht zu schnell, um keinen Doppelklick durchzuführen. Sie erhalten daraufhin das gleiche Bild wie in den Schritten 2 und 4 und können nun einfach den gewünschten neuen Namen eintippen.

Wie werden Dateipfade dargestellt?

Wenn Sie eine Datei auf Ihrem Computer speichern, liegt dieser immer ein bestimmter „Dateipfad" zugrunde, der logisch aufgebaut ist: Angenommen, Sie speichern die Datei *dokument.doc* direkt auf dem Laufwerk C:, würde der Dateipfad lauten: *C:\dokument.doc*. Oder kommt zum Speichern der Ordner *Dokumente* auf dem Laufwerk C: zum Einsatz? In diesem Fall würde der Dateipfad lauten: *C:\Dokumente\dokument.doc*. Ist der Speicherort ein Ordner namens *Briefe* innerhalb des Ordners *Dokumente* auf dem Laufwerk C:? In diesem Fall lautet der Dateipfad *C:\Dokumente\Briefe\dokument.doc*. Dateipfade können mitunter lang und kompliziert aussehen, das zugrunde liegende Prinzip ist jedoch höchst einfach!

Sie haben den Speicherort einer Datei vergessen? So finden Sie diese trotzdem wieder

Zugegeben: Ich selbst kann mir auch nicht immer alle Speicherorte merken. Auf Ihrem Windows-Computer steht aber eine nützliche Suchfunktion zur Verfügung, mit der Sie verschollene Dateien schnell wiederfinden. Sie finden ein:

- **Suchfeld im Windows-Explorer:** Wählen Sie in der Navigationsleiste des Windows-Explorer aus, wo Sie nach einem Element suchen möchten – nur in einer bestimmten Bibliothek oder auf dem gesamten Computer? In diesem Fall wählen Sie *Computer* ❶ und geben dann rechts oben in das Suchfeld Ihren Suchbegriff ein ❷; noch während der Eingabe des Begriffs wird die Suche gestartet, und die Suchergebnisse werden angezeigt. Ob Sie den Suchbegriff groß- oder kleinschreiben, spielt dabei keine Rolle.

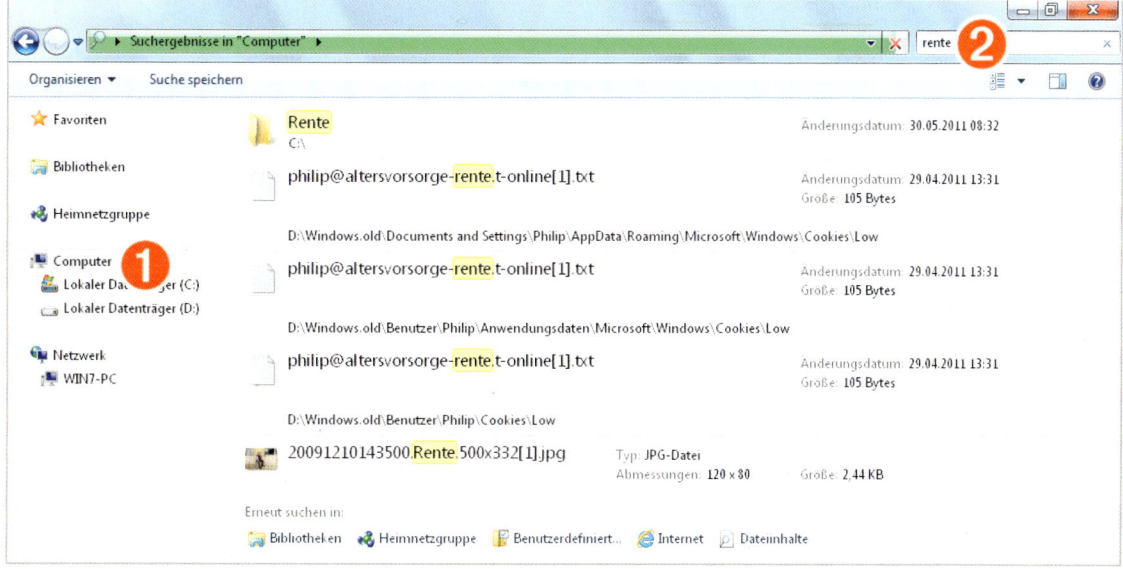

- **Suchfeld im Startmenü:** Auch in das Startmenü ist ein Suchfeld eingebaut. Wenn Sie hier nach einem Element suchen, werden jedoch nur besonders häufig verwendete „indizierte" Speicherorte durchsucht. Der Vorteil: Die Suche verläuft schnell, und eine gefundene Datei kann direkt im Startmenü per Mausklick geöffnet werden. Auch Programme lassen sich übrigens mithilfe des Suchfelds im Startmenü aufrufen, indem Sie einfach den Programmnamen eintippen und anschließend die [Enter]-Taste drücken.

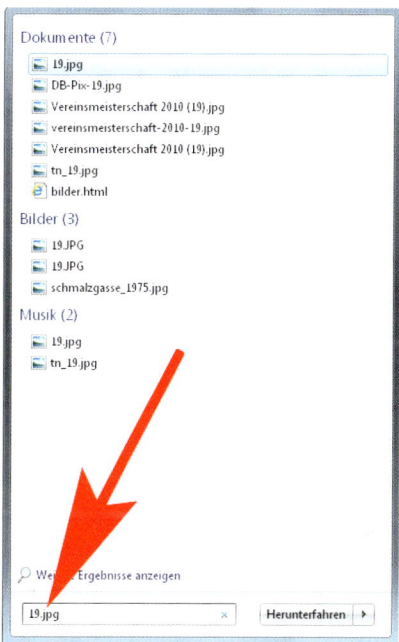

Indizierte Speicherorte – was heißt das?

Windows 7 erstellt von besonders wichtigen Inhalten einen Index, der mit dem Index hinten in diesem Buch vergleichbar ist. Ihre Suchbegriffe lassen sich dadurch schnell „nachschlagen" und müssen nicht erst lange gesucht werden. Wenn Sie sich ansehen möchten, welche Speicherorte „indiziert" sind, suchen Sie im Startmenü-Suchfeld nach *Indizierungsoptionen* und drücken die [Enter]-Taste. In einem Fenster erhalten Sie dann eine entsprechende Übersicht, und Sie können die Speicherorte ggf. nach Ihrem Gusto anpassen.

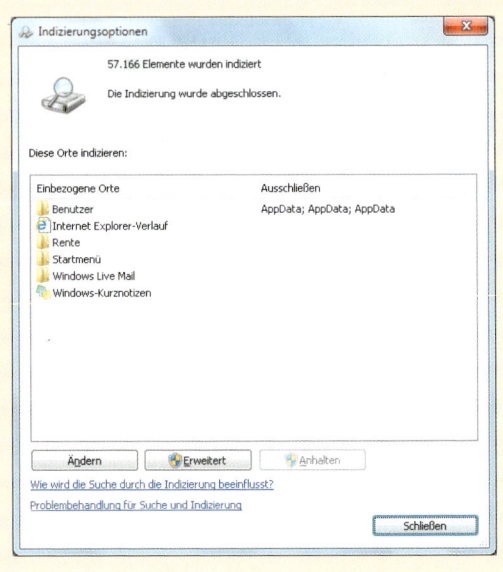

Sie möchten eine Datei in einen anderen Ordner verschieben? So gehen Sie vor

Genauso, wie Sie die Klarsichthüllen aus dem einen Ordner nehmen und in einen anderen Ordner einheften können, lassen sich Dateien von einem Ordner in den anderen verschieben. So einfach geht es Schritt für Schritt:

1

Wählen Sie zunächst im Quellordner die Dateien (oder Ordner) aus, die Sie verschieben möchten. Mehrere Dateien klicken Sie dazu bei gedrückter [Strg]-Taste an. Sämtliche Elemente in einem Ordner markieren Sie mit der Tastenkombination [Strg]+[A]. Wie der markierte Text in Word (vgl. **Kapitel 5**) werden auch die markierten Elemente im Windows-Explorer blau unterlegt dargestellt.

2

Klicken Sie als Nächstes links oben im Windows-Explorer auf *Organisieren* und wählen Sie den Eintrag *Ausschneiden* (bzw. *Kopieren*, um die Dateien an einem neuen Speicherort abzulegen, aber gleichzeitig die bereits vorhandenen Dateien zu behalten). Noch einfacher klappt das Kopieren bzw. Ausschneiden mit den Tastenkombinationen Strg+X bzw. Strg+C.

3

Jetzt öffnen Sie den Ordner, in den die Dateien eingefügt werden sollen. Klicken Sie erneut auf *Organisieren* und entscheiden Sie sich im Menü für den Eintrag *Einfügen*. Alternativ verwenden Sie die Tastenkombination Strg+V. Alles ganz einfach!

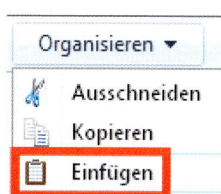

Was hat es mit dem ZIP-Format auf sich?

Sie haben von Ihrem Sohn einen Datenträger mit Bildern erhalten, aber alles, was Sie darauf finden, ist eine Datei mit der Endung *.zip*? Hierbei handelt es sich eigentlich nicht um eine Datei, sondern um einen Ordner, in den Dateien gepackt wurden. Zum Entpacken klicken Sie den ZIP-Ordner einfach mit der rechten Maustaste an und wählen im Menü den Eintrag *Alle extrahieren*. Folgen Sie den Anweisungen des Assistenten, der sich daraufhin öffnet.

Möchten Sie selbst mehrere Bilder oder andere Dateien in einem ZIP-Ordner zusammenfassen, um diese zu archivieren oder an eine andere Person weiterzureichen? Wählen Sie die gewünschten Dateien dazu im Windows-Explorer aus (mehrere Dateien wie oben beschrieben bei gedrückter Strg-Taste, klicken Sie die Dateien anschließend mit der rechten Maustaste an und wählen Sie *Senden an/ZIP-komprimierter Ordner*.

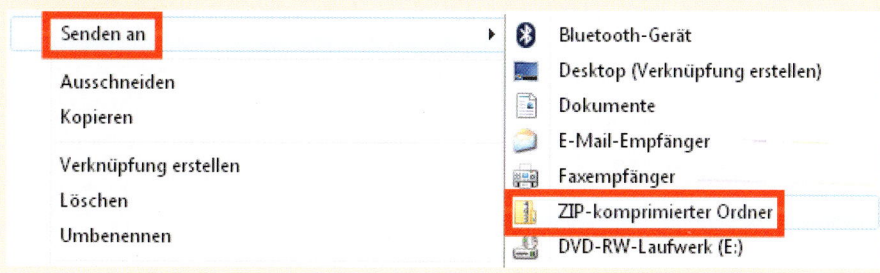

Und so funktioniert der Papierkorb Ihres Computers

Zu einer guten Ordnung gehören nicht nur Ordner und Bibliotheken, sondern auch ein Papierkorb. Löschen Sie nicht mehr benötigte Dateien und andere Elemente, um keinen unnötigen Ballast auf dem Computer aufzubewahren.

Wie kann ich eine Datei, einen Ordner oder eine Bibliothek löschen?

Das geht ganz einfach: Klicken Sie das Element, das Sie löschen möchten, im Windows-Explorer oder auf dem Desktop an und betätigen Sie anschließend die [Entf]-Taste auf der Tastatur. Im Fenster, das sich öffnet, bestätigen Sie den Löschvorgang mit einem Klick auf *Ja*. Statt die [Entf]-Taste zu drücken, können Sie das Element auch mit der rechten Maustaste anklicken und *Löschen* wählen. Entscheiden Sie selbst, welche Methode Ihnen mehr zusagt.

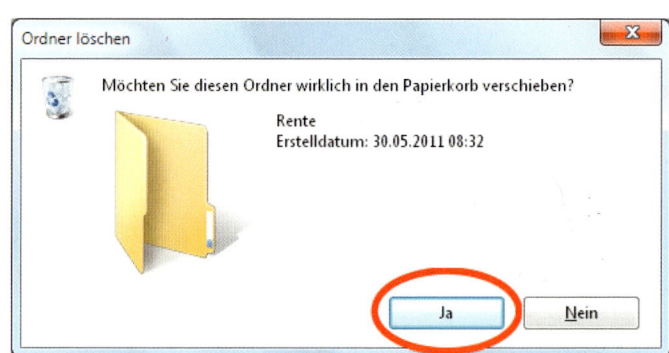

Ich habe eine Datei versehentlich gelöscht: Kann ich diese wiederherstellen?

Ja. Jetzt kommt der Papierkorb ins Spiel. Wenn Sie ein Element löschen, wird dieses in den Papierkorb Ihres Computers verschoben und steht dort – wie ein zerknülltes Dokument – immer noch zur Verfügung. Doppelklicken Sie auf den Papierkorb, der links oben auf dem Desktop angezeigt wird, um sich dessen Inhalt anzusehen.

Ich kann auf ein Element im Papierkorb nicht zugreifen! Mache ich etwas verkehrt?

Nein, wie erwähnt sind die Elemente im Papierkorb „zerknüllt" und müssen vom Computer erst wieder entknittert werden. Hierzu wählen Sie ein Element einfach per Mausklick aus und klicken dann auf *Element wiederherstellen*. Das Element steht anschließend wieder am ursprünglichen Speicherort zur Verfügung.

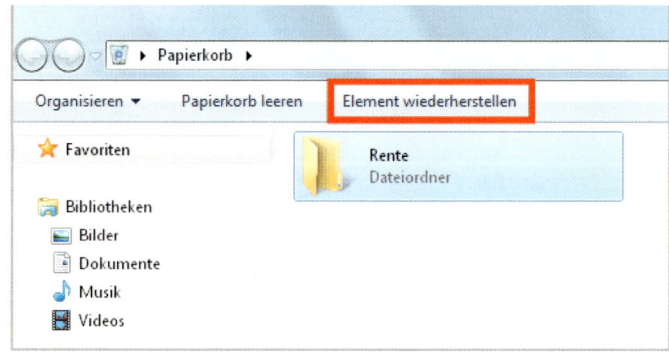

Ist es möglich, ein Element vollständig zu entfernen, damit es auch im Papierkorb nicht mehr zur Verfügung steht?

Um ein einzelnes Element aus dem Papierkorb zu löschen, klicken Sie dieses an und drücken die Entf-Taste. Sie können auch den gesamten Papierkorb leeren, indem Sie oben im Papierkorb auf *Papierkorb leeren* klicken.

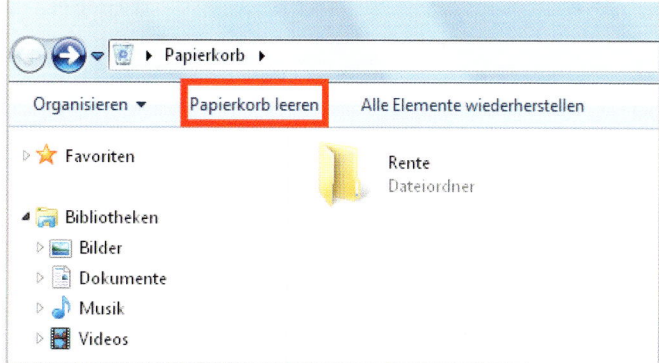

Wenn ich den Papierkorb geleert habe – sind die gelöschten Elemente dann unrettbar verloren?

Jein. Grundsätzlich sind die Elemente immer noch auf dem Computer vorhanden, und zwar so lange, bis der Computer den Speicherplatz benötigt und die Elemente überschreibt. Im Notfall könnte also von einem Fachmann versucht werden, die Elemente wiederherzustellen. Hierfür stehen verschiedene Programme zur Verfügung, wie sie bei einem Computer-Hilfsdienst, aber auch bei der Polizei oder dem Finanzamt zum Einsatz kommen können.

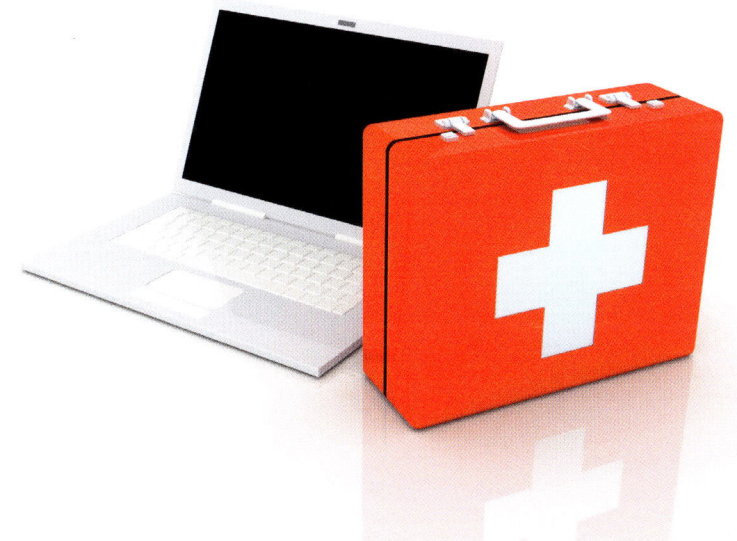

© Spectral-Design – Fotolia.com.

Nun wollen Sie Ihre Dokumente zu Papier bringen: So schließen Sie einen Drucker an den Computer an und richten ihn ein

"Zwei ganz verschiedene Dinge behagen uns gleichermaßen:

die Gewohnheit und das Neue."

(Jean de La Bruyère)

Mit dem Computer sind Sie im bisherigen Verlauf dieses Buches gut Freund geworden. Aber bei diesem einen Gerät bleibt es ja meist nicht: Zumindest einen Drucker möchten Sie anschließen, um Ihre Dokumente und vielleicht auch selbst aufgenommene Fotos zu Papier zu bringen.

Genauso wie Programme (die Software) müssen auch Geräte (die Hardware) zunächst installiert werden, bevor sie auf dem Computer genutzt werden. Aber keine Sorge: Bei den meisten Geräten klappt das mit wenig Mühe. Lassen Sie mich Ihnen in diesem Kapitel zeigen, wie es gemacht wird.

Den Drucker oder ein anderes Gerät an den Computer anschließen – dafür benötigen Sie kein Studium

Das Installieren neuer Geräte ist unter modernen Betriebssystemen wie Windows 7 meist ein Kinderspiel. Hier finden Sie alle Informationen, die Sie benötigen.

Gibt es Geräte, die ich mit meinem Windows-7-Computer nicht verwenden kann?

Prinzipiell ja, wobei dies jedoch in der Regel nur bei veralteten Geräten der Fall sein wird. Wenn Sie sich einen neuen Drucker anschaffen, sollte die Installation des Gerätes keinerlei Probleme bereiten. Bitten Sie aber vorsichtshalber den Verkäufer im Elektronik-Fachmarkt um eine verbindliche Auskunft.

Was benötige ich für die Installation eines Gerätes?

Wenn Sie ein Gerät, z. B. einen Drucker, kaufen, ist der Verpackung normalerweise ein Installationsdatenträger beigelegt. Dieser beinhaltet sogenannte Gerätetreiber, die für die Installation des Gerätes notwendig sind. Häufig sind zusätzlich nützliche Programme enthalten. Mit einem Installationsdatenträger verfahren Sie wie im Zusammenhang mit der Programminstallation auf Seite 67 ff. beschrieben. Für viele Geräte ist eine manuelle Installation aber gar nicht erforderlich – Windows 7 übernimmt die Installation dann automatisch für Sie. Eine bestehende Internetverbindung (vgl. **Kapitel 10**) wäre empfehlenswert, um es dem Computer zu ermöglichen, auch im Internet nach passenden Gerätetreibern zu suchen.

Paul Brugger rät: *Nur falls es mit der automatischen Installation nicht klappen sollte, müssen Sie den beigelegten Installationsdatenträger verwenden, der dem Gerät beigelegt ist. In diesem Fall verbinden Sie das Gerät erst dann mit dem Computer, wenn Sie dort bereits den notwendigen Treiber installiert haben – Sie vermeiden so den automatischen Installationsversuch.*

Bitte Schritt für Schritt: Wie installiere ich einen Drucker?

Sie haben einen Drucker erworben und möchten diesen dazu einsetzen, Dokumente oder Bilder vom Computer zu Papier zu bringen? Packen Sie das Gerät aus und stellen Sie es in der Nähe des Computers auf. Folgendermaßen geht es weiter:

1

Schließen Sie den Drucker mithilfe des beiliegenden Netzkabels an das Stromnetz an und schalten Sie ihn ein.

2

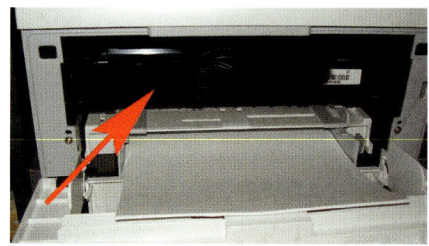

Legen Sie nun Tintenpatrone oder Toner (sprich: [touner], so nennt man die Druckfarbe von Laserdruckern) in den Drucker ein – folgen Sie hierzu der Bedienungsanleitung des jeweiligen Druckers, da die Vorgehensweise von Drucker zu Drucker unterschiedlich ist.

3

Ist dies geschehen, verbinden Sie den Drucker mithilfe des ebenfalls beiliegenden USB-Kabels mit dem Computer.

4

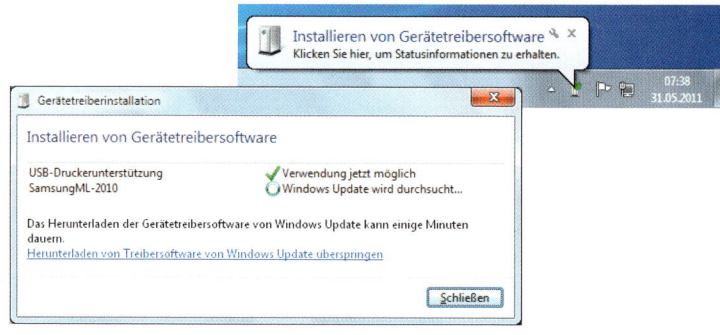

Der Computer erkennt automatisch, dass ein Gerät angeschlossen wurde, und versucht, dieses zu installieren. Klicken Sie rechts unten im Infobereich auf das Symbol 🌳, um Details zum Installationsvorgang zu erhalten.

Ich habe eine Digitalkamera gekauft: Funktioniert die Installation dieses Gerätes genauso?

Ja. Die Digitalkamera schließen Sie ebenfalls an und aktivieren an der Kamera ggf. noch die Verbindung zum Computer. Nach der Installation steht die Kamera im Windows-Explorer als „Wechseldatenträger" zur Verfügung, um Bilder zu übertragen – doch dazu noch mehr in **Kapitel 12**.

Und wie sieht es mit anderen Geräten aus: der USB-Maus, USB-Speichersticks, Scannern?

Das Prinzip ist bei allen Geräten das gleiche: Setzen Sie zunächst auf die automatische Installation; erst, wenn es mit dieser nicht klappen sollte, nehmen Sie die Installation mithilfe des dem Gerät beigelegten Datenträgers manuell vor. (Die Abbildung zeigt einen USB-Speicherstick – diese kleinen Geräte sind ideal, um Daten in der Jackentasche zu transportieren.)

Hier prüfen und verwalten Sie die an den Computer angeschlossenen Geräte

Die Eigenschaften von Geräten ändern oder ein Gerät wieder vom Computer entfernen – auch das bereitet keinerlei Schwierigkeiten, wie Sie im Folgenden sehen werden.

Auf dem einem Gerät beiliegenden Datenträger sind Programme enthalten – soll ich diese installieren?

Wenn es sich um nützliche Programme handelt – warum nicht? Bei einem Drucker könnte es sich beispielsweise um ein Verwaltungsprogramm handeln, das Ihnen meldet, wenn Tintenpatrone oder Toner zur Neige gehen; bei Digitalkameras sind häufig interessante Bildbearbeitungsprogramme mit dabei. Für die Funktion des Gerätes benötigen Sie diese Programme allerdings nicht, hierfür genügen die Gerätetreiber.

Wie kann ich die angeschlossenen Geräte am Computer verwalten?

Sie finden auf Ihrem Windows-7-Computer hierfür die Funktion *Geräte und Drucker*: Klicken Sie im Startmenü darauf, um sich die angeschlossenen Geräte anzeigen zu lassen. Klicken Sie eines der angezeigten Geräte mit der rechten Maustaste an, um verschiedene Optionen rund um das jeweilige Gerät zu erhalten.

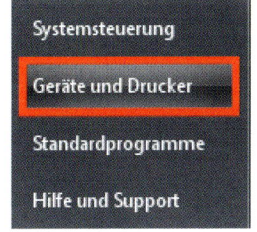

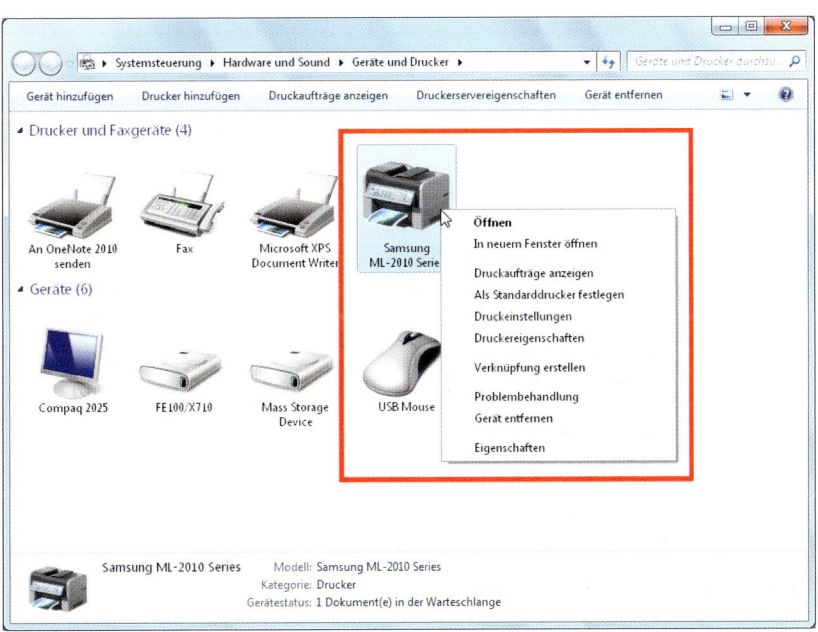

Um was für Optionen handelt es sich denn da beispielsweise?

Bei einem Drucker z. B. reichen die Optionen vom Festlegen der Papiergröße bis zur Lösung von Druckproblemen. Hier eine kleine Übersicht:

- **Als Standarddrucker festlegen:** Wählen Sie diese Option, um Dokumente und Bilder stets mit diesem Drucker auszudrucken, sofern Sie keine andere Auswahl treffen.

- **Druckereigenschaften:** Nehmen Sie Einstellungen rund um den Drucker vor, wobei diese von Drucker zu Drucker variieren. Aktivieren Sie z. B. den Energiesparbetrieb des Druckers.

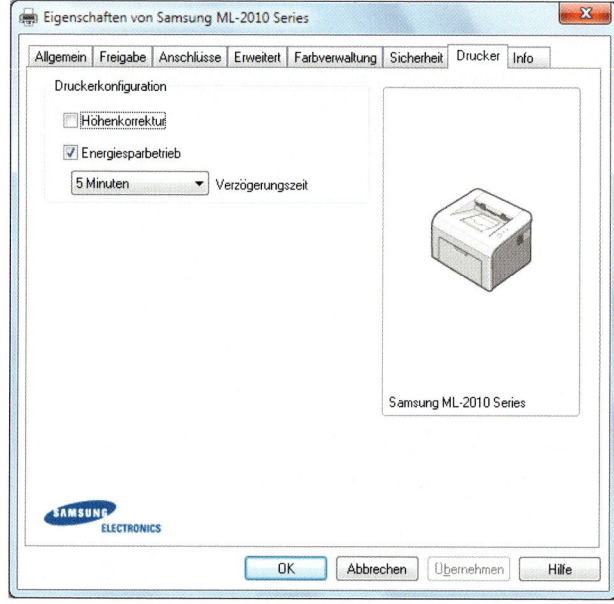

- **Druckeinstellungen:** Hier nehmen Sie Einstellungen zu Ihren Ausdrucken vor, etwa was die Größe des verwendeten Papiers anbelangt.

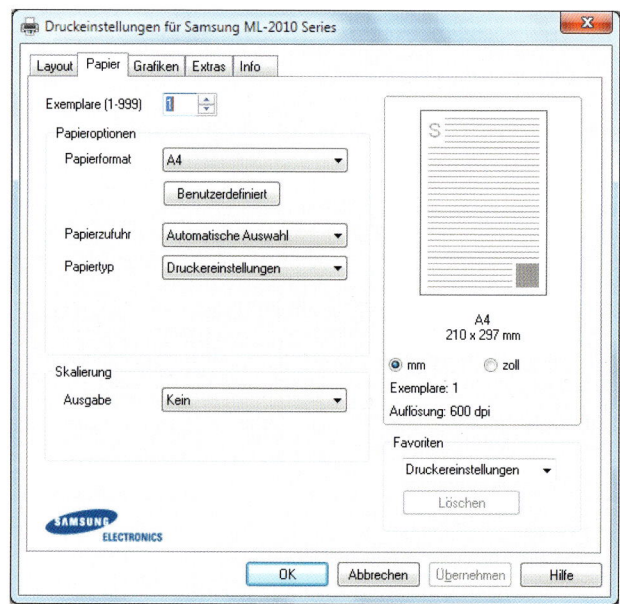

- **Druckaufträge anzeigen:** Wenn Sie sich für diese Option entscheiden, werden Ihnen noch nicht „abgearbeitete" bzw. noch laufende Druckaufträge angezeigt; sie können ggf. per Entf-Taste abgebrochen werden.

- **Problembehandlung:** Diese Option nutzen Sie, falls ein Gerät nicht bzw. nicht richtig funktionieren sollte. Der Computer ermittelt bestehende Probleme automatisch und schlägt Ihnen dann passende Lösungen vor.

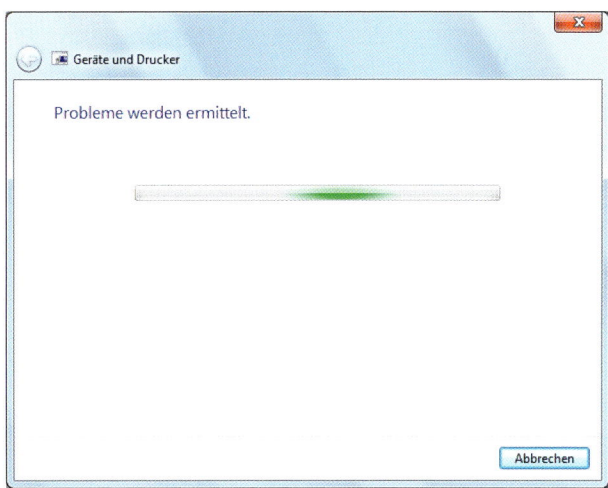

- **Gerät entfernen:** Sie möchten ein Gerät nicht weiter verwenden oder den Gerätetreiber aufgrund von Problemen neu installieren. Entscheiden Sie sich für diese Option, um den Gerätetreiber zu deinstallieren.

Paul Brugger rät: *Auch im Zusammenhang mit der Geräteverwaltung gilt, dass Sie sich von den vielfältigen Funktionen nicht verwirren lassen. Meistens genügt es, mit den bereits vorhandenen Grundeinstellungen zu arbeiten, von den angebotenen Optionen werden Sie im Computeralltag nur relativ selten Gebrauch machen. Es ist aber doch gut zu wissen, wo diese zu finden sind!*

Unter Geräte und Drucker werden mir aber nicht alle Geräte angezeigt – wo ist der Rest?

Eine vollständige Übersicht Ihrer Hardware finden Sie im „Geräte-Manager". Öffnen Sie diesen, indem Sie in das Startmenü-Suchfeld *geräte-manager* eintippen und dann die Enter-Taste drücken.

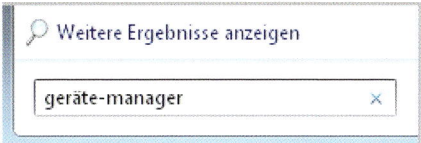

Der Geräte-Manager sieht aber recht kompliziert aus! Was kann ich damit überhaupt anfangen?

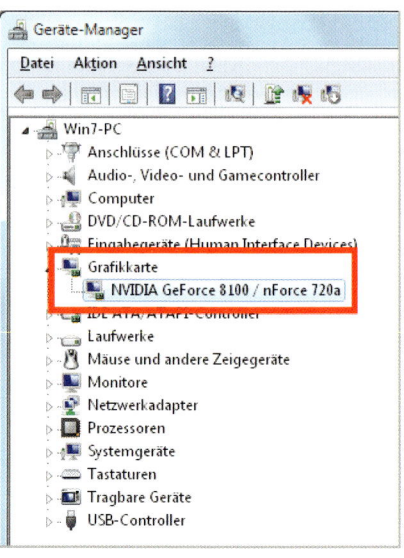

Ach, der Geräte-Manager sieht komplizierter aus, als er in Wirklichkeit ist. Zunächst einmal besteht er aus einer Liste der installierten Hardware, die nach verschiedenen Kategorien geordnet ist. Um eine Kategorie zu öffnen, klicken Sie auf das zugehörige Pfeilsymbol (▷) oder doppelklicken auf die Kategorie. Um sich die Eigenschaften einer Komponente (hier z. B. der Grafikkarte, vgl. Seite 24) anzeigen zu lassen, genügt wiederum ein Doppelklick auf dieselbe.

Aha, und was bringt es mir, die Hardwareeigenschaften anzusehen?

Nun, der Geräte-Manager dient dazu, die Hardware zu prüfen und ggf. Fehler zu beheben. Im Idealfall finden Sie den Hinweis *Das Gerät funktioniert einwandfrei* vor. Ansonsten versuchen Sie sich unter *Treiber* mit einer Neuinstallation der Gerätetreiber. Keine Bange: Ausflüge in den Geräte-Manager werden nur in Ausnahmefällen notwendig sein.

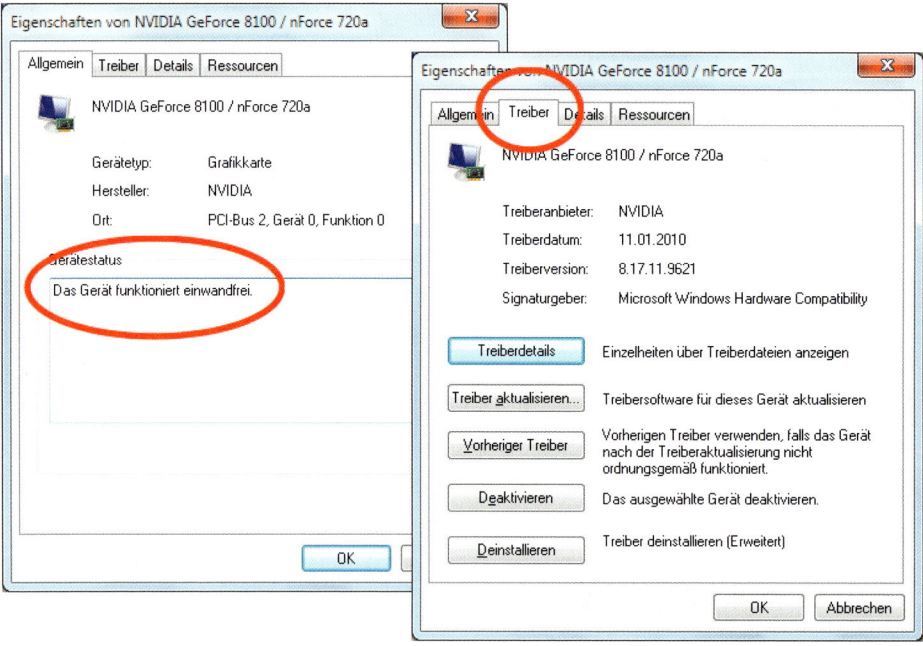

Zu kleine Schrift? Hilfen bei Sehschwäche und weiteren körperlichen Beeinträchtigungen

"Jeder, der sich die Fähigkeit erhält, Schönes zu erkennen, wird nie alt werden."

(Franz Kafka)

Das Alter macht heutzutage längst nicht mehr so gebrechlich wie in früheren Zeiten, aber das eine oder andere Zipperlein kann es doch mit sich bringen. Vielleicht stellen Sie fest, dass der Computer Ihre Augen zu sehr beansprucht oder dass die Bedienung der Tastatur schwerfällt? In diesem Kapitel wird Ihnen geholfen.

Schwache Augen oder motorische Schwierigkeiten können heutzutage nicht mehr als Ausreden gelten, keinen Computer zu verwenden. In Windows 7 stehen verschiedene Hilfsmittel zur Verfügung, die älteren Menschen sehr dienlich sind. In diesem Kapitel möchte ich Ihnen diese Hilfsmittel vorstellen – Sie werden staunen, was alles möglich ist!

Wie groß die Inhalte auf dem Bildschirm dargestellt werden, bestimmen Sie selbst

Erscheinen Ihnen die Inhalte auf dem Bildschirm sehr klein, und Sie haben Mühe, Texte zu lesen oder Symbole zu erkennen? Wie groß die Inhalte dargestellt werden, ist zuallererst von der „Bildschirmauflösung" abhängig, und diese können Sie selbst festlegen.

Bildschirmauflösung – was bedeutet das?

Das, was Sie auf dem Bildschirm sehen, wird elektronisch durch einzelne Bildpunkte (auch Pixel genannt) aufgebaut. Jeder Punkt beinhaltet bestimmte Farbinformationen, aus denen sich das Gesamtbild zusammensetzt. Bei einer Bildschirmauflösung von 1.600 x 1.200 Bildpunkten beispielsweise (vgl. Abbildung) hätte der Bildschirm 1.600 Bildpunkte in der Breite und 1.200 Bildpunkte in der Höhe; insgesamt wären es 1.600 x 1.200 = 1.920.000 Bildpunkte.

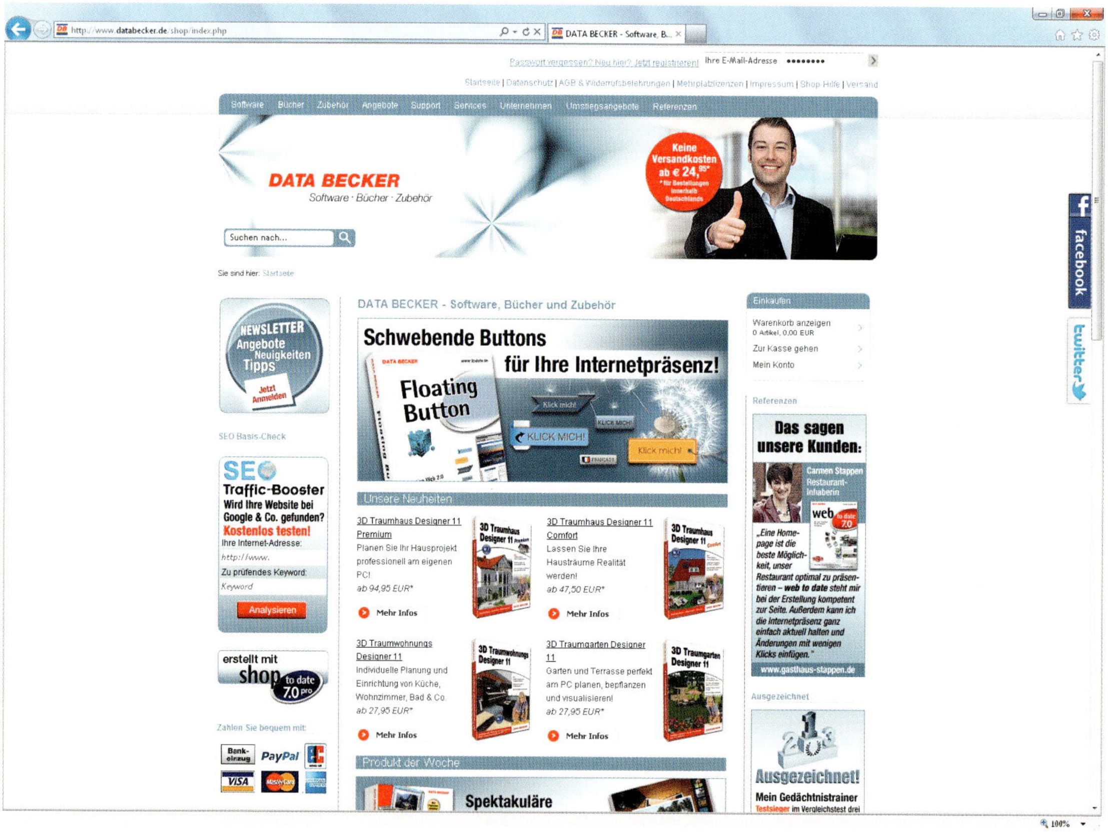

1.600 x 1.200 Bildpunkte ist bereits eine recht hohe Auflösung, und die Inhalte, hier die Webseite von DATA BECKER, erscheinen auf dem Bildschirm sehr klein.

Als Faustregel gilt in diesem Zusammenhang: Je höher die Auflösung, desto kleiner werden die Inhalte dargestellt, desto mehr Platz haben Sie allerdings auch für die Darstellung der Inhalte.

Welche Auflösung soll ich wählen, um die Inhalte größer angezeigt zu bekommen?

Ich empfehle Ihnen eine Auflösung von 1.024 x 768 Bildpunkten. Diese Zahlen klingen seltsam, aber es handelt sich um einen gängigen Standard. Sie ist einerseits nicht zu niedrig, sodass die Inhalte optimal angezeigt werden können, andererseits aber nicht zu hoch, um die Inhalte nicht zu klein erscheinen zu lassen.   *1.366 - 768*

Gut, und wie ändere ich die Bildschirmauflösung?

Um die Bildschirmauflösung zu ändern, klicken Sie mit der rechten Maustaste auf eine freie Fläche des Desktops. Im Menü, das sich öffnet, entscheiden Sie sich für den Eintrag *Bildschirmauflösung*.

Nun entscheiden Sie sich im Menü für die gewünschte Bildschirmauflösung ❶ und bestätigen mit einem Mausklick auf *OK* ❷. Die Auflösung wird Ihren Wünschen entsprechend geändert. In dem sich öffnenden Fenster wählen Sie *Änderungen beibehalten* ❸.

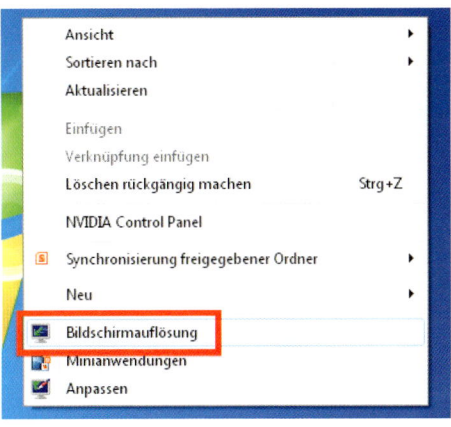

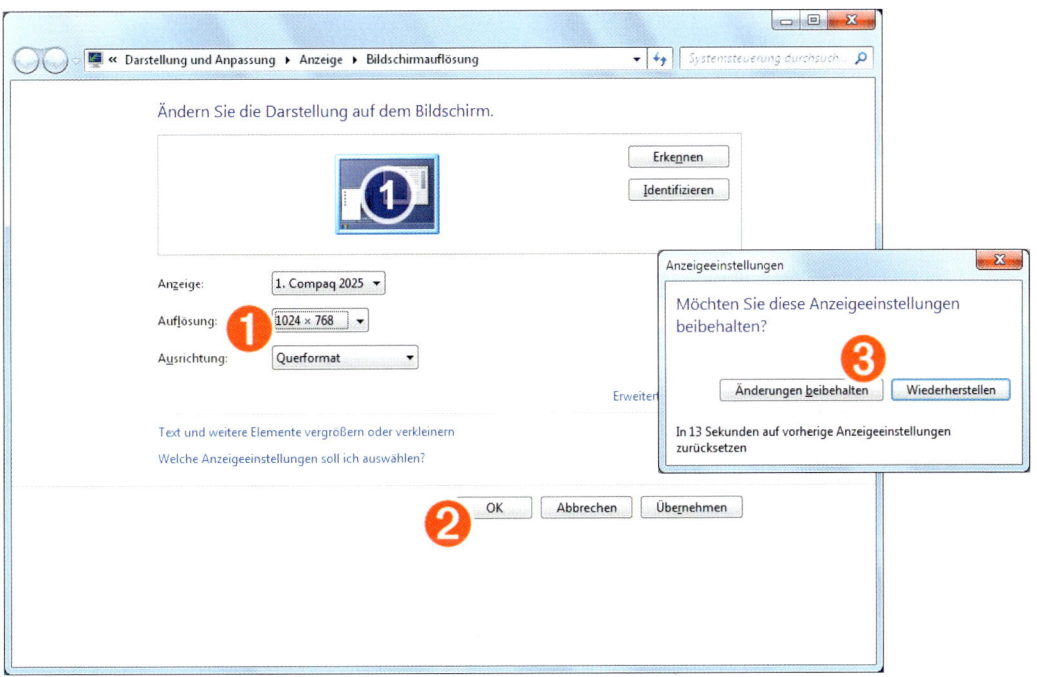

KAPITEL 9   Zu kleine Schrift? Hilfen bei Sehschwäche und weiteren körperlichen Beeinträchtigungen

Gibt es noch weitere Möglichkeiten, Texte und Symbole größer darzustellen?

Jawohl, Ihnen bieten sich noch weitere Möglichkeiten, um nicht vor zu kleinen Texten oder Symbolen kapitulieren zu müssen:

- **Größere Symbole:** Sie wünschen größere Symble auf dem Desktop? Klicken Sie mit der rechten Maustaste auf eine freie Fläche des Desktops und entscheiden Sie sich unter *Ansicht* für den Eintrag *Große Symbole*.

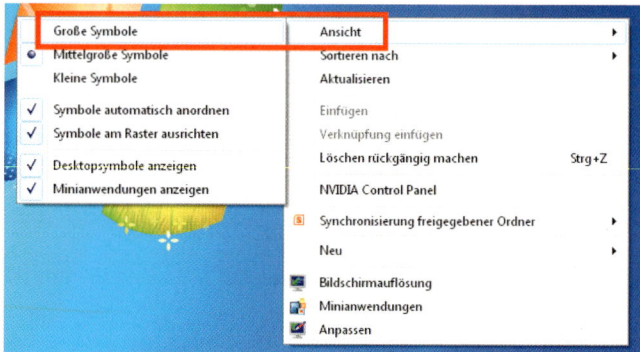

- **Größere Texte:** Um die Windows-Texte zu vergrößern, klicken Sie ebenfalls mit der rechten Maustaste auf eine freie Fläche des Desktops, entscheiden sich diesmal jedoch für den Eintrag *Anpassen*. Im Fenster, das sich daraufhin öffnet, klicken Sie links unten auf *Anzeige*. Entscheiden Sie sich dann für die Ansichtsoption *Größer* ❶ und bestätigen Sie mit *Übernehmen* ❷. Beim nächsten Start des Computers wird die gewählte Einstellung übernommen.

Siehe auch

Anzeige
Taskleiste und Startmenü
Center für erleichterte Bedienung

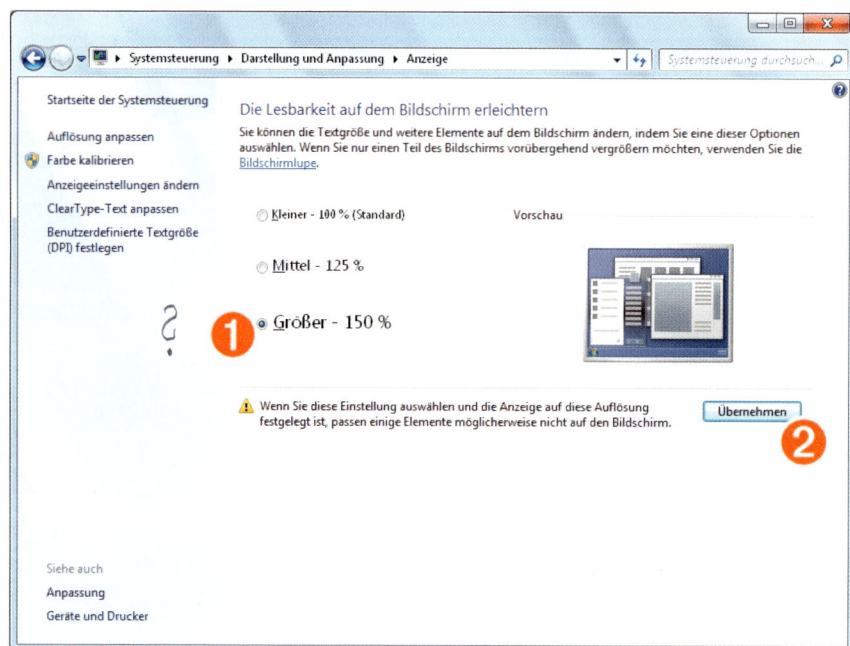

Sie haben Ihre Lesebrille nicht zur Hand? Dann verwenden Sie die eingebaute Bildschirmlupe

Sie möchten sich bestimmte Inhalte nur vorübergehend größer darstellen lassen? Verwenden Sie hierzu die Bildschirmlupe. Um diese zu aktivieren, drücken Sie die Win-Taste (vgl. Seite 50), halten diese gedrückt und betätigen zusätzlich die +-Taste. Sie stellen fest: Die Inhalte auf dem Bildschirm werden vergrößert dargestellt, dafür werden allerdings meist nur Ausschnitte des gerade geöffneten Fensters angezeigt. Die Bildschirmlupe bietet noch weitere Optionen, die Sie aufrufen, indem Sie auf die angezeigte Lupe klicken.

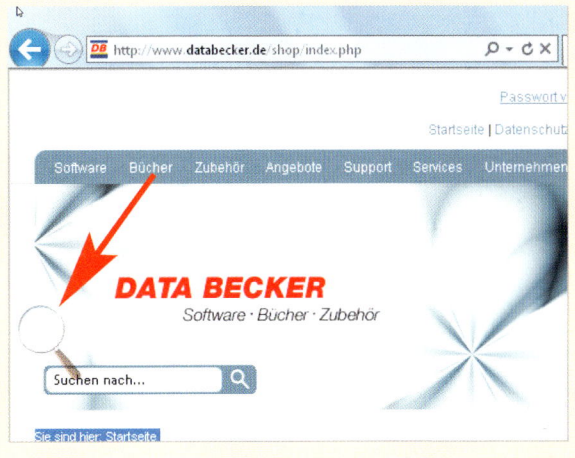

Wünschen Sie eine Leselupe? Entscheiden Sie sich dazu für die Ansichtsoption *Lupe*. Sie bewirkt, dass diejenigen Inhalte, auf die Sie den Mauszeiger bewegen, vergrößert dargestellt werden.

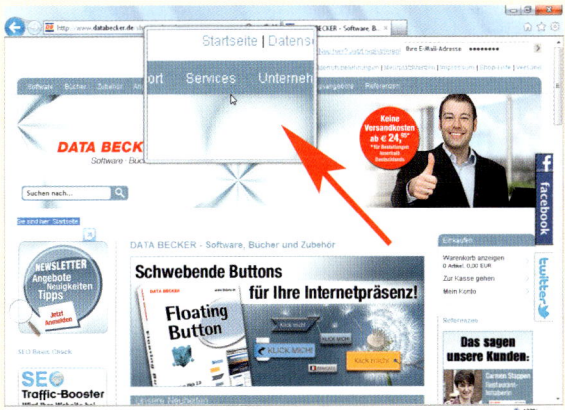

Ähnlich funktioniert die Ansichtsoption *Verankert*, nur dass die vergrößerte Ansicht in diesem Fall oben auf dem Bildschirm angezeigt wird. Probieren Sie aus, mit welcher Ansichtsoption Sie am besten zurechtkommen!

Die Bildschirmlupe lässt sich problemlos wieder abschalten: Verwenden Sie hierzu die Tastenkombination Win+Esc.

Mehr Kontrast, um die Texte auf dem Bildschirm noch besser lesen zu können

Neben der Größe der Inhalte kann auch mehr Kontrast dazu beitragen, die Inhalte besser wahrnehmen zu können. So einfach richten Sie ein Design mit hohem Kontrast ein:

1

Klicken Sie mit der rechten Maustaste auf eine freie Fläche des Desktops und entscheiden Sie sich für den Eintrag *Anpassen*.

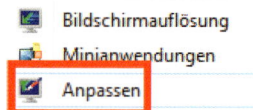

2

Im Fenster, das sich öffnet, klicken Sie mit der Maus auf die Bildlaufleiste ❶ und ziehen diese bei gedrückter Maustaste nach unten. Wählen Sie dann per Mausklick das Kontrastdesign aus, das Ihnen am meisten zusagt ❷.

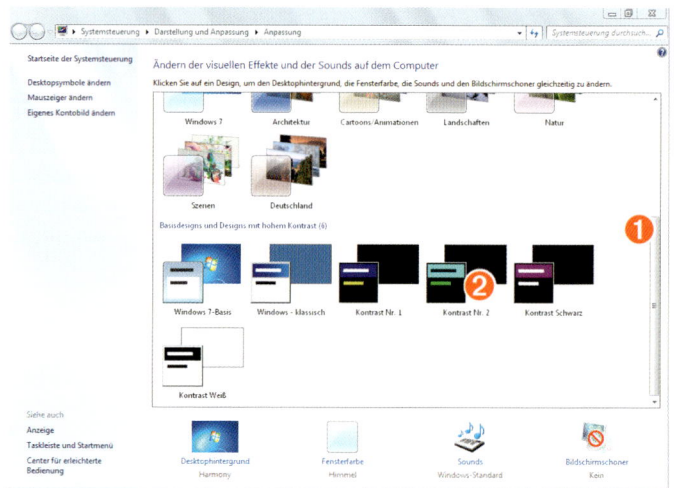

3

Nach nur wenigen Sekunden steht der Bildschirm mit deutlich mehr Kontrast zur Verfügung. Um die Änderungen rückgängig zu machen, wählen Sie in Schritt 2 einfach wieder ein anderes Design aus.

Noch schneller mehr Kontrast: Drücken Sie hierzu gleichzeitig die [Alt]-Taste unten auf der Tastatur, die linke [Umschalt]-Taste sowie die [Druck]-Taste.

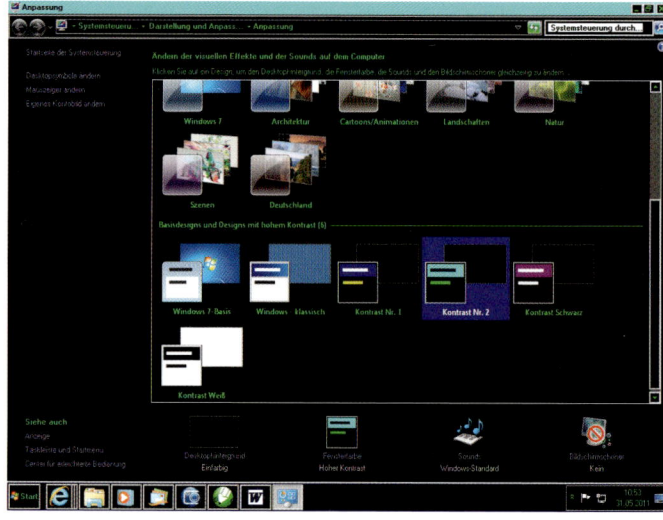

Die Augen einfach mal schonen: Lassen Sie sich Bildschirminhalte vom Computer vorlesen

Statt selbst zu lesen, können Sie sich Texte auf dem Bildschirm auch vorlesen lassen. Lassen Sie mich Ihnen die in diesem Zusammenhang nützlichsten Funktionen vorstellen.

Mir Texte vorlesen lassen – wie soll das denn gehen?

Ihr Computer kann Texte erkennen und in Sprache umwandeln. Voraussetzung ist lediglich, dass ein Lautsprecher an den Computer angeschlossen bzw. in diesen eingebaut ist, und die „Sprachausgabe" muss natürlich aktiviert sein.

Wie aktiviere ich die Sprachausgabe?

Ganz einfach: Öffnen Sie mit der Tastenkombination (Win)+(U) das Center für erleichterte Bedienung. In diesem Center finden Sie die Schaltfläche *Sprachausgabe starten*, die Sie anklicken.

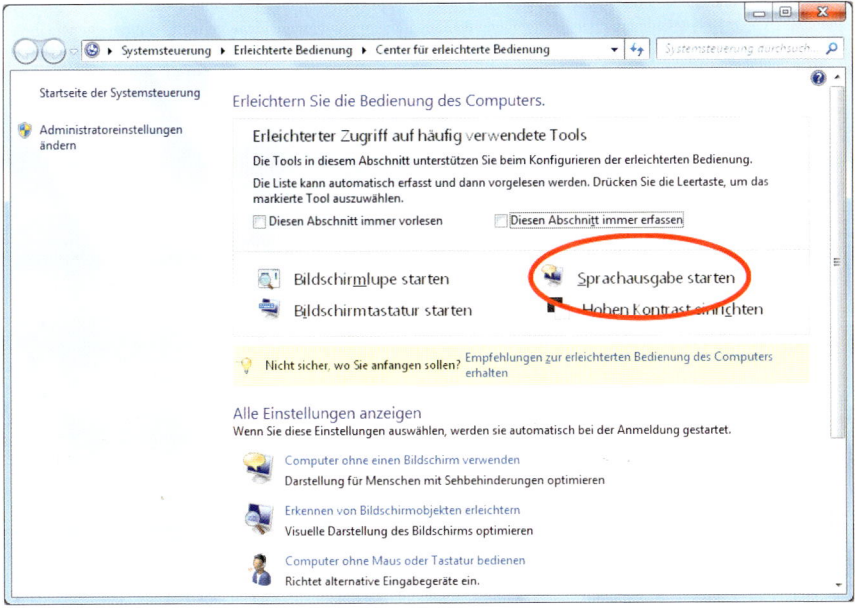

Übrigens finden Sie im Center für erleichterte Bedienung auch die bereits kennengelernten Hilfsfunktionen wieder.

Die Sprachausgabe läuft – doch was da gesagt wird, kann ich schlecht verstehen, und ich weiß nicht, wie ich die Sprachausgabe steuern kann.

Leider steht in Windows 7 nur eine englische Sprecherstimme zur Verfügung („Anna"), die auch deutsche Texte mit englischer Aussprache vorliest und nicht besonders gut verständlich ist.

Das Steuern der Sprachausgabe erfolgt zum einen über das Fenster, das geöffnet wird, wenn Sie die Sprachausgabe starten; zum anderen nutzen Sie zum Steuern der Sprachausgabe Tastaturbefehle: Um sich alle Inhalte eines Fensters vorlesen zu lassen, verwenden Sie die Tastenkombination [Strg]+[Umschalt]+[Leertaste].

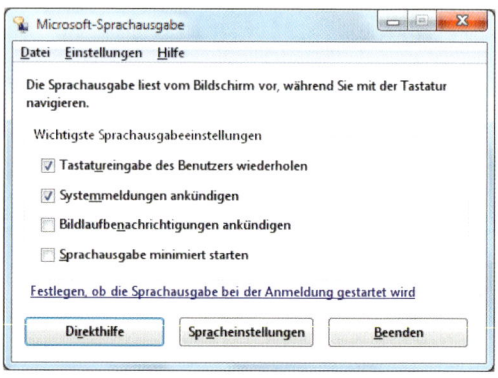

Die Windows-Sprachausgabe sagt mir nicht besonders zu – gibt es Alternativen?

Ja, um sich Dokumente aller Art vorlesen zu lassen, empfehle ich das kostenlose Programm Balabolka, das Sie – sobald Sie über eine Internetverbindung verfügen (vgl. **Kapitel 10**) unter folgender Webadresse aus dem Internet herunterladen: *http://www.cross-plus-a.com/de/balabolka.htm*. Wichtig: Laden Sie unter der genannten Webadresse neben dem eigentlichen Programm auch die deutsche Sprecherdatei (unter *RealSpeak*) herunter. Die Verwendung von Balabolka ist denkbar einfach: Klicken Sie auf das Symbol 📁 ❶, um ein Dokument auszuwählen, das Sie sich vorlesen lassen möchten; entscheiden Sie sich für die deutsche Sprecherstimme ❷; mit einem Klick auf das Symbol ▶ ❸ starten Sie die Sprachausgabe; passen Sie Sprechgeschwindigkeit und Sprechhöhe ganz Ihren Wünschen entsprechend an ❹.

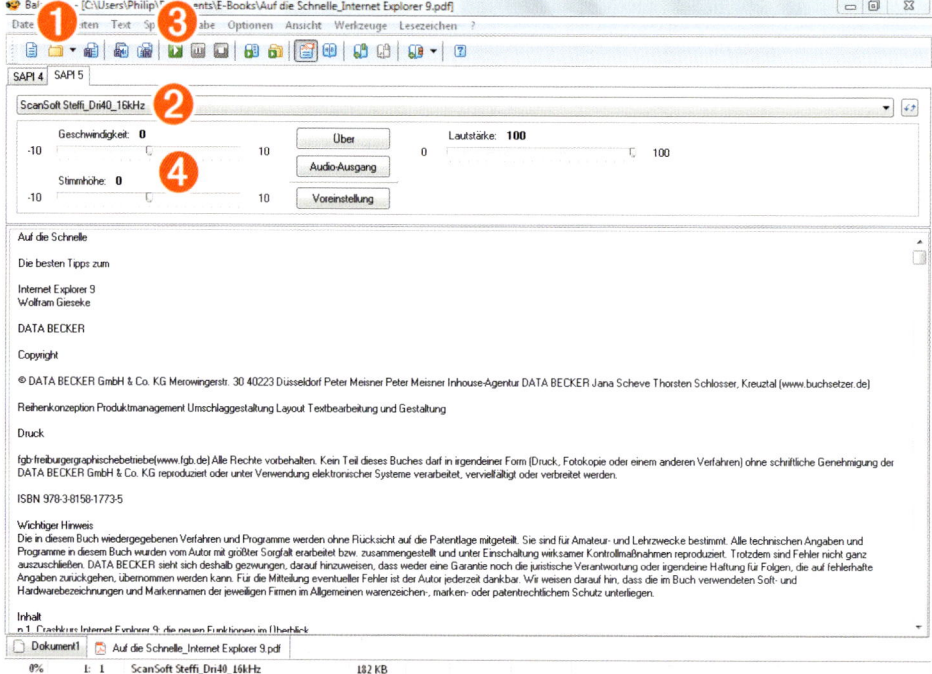

Das Gehör lässt nach? Dann lassen Sie sich Meldungen des Computers visuell anzeigen

Weniger Probleme bei der Computernutzung verursacht ein nachlassendes Gehör. Allerdings könnten Signaltöne leicht überhört werden. Lassen Sie diese deshalb vom Computer visuell darstellen, und zwar folgendermaßen:

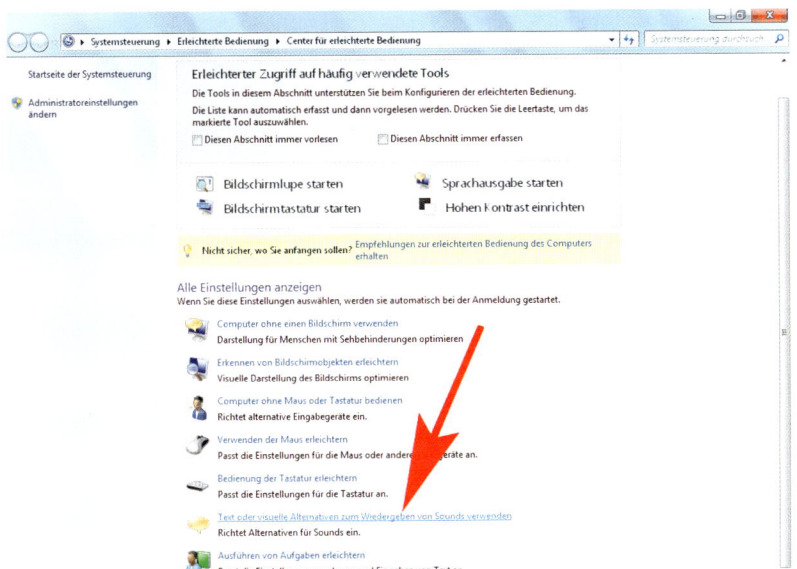

1

Öffnen Sie mit der Tastenkombination Win+U das Center für erleichterte Bedienung. Entscheiden Sie sich dort für den Eintrag *Text oder visuelle Alternativen zum Wiedergeben von Sounds verwenden*.

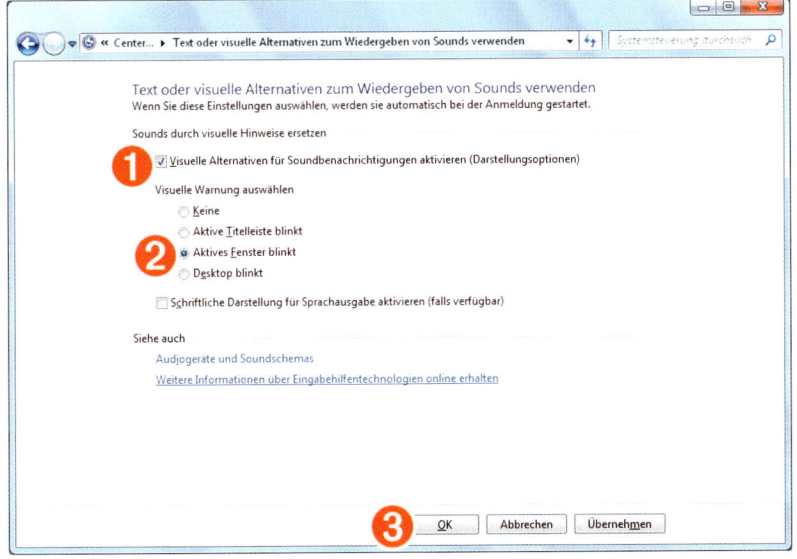

2

Setzen Sie per Mausklick ein Häkchen in das Kästchen *Visuelle Alternativen für Soundbenachrichtigungen aktivieren* ❶ und wählen Sie eine Form des visuellen Hinweises aus, hier z. B. *Aktives Fenster blinkt* ❷. Bestätigen Sie abschließend mit *OK* ❸.

KAPITEL 9

Zu kleine Schrift? Hilfen bei Sehschwäche und weiteren körperlichen Beeinträchtigungen

3

Systemtöne werden ab sofort durch ein kurzes Blinken angezeigt, das durch ein Invertieren in diesem Fall des Fensters erzeugt wird.

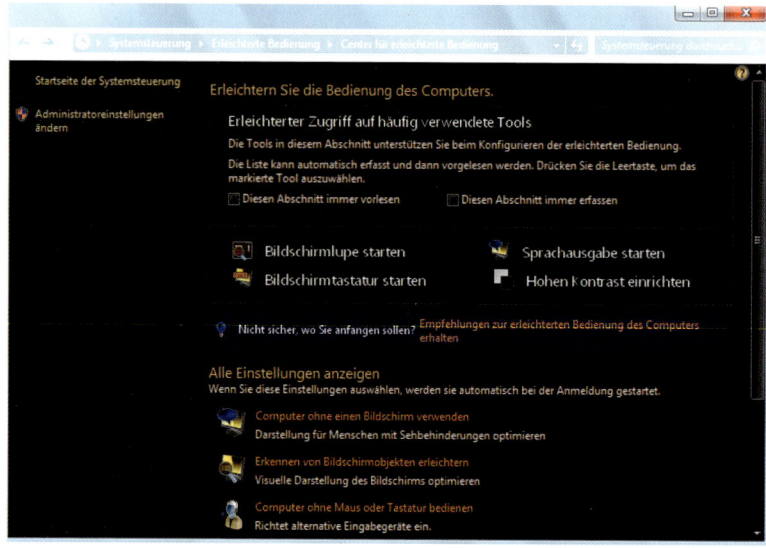

> *Paul Brugger rät:* Sie finden im Center für erleichterte Bedienung noch weitere Optionen, die Ihnen das Arbeiten mit dem Computer weniger beschwerlich machen. Stöbern Sie doch einfach mal ein wenig im Center und experimentieren Sie mit den angebotenen Funktionen!

Für Menschen mit motorischen Problemen: Tastatur oder Maus ersetzen

Selbst wenn alle Sinne gut funktionieren, kann die Computernutzung schwierig sein: dann nämlich, wenn die Hände nicht mehr so wollen wie man selbst. Doch auch in diesem Zusammenhang gibt es Hilfe!

Ich habe Probleme, die Tastatur zu betätigen – was kann man da machen?

Sie finden auf Ihrem Computer eine „Bildschirmtastatur", die sich mit der Maus bedienen lässt. Die Bildschirmtastatur rufen Sie

auf, indem Sie im Center für erleichterte Bedienung auf *Bildschirmtastatur starten* klicken. Falls Sie das Center für erleichterte Bedienung nicht mit der Tastenkombination (Win)+(U) öffnen können: Sie finden es auch, wenn Sie im Startmenü auf *Systemsteuerung* klicken und im Fenster, das sich öffnet, *Erleichterte Bedienung* wählen.

Die Bildschirmtastatur ist stets im Vordergrund verfügbar bzw. kann mit einem Klick auf das Symbol  in der Taskleiste wieder eingeblendet werden. Wenn Sie die Tastatur in einer anderen Position wünschen,

klicken Sie auf die blaue Fläche und verschieben die Bildschirmtastatur bei gedrückter Maustaste.

Ich habe kein Problem mit der Tastatur, jedoch mit der Maus!

Sie haben in diesem Fall die Möglichkeit, die Tastatur als Maus zu verwenden. Aktivieren Sie dazu die „Tastaturmaus", indem Sie die folgenden Tasten gleichzeitig drücken: Alt+Umschalt+Num – die Num-Taste aktiviert normalerweise die numerische Tastatur (siehe Abbildung); mithilfe der genannten Tastenkombination wird die numerische Tastatur jedoch mit Mausfunktionen ausgestattet. Bestätigen Sie das Aktivieren der Tastaturmaus im Fenster, das nach dem Anwenden der obigen Tastenkombination angezeigt wird, mit *Ja*. Per Num-Taste schalten Sie die Tastaturmaus nun ein oder aus, je nachdem, ob Sie sie gerade benötigen oder nicht. Ein Symbol im Infobereich rechts unten auf dem Bildschirm zeigt Ihnen jeweils an, ob die Maus eingeschaltet ( ) oder ausgeschaltet ( ) ist.

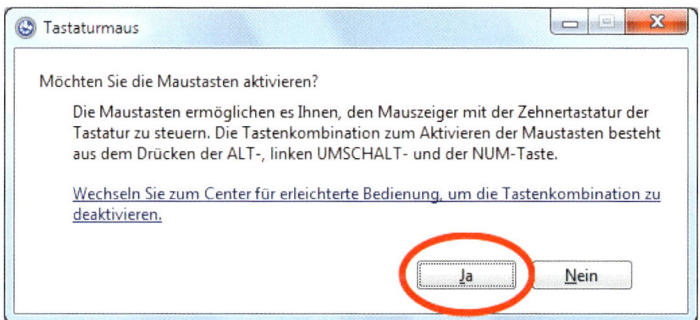

Verwenden Sie die Zifferntasten, um die Maus in diejenige Richtung zu bewegen, die der Position der Ziffer auf der Tastatur entspricht; die Ziffer 5 dient als „Mausklick". Drücken Sie vor dem Betätigen der Taste 5 ggf. ÷, um die linke Maustaste zu aktivieren, bzw. - zum Aktivieren der rechten Maustaste. Um die Tastaturmaus wieder zu deaktivieren, nutzen Sie erneut die Tastenkombination Alt+Umschalt+Num. Die Handhabung der Tastaturmaus mag anfangs schwerfallen, doch Sie kennen das alte Sprichwort: „Übung macht den Meister."

Der Mauszeiger bewegt sich sehr langsam, wenn ich die Tastaturmaus verwende – kann ich die Bewegungen beschleunigen?

Ja, der Mauszeiger bewegt sich schneller, wenn Sie gleichzeitig mit der Ziffer die [Strg]-Taste drücken. Der Mauszeiger lässt sich aber auch allgemein beschleunigen: Doppelklicken Sie im Infobereich auf das Symbol der Tastaturmaus ( bzw.), um im Fenster, das sich öffnet, die gewünschten Einstellungen vornehmen zu können.

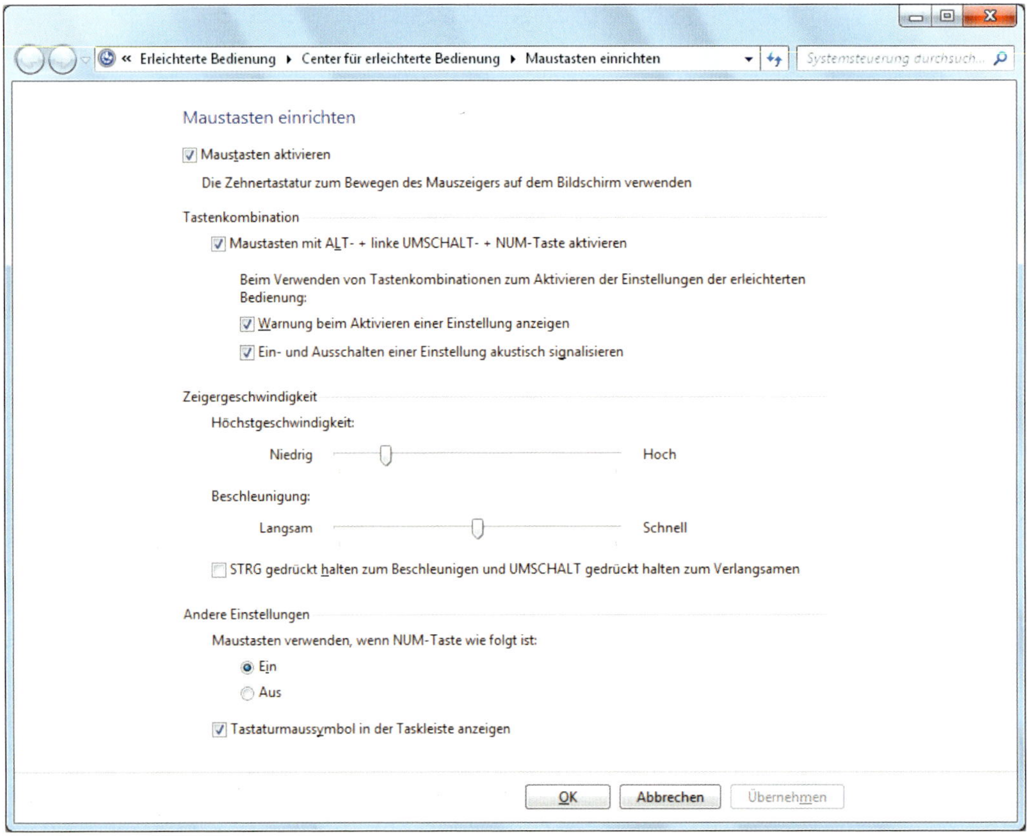

Und was, wenn weder Bildschirmtastatur noch Tastaturmaus helfen?

Es gibt für solche Fälle Spezialgeräte bis hin zu „Mundmäusen" oder Geräten, die die Bewegungen des Kopfes oder der Augen erfassen. Erkundigen Sie sich in einem Orthopädiegeschäft, welche Möglichkeiten es speziell für Sie gibt. Eine Behinderung sollte nie ein Hinderungsgrund sein, sondern Ansporn, es dennoch zu schaffen!

Mein Problem ist eher simpel: Ich bin Linkshänder und komme deshalb mit der Maus schwer zurecht

Schalten Sie doch einfach die Maustasten um! Um das zu bewerkstelligen, entscheiden Sie sich im Startmenü für *Geräte und Drucker* (vgl. **Kapitel 8**).

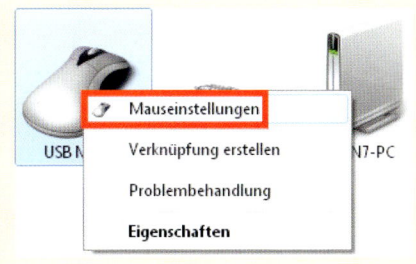

Klicken Sie mit der rechten Maustaste die abgebildete Maus an und wählen Sie im Menü, das sich öffnet, den Eintrag *Mauseinstellungen*.

Im Fenster, das sich nun öffnet, setzen Sie per Mausklick ein Häkchen bei *Primäre und sekundäre Taste umschalten* – ab sofort sind dann linke und rechte Maustaste vertauscht, d. h., um das Häkchen ggf. wieder zu entfernen, müssen Sie jetzt mit der rechten Maustaste in das Kästchen klicken.

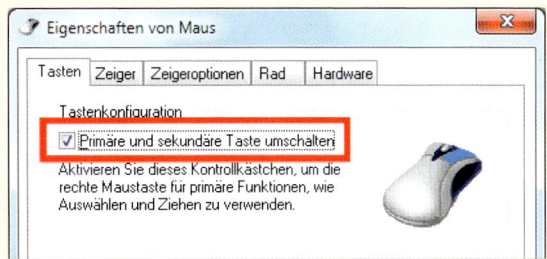

Sie können in dem Fenster übrigens noch viele weitere Mauseinstellungen vornehmen, z. B. zur Mausgeschwindigkeit oder zum Mauszeiger. Seien Sie ruhig ein wenig experimentierfreudig, denn nur so lernen Sie Ihren Computer richtig kennen!

Dem Computer durch Sprache Befehle erteilen und sogar Texte diktieren

Oder wie wäre es hiermit: Erteilen Sie Ihrem Computer Befehle oder diktieren Sie Ihre Briefe, statt diese mit der Tastatur einzugeben. Sofern ein Mikrofon angeschlossen ist, funktioniert das ganz einfach:

1

Entscheiden Sie sich im Center für erleichterte Bedienung, das Sie in diesem Kapitel bereits ausführlich kennengelernt haben, für den Eintrag *Computer ohne Maus oder Tastatur bedienen* …

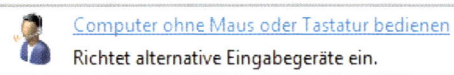

2

... und klicken Sie im folgenden Fenster auf den Eintrag *Spracherkennung verwenden*.

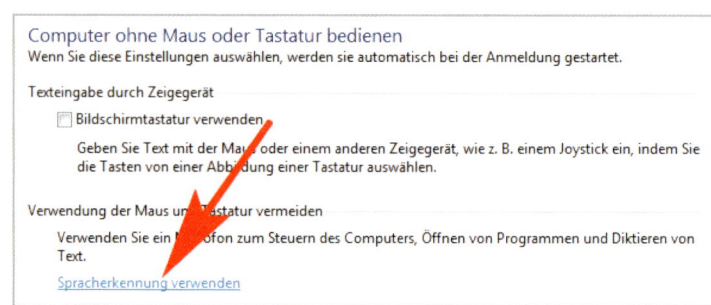

3

Nun klicken Sie auf *Spracherkennung starten*, um zunächst einen Assistenten aufzurufen, mit dessen Hilfe Sie die Spracherkennung einrichten. Unter *Sprachreferenzkarte öffnen* rufen Sie später jederzeit die für die Spracherkennung verfügbaren Befehle auf. Auch Funktionen zum Trainieren der Spracherkennung stehen in diesem Fenster zur Verfügung, doch diese Funktionen nutzen Sie erst nach dem Einrichten der Spracherkennung.

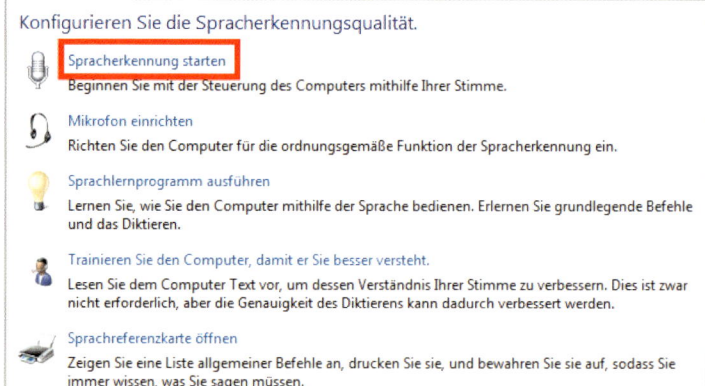

4

Der Assistent zum Einrichten der Spracherkennung ist recht umfangreich. Folgen Sie einfach den jeweils angezeigten Anweisungen, z. B. was das Einrichten des Mikrofons betrifft, und bestätigen Sie jeweils mit einem Mausklick auf *Weiter*.

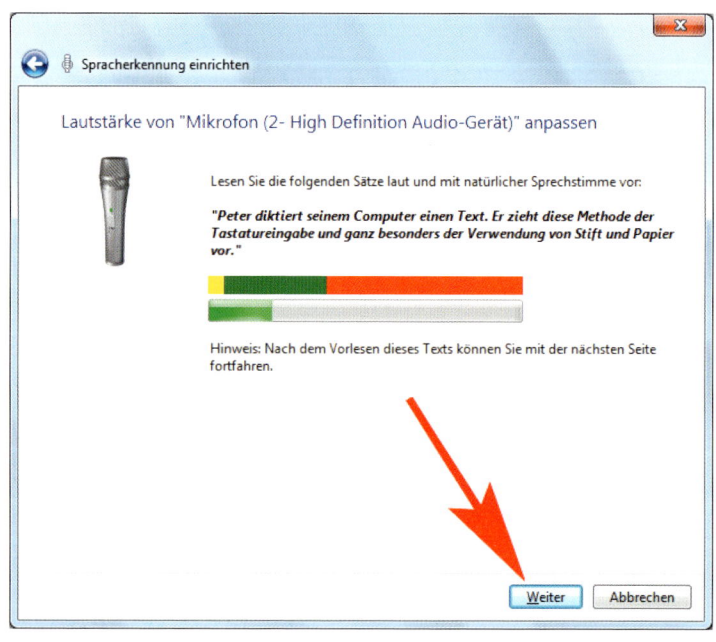

5

Meine Empfehlung: Aktivieren Sie im Assistenten die Optionen *Stimmaktivierungsmodus verwenden* sowie *Spracherkennung beim Start ausführen*. Nehmen Sie sich zum Durchgehen des Assistenten die Zeit, die Sie brauchen, und schließen Sie ihn dann ab.

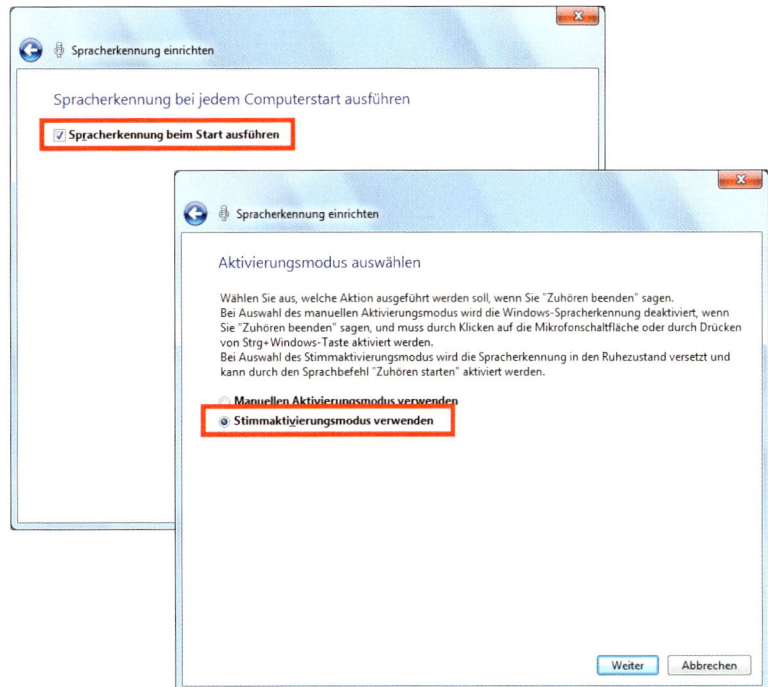

6

Sprachbefehle zu geben, ist ganz einfach: Sprechen Sie zunächst „Jetzt zuhören" ins Mikrofon, um die Spracherkennung zu aktivieren. Sprechen Sie dann Ihren Befehl ein, z. B. „Paint öffnen" –

der Computer leistet Ihren Befehlen prompt Folge. Zum Deaktivieren der Spracherkennung sagen Sie „Nicht mehr zuhören". Auch Texte lassen sich mit der Spracherkennung diktieren, wobei der Computer Sie anfangs noch häufig missversteht – doch er lernt stetig dazu!

10

Sie wollen das Internet nutzen? Richten Sie Schritt für Schritt eine Internetverbindung ein

"An jedem Punkt öffnet das Verstehen eine Welt."

(Wilhelm Dilthey)

Sie haben bereits viele Kenntnisse über den Computer erworben. Nun ist es an der Zeit, auch erste Schritte ins Internet zu wagen. Internet: Das sind Millionen von Computern, große und kleine, die durch verschiedene Datenleitungen (auch die Telefonleitung dient dem Zugang zum Internet) miteinander vernetzt sind. Diese Vernetzung ermöglicht es Ihnen beispielsweise, Webseiten aufzurufen, die auf anderen Computern gespeichert sind, oder elektronische Post zu versenden.

Lernen Sie das Internet und seine Möglichkeiten in diesem Kapitel in Kurzform kennen. Als weiterführende Lektüre empfehle ich die ebenfalls bei DATA BECKER erschienenen Bücher Computer & Internet für Senioren (ISBN 978-3-8158-2993-6) sowie Web-Ratgeber für Senioren (ISBN 978-3-8158-2987-5). Was Sie jedoch vor allem brauchen, ist die Erfahrung im Umgang mit dem Internet, die Sie nach und nach gewinnen werden.

Der erste Schritt: Sie wählen den passenden Internetanbieter aus

Das wissen Sie: Sie verfügen über einen Computer und Sie möchten das Internet nutzen. Der erste Schritt hierzu besteht in der Auswahl des passenden Internetanbieters.

Wozu benötige ich denn einen Internetanbieter?

Aufgabe des Internetanbieters ist es, Ihnen eine Internetverbindung bereitzustellen. Man spricht in diesem Zusammenhang auch vom Internetprovider (sprich: [internetprowaider], vom englischen „to provide" für „bereitstellen"). Natürlich ist das nicht kostenlos, aber heutzutage sind die Kosten für einen Internetzugang relativ moderat.

Mit welchen Kosten muss ich rechnen?

Die Kosten unterscheiden sich von Anbieter zu Anbieter. Die meisten Menschen entscheiden sich heutzutage für eine sogenannte Flatrate (sprich: [flätreeit], englisch für „Pauschale"), mit der man für einen monatlichen Pauschalbetrag nicht nur unbegrenzt ins Internet gehen, sondern auch im Festnetz telefonieren kann. Eine solche Flatrate ist z. B. der Tarif „Call & Surf Comfort" der Deutschen Telekom, der im Juni 2011 mit 34,95 Euro monatlich zu Buche schlug. Die Telekom ist zwar nicht der günstigste Anbieter, aber besonders für Einsteiger sehr empfehlenswert, da Sie auch bei Problemen nicht im Stich gelassen werden, und nicht zuletzt, da sich in jeder größeren Stadt ein Telekom-Shop finden lässt. Lassen Sie sich aber keinen Tarif mit Funktionen aufschwatzen, die Sie gar nicht benötigen! Leider wird dies nicht nur bei Billiganbietern, sondern auch beim Marktführer Telekom durchaus versucht.

Also soll ich den von der Telekom angebotenen Internetzugang wählen?

Nicht unbedingt. Wenn Sie durch die Fußgängerzone Ihrer Stadt schlendern und die Augen offen halten, stoßen Sie auf weitere Angebote. Vielleicht möchten Sie Ihren Internetzugang gar nicht per Telefonleitung. Auch der Kabelanschluss Ihres TV-Gerätes kann hierzu dienen (fragen Sie Ihren regionalen Betreiber danach), und selbst über das Handynetz (erkundigen Sie sich bei Ihrem

Handyanbieter) können Sie ins Internet gehen, was ich jedoch nur empfehlen würde, wenn Sie in einem Ballungszentrum leben – auf dem Land, wie z. B. hier bei mir zwischen Schwarzwald und Schwäbischer Alb, ist die Verbindung viel zu langsam.

Auch die regionalen Kabelbetreiber fungieren als Internetanbieter; hier z. B. ein nicht unattraktives Angebot, das ich im Juni 2011 auf der Webseite von KabelBW gefunden habe.

Worauf sollte ich beim Abschluss eines Vertrags unbedingt achten?

Ganz wichtig: Schließen Sie nicht auf die Schnelle einen Vertrag ab, nur weil Ihnen gerade ein „Super-Sonderangebot" präsentiert wird. Solche Sonderangebote gibt es laufend, und der Preis allein sollte nicht das Entscheidende sein. Stellen Sie Vergleiche an und achten Sie insbesondere auch auf Folgendes:

- Wird eine lange Vertragslaufzeit abverlangt? In den meisten Fällen ist dies leider der Fall, aber es gibt Ausnahmen!

- Ist die telefonische Beratung bei Problemen kostenlos?

- Wird das für den Internetzugang benötigte Gerät kostenlos mitgeliefert?

- Können Sie Ihre bisherige Rufnummer behalten, und ist auch dies kostenlos?

- Erhalten Sie weitere Extras, z. B. eine besonders schnelle Internetverbindung oder eine kostenlose Adresse für elektronische Post?

Mein Tipp: Berechnen Sie stets die Gesamtkosten für den Internetzugang, und das für einen Zeitraum von zwei Jahren – nur so erhalten Sie einen aussagekräftigen Kostenvergleich.

Paul Brugger rät: Wenn Sie ein möglichst geringes Risiko eingehen möchten, entscheiden Sie sich für die Telekom als Internetanbieter; wechseln können Sie am Ende der Vertragslaufzeit immer noch. Die Telekom setzt stark auf Kundenfreundlichkeit und bietet gute Qualität, ist dafür aber auch nicht gerade billig.

Sie schließen die notwendigen Geräte an und richten diese ein

Nun kommt ein neues Gerät ins Spiel: das Gerät, das es dem Computer erlaubt, auf das Internet zuzugreifen. Normalerweise erhalten Sie ein solches Gerät von Ihrem Internetanbieter, ansonsten kann es auch im Elektronik-Fachmarkt erworben werden.

Was für ein Gerät benötige ich für den Internetzugang?

Welches Gerät Sie benötigen, ist abhängig vom gewählten Internetzugang. Entscheiden Sie sich beispielsweise für einen Zugang übers Handynetz, ist lediglich ein kleiner Stick erforderlich, in den die Zugangskarte eingelegt wird.

In den meisten Fällen wird jedoch ein sogenanntes Modem verwendet, das entweder per Kabel (die erforderlichen Kabel sind dem Gerät jeweils beigelegt) oder durch eine Funkverbindung an den Computer angeschlossen wird. Die Abbildung rechts zeigt als Beispiel ein Modem des Herstellers Netgear (sprich: [netgier]).

Mein Internetanbieter stellt mir einen Router zur Verfügung – was ist der Unterschied zum Modem?

Der Router (sprich: [ruhter], englisch für „Verteiler") ist ein Gerät, das den Datenaustausch zwischen mehreren Computern ermöglicht; wenn ein Modem eingebaut ist, auch mit dem Internet. Vorteil des Routers: Die Internetverbindung kann von diesem selbstständig hergestellt und von mehreren Computern im Haus genutzt werden. Die Abbildung rechts zeigt einen DSL-Router mit Funkfunktion. (DSL ist ein Übertragungsstandard für das Internet; DSL-Router bedeutet in diesem Zusammenhang, dass ein entsprechendes Modem in den Router eingebaut ist.)

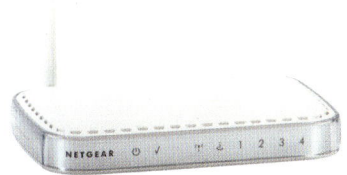

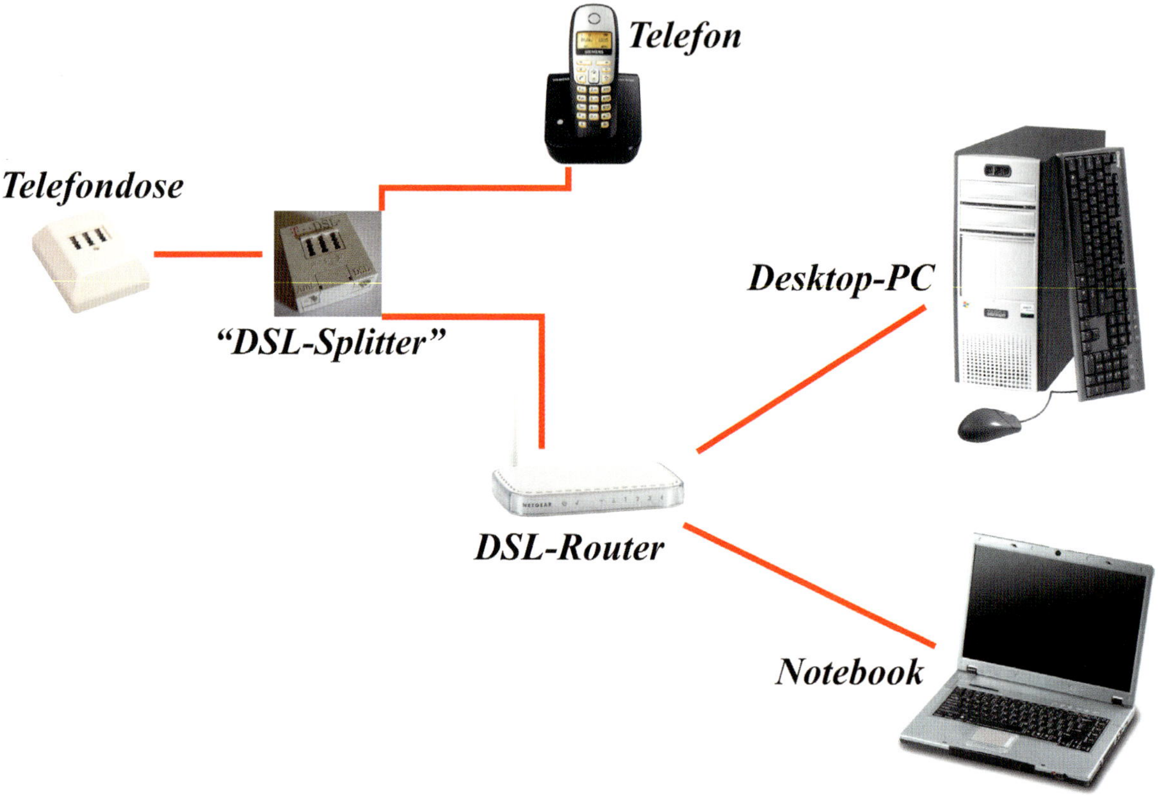

Der Router ermöglicht den Datenaustausch zwischen mehreren Geräten – übrigens nicht nur Computern, sondern z. B. auch Tablet-PCs und Smartphones (vgl. Seite 21).

Wie klappt das mit der Funkverbindung?

Wenn Sie eine Funkverbindung wünschen, um sich das Verlegen eines Kabels sparen zu können, entscheiden Sie sich für ein sogenanntes WLAN-Gerät. Voraussetzung ist aber natürlich, dass ein entsprechender Funkempfänger auch für den Computer zur Verfügung steht – bei den meisten Notebooks ist dies bereits gegeben, Desktop-PCs können auf einfache Weise mit einem WLAN-Stick nachgerüstet werden.

Sofern ein entsprechendes Gerät angeschlossen ist, erkennt der Computer WLAN-Geräte in der Umgebung automatisch, und es kann eine Verbindung hergestellt werden.

Muss ich im Zusammenhang mit dem WLAN etwas beachten?

Ja, ganz wichtig: Ein WLAN muss durch ein Passwort abgesichert werden, ansonsten könnte jeder darauf zugreifen. Dem Einsteiger erscheint dieser Vorgang oft kompliziert, obwohl er in der Sache einfach ist – man hat häufig Angst, etwas verkehrt zu machen, die muss man aber nicht haben! Zum Einrichten des WLAN-Gerätes steht ein Konfigurationsprogramm zur Verfügung, das Sie wie in der jeweiligen Bedienungsanleitung beschrieben aufrufen.

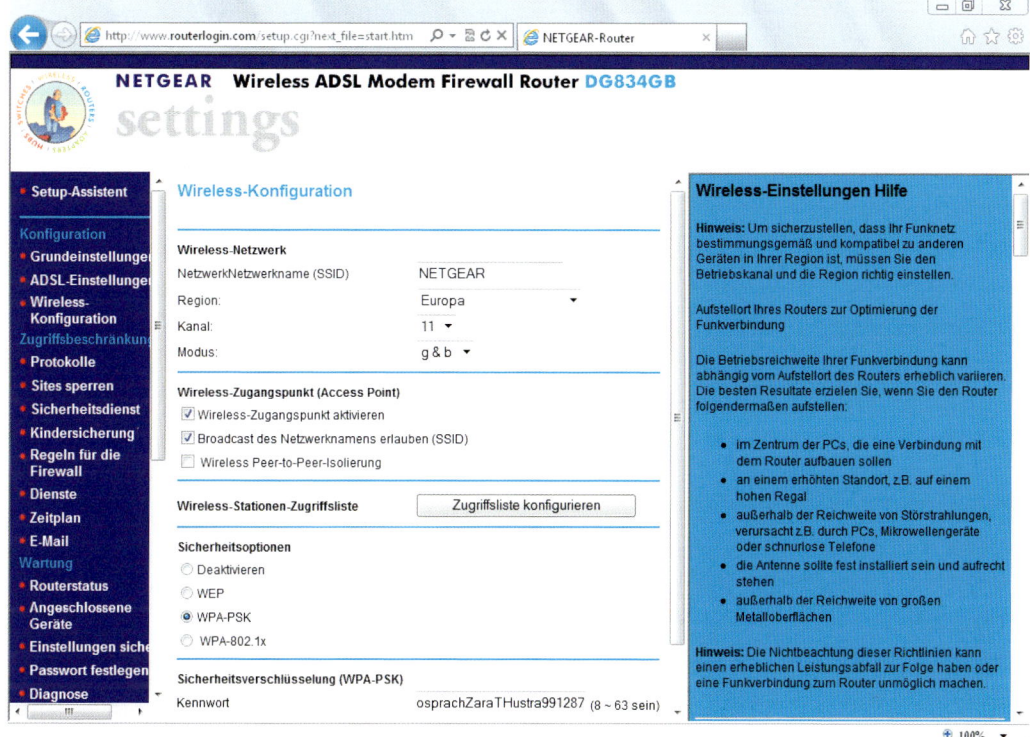

Die Abbildung zeigt das Konfigurationsprogramm meines eigenen WLAN-DSL-Routers – es wird im Internet Explorer aufgerufen, dem Programm, mit dem Sie auch Webseiten betrachten.

Paul Brugger rät: *Keine Bange! Die meisten Angaben im Konfigurationsprogramm können Sie übernehmen. Machen Sie sich also erst mal keine Gedanken über „Kanäle" oder „SSID". Wenn Sie größere Zweifel haben, bitten Sie Ihren Sohn oder Enkel um Unterstützung. Lassen Sie sich jedoch bitte nicht entmutigen, denn das Internet ist nur noch wenige Schritte entfernt!*

Nun ist es so weit: Sie stellen eine Internetverbindung her

Das Gerät ist angeschlossen. Und jetzt? Wie stelle ich eine Internetverbindung her? Oder ist die Internetverbindung etwa automatisch vorhanden? Meine Antwort: Es kommt darauf an – nämlich darauf, welches Gerät Sie verwenden.

Wie wird die Internetverbindung mit einem DSL-Router hergestellt?

Beim DSL-Router ist es so, dass dieser die Internetverbindung selbstständig herstellt. Voraussetzung ist lediglich, dass Sie die Zu-

gangsdaten, die Sie von Ihrem Internetanbieter erhalten, im Konfigurationsprogramm des Gerätes eingeben. Haben Sie DSL-Router und Computer verbunden, steht die Internetverbindung ohne weiteres Zutun zur Verfügung. Sie sind im Internet!

Aber wenn ich eine Funkverbindung benötige: Wie stelle ich diese her?

Wie bereits erwähnt, muss der Computer hierzu über ein entsprechendes Gerät verfügen, z. B. einen WLAN-Stick, der in einen USB-Anschluss gestöpselt wird. Im Infobereich zeigt dann das Symbol an, dass sich WLAN-Geräte in Reichweite befinden. Klicken Sie auf dieses Symbol, um sich die verfügbaren Geräte auflisten zu lassen. Wählen Sie Ihr eigenes Gerät aus und klicken Sie auf *Verbinden*.

Zum Schluss müssen Sie nur noch das zuvor vergebene Passwort eingeben, um die Verbindung herzustellen – nachdem diese einmal hergestellt wurde, erfolgt das Herstellen der Verbindung zukünftig automatisch.

Das mit dem DSL-Router klingt ja wirklich einfach – funktioniert das mit einem Modem genauso leicht?

Im Prinzip ja, wobei der Unterschied darin liegt, dass die Internetverbindung vom Computer aus hergestellt wird. Ich zeige Ihnen in einer kleinen Schrittanleitung, wie Sie beim Einrichten vorgehen – Sie machen dabei auch gleich Bekanntschaft mit dem „Netzwerk- und Freigabecenter", das zum Verwalten von Internetverbindungen sowie von Verbindungen zwischen mehreren Computern („Netzwerken") dient:

1

Das Modem ist in den Computer eingebaut oder mit dem Computer verbunden. Klicken Sie im Infobereich auf das Symbol 🖳 bzw. 📶 und wählen Sie *Netzwerk- und Freigabecenter*. (Das Netzwerk- und Freigabecenter lässt sich, unter anderem, auch öffnen, indem Sie im Windows-Explorer, den Sie in **Kapitel 7** kennengelernt

haben, auf *Netzwerk* klicken und dann oben im Fenster *Netzwerk- und Freigabecenter* wählen.)

2

Sie sehen nun das Netzwerk- und Freigabecenter mit seinen mannigfachen Funktionen vor sich (die Sie aber zu Anfang nicht alle kennen müssen!). Klicken Sie hier auf *Neue Verbindung oder neues Netzwerk einrichten*.

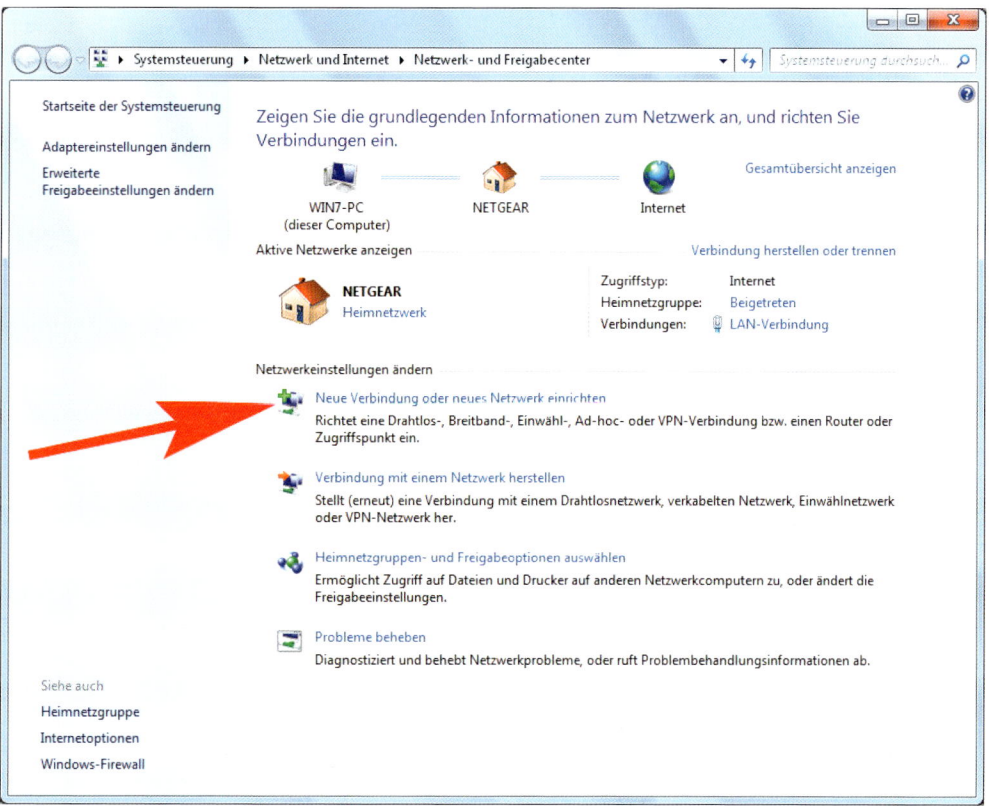

3

Es öffnet sich ein Assistent, der Ihnen beim Herstellen der Internetverbindung behilflich ist: Wählen Sie zunächst *Verbindung mit dem Internet herstellen* ❶ und klicken Sie auf *Weiter*. Anschließend wählen Sie die Methode *Breitband* ❷ (dieses Wort steht für schnelle Internetverbindungen) und geben die Zugangsdaten ein, die Sie von Ihrem Internetanbieter erhalten haben ❸. Bestätigen Sie mit *Verbinden* ❹, um die Internetverbindung einzurichten und eine erste Verbindung herzustellen. Herzlichen Glückwunsch, Sie sind im Internet!

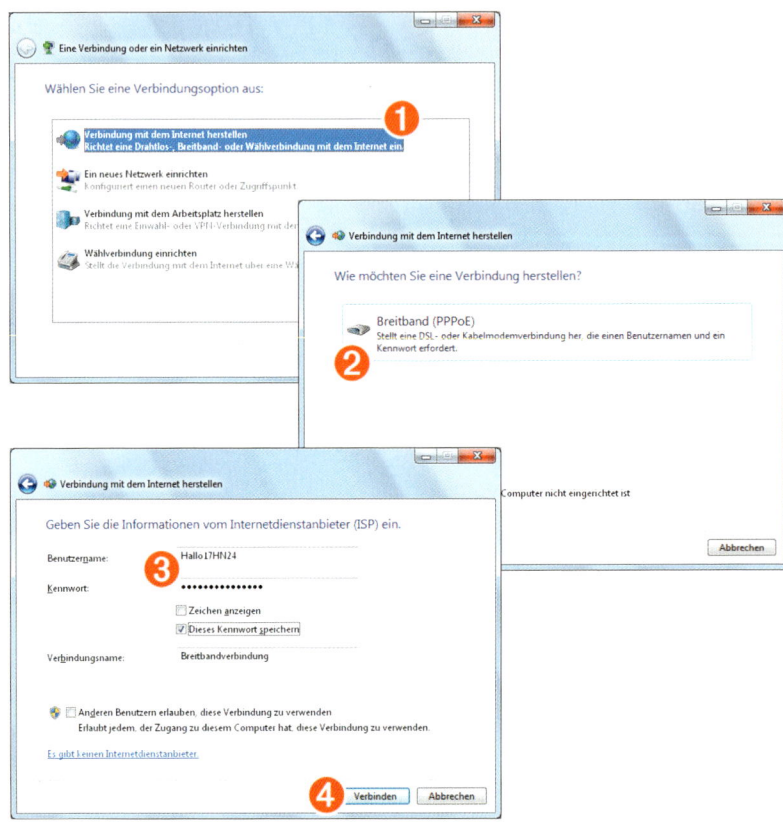

Paul Brugger rät: So weit, so gut. Ich will Ihnen an dieser Stelle jedoch nicht verschweigen, dass bei fortgeschrittenen Einstellungen nicht alles auf Anhieb funktionieren muss. Was bin ich da in der Vergangenheit ins Schwitzen geraten, aber ich habe immer daraus gelernt! Lassen auch Sie sich bei Schwierigkeiten nicht entmutigen, sondern bleiben Sie auch bei Problemen hartnäckig, und freuen Sie sich darüber, dass die Lösung meist mit großem Kenntnisgewinn verbunden ist!

Ihr Einstieg ins Internet: So betrachten Sie Webseiten zu allen denkbaren Themen

Die wohl bekannteste Funktion des Internets ist das World Wide Web (sprich: [wörld waid web], englisch für „weltweites Netz"), das das Aufrufen von Webseiten ermöglicht. Wie das geht? Ganz einfach!

Welches Programm benötige ich, um Webseiten aufzurufen?

Zum Aufrufen von Webseiten dient der sogenannte Browser (sprich: [braoser], vom englischen „to browse" für „durchblättern"). Ein bekannter Browser ist der Internet Explorer, dessen Nutzung ich Ihnen als Einsteiger empfehle. Weitere bekannte Browser sind die Programme Firefox (sprich: [faierfox], englisch für „Feuerfuchs"), Google Chrome (sprich: [guhgel kroum], „Chrome" ist das englische Wort für „Chrom"), Safari oder Opera.

Gut, und wie rufe ich nun eine Webseite auf?

Die Internetverbindung steht? Dann starten Sie das Programm Internet Explorer (per Mausklick auf das Symbol in der Taskleiste bzw. im Startmenü unter *Alle Programme*). Sie werden beim ersten Start des Programms zu einigen Einstellungen aufgefordert – übernehmen Sie hier einfach die Einstellungen des Programms.

Und so funktioniert das Aufrufen von Webseiten: Klicken Sie mit der Maus in das „Adressfeld" ❶ und tippen Sie dort die gewünschte Webadresse ein, etwa eine Adresse, die Sie in einer Zeitschrift gelesen haben oder die im Radio genannt wurde; die Webadresse von DATA BECKER beispielsweise heißt *http://www.databecker.de*, wobei aber die Eingabe von *www.databecker.de* ausreicht. Drücken Sie nach dem Eingeben der Webadresse die ⌜Enter⌟-Taste, schon wird die Webseite geladen.

Sie möchten auch den unteren Teil der Webseite lesen? Ziehen Sie die Bildlaufleiste ❷ bei gedrückter Maustaste nach unten oder verwenden Sie das Scrollrad der Maus (vgl. Seite 35). Und falls Ihnen die Inhalte zu klein erscheinen: Unten rechts im Programm finden Sie eine Zoomfunktion ❸ – wählen Sie dort per Mausklick eine höhere Zoomstufe aus.

Weitere Funktionen des Internet Explorer rufen Sie mithilfe der Symbole rechts oben auf ❹: Ein Klick auf das Symbol ⌂ öffnet die Startseite (also diejenige Webseite, die beim Start des Programms geladen wird); unter dem Symbol ☆ lassen sich häufig genutzte Webadressen (Ihre „Favoriten") speichern und verwalten; und ein Klick auf das Symbol ⚙ schließlich eröffnet die verschiedensten Einstellungsmöglichkeiten, etwa das Einrichten einer anderen Startseite. Meine Empfehlung: Kümmern Sie sich um diese Symbole erst dann, wenn Sie bereits einige Webseiten aufgerufen haben und sich im Umgang mit dem Browser sicher fühlen.

Auf einer Webseite finden sich meist sogenannte Links, die sich unter (häufig unterstrichen dargestellten) Texten, Bildern und anderen Elementen auf der Webseite verbergen können. Bei diesen Links handelt es sich um Verknüpfungen, entweder zu anderen Webseiten oder zu sonstigen Dateien (um diese auf den Computer herunterzuladen).

Klicken Sie einen Link an ❺, um sich im World Wide Web fortzubewegen; mithilfe der Pfeilsymbole links oben im Internet Explorer (← bzw. →) ❻ können Sie wieder zurück- oder vorblättern. Wenn Sie den Mauszeiger auf einen Link bewegen, verwandelt sich der Zeiger in ein 🖑-Symbol. Klicken Sie einen Link mit der rechten Maustaste an, um weitere Funktionen aufzurufen.

Paul Brugger rät: Sie stellen fest, dass das Aufrufen von Webseiten kein Hexenwerk ist. Natürlich bedarf es einiger Übung, um sich mit den verschiedenen Funktionen zurechtzufinden, aber das haben Sie schnell heraus, wenn Sie interessante Webseiten ausfindig machen und diese betrachten. Welche Webseiten für Senioren besonders geeignet sind, entnehmen Sie dem bereits erwähnten Web-Ratgeber für Senioren oder Sie „googeln" einfach nach Themen, die Sie interessieren.

Googeln – dieses Wort habe ich bereits gehört, aber was bedeutet es eigentlich?

Google (sprich: [guhgel]) ist eine sogenannte Suchmaschine, die einen riesengroßen Index erstellt hat, um Ihnen eine bequeme Suche nach Webseiten zu ermöglichen. Unter der Webadresse *http://www.google.de*

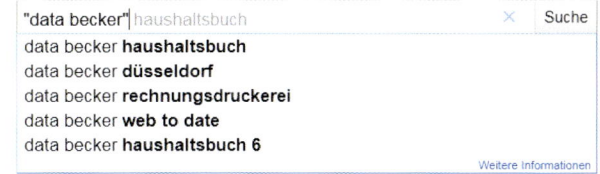

finden Sie ein Eingabefeld: Geben Sie dort einen oder mehrere Begriffe ein und starten Sie per Enter-Taste Ihre Suche. Die Suchergebnisse werden als Links angezeigt – klicken Sie einen Link an, um die Webseite zu öffnen. So einfach funktioniert das World Wide Web!

Und so versenden Sie elektronische Briefe an Ihren Enkel, der gerade in den USA studiert

Eine weitere wichtige Funktion des Internets ist das Versenden elektronischer Post: die E-Mail (sprich: [ihmeeil]); englisch für E-Post). Lassen Sie mich Ihnen auch diese Funktion vorstellen, damit auch Sie in Sekundenschnelle Briefe sogar ans andere Ende der Welt versenden können.

Was benötige ich, um E-Mails schreiben zu können?

Zuallererst benötigen Sie eine E-Mail-Adresse. Genauso wie jemand, der Ihnen ein Paket senden möchte, die Adresse Ihrer Wohnung kennen muss, benötigt der Absender einer E-Mail die Adresse des Empfängers. Eine kostenlose E-Mail-Adresse stellt häufig Ihr Internetanbieter zur Verfügung, ansonsten lässt sich problemlos auch im World Wide Web eine E-Mail-Adresse anlegen, z. B. unter *http://mail.google.com* (Google Mail).

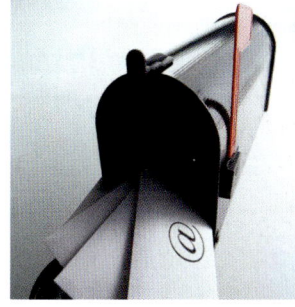

Beinhaltet die E-Mail-Adresse die Adresse meiner Wohnung?

Nein, die E-Mail kann Ihren Namen beinhalten, aber auch einen Fantasienamen; die Adresse Ihrer Wohnung gehört ganz sicher nicht hinein. Für E-Mail-Adressen üblich ist folgende Form: *vorname.zuname@e-mail-anbieter.de*, also z. B. *paul.brugger@example.com*: Der Teil vor dem @-Zeichen enthält den von Ihnen gewählten Namen, der Teil nach dem @-Zeichen die Angaben des E-Mail-Anbieters (Sie erinnern sich: Das @-Zeichen wird gebildet durch die Tastenkombination [AltGr]+[Q]).

Welches Programm verwende ich zum Senden und Empfangen von E-Mails?

Für diesen Zweck sehr empfehlenswert ist das Programm Windows Live Mail (zur Installation siehe Seite 65). Wenn Sie sich für einen Webanbieter wie Google Mail (siehe oben) entscheiden, können Sie das Senden und Empfangen von E-Mails auch auf einer Webseite im Browser vornehmen.

Wenn ich Windows Live Mail öffne, werde ich zum Anlegen eines E-Mail-Kontos aufgefordert: Was muss ich da angeben?

Das Programm muss zunächst wissen, welche E-Mails es verwalten soll. Geben Sie also Ihre E-Mail-Adresse und das zugehörige Kennwort ein, außerdem Ihren Namen, der dann beim E-Mail-Empfänger angezeigt wird. Was manchmal ebenfalls eingegeben werden muss: die Adressen der Computer, die für das Senden und Empfangen der E-Mails zuständig sind – diese Adresse bringen Sie im Bedarfsfall beim jeweiligen E-Mail-Anbieter in Erfahrung. Lassen Sie sich beim Einrichten Ihres E-Mail-Kontos am besten von Sohn oder Enkel helfen. Ihr Passwort bleibt aber geheim – Briefgeheimnis!

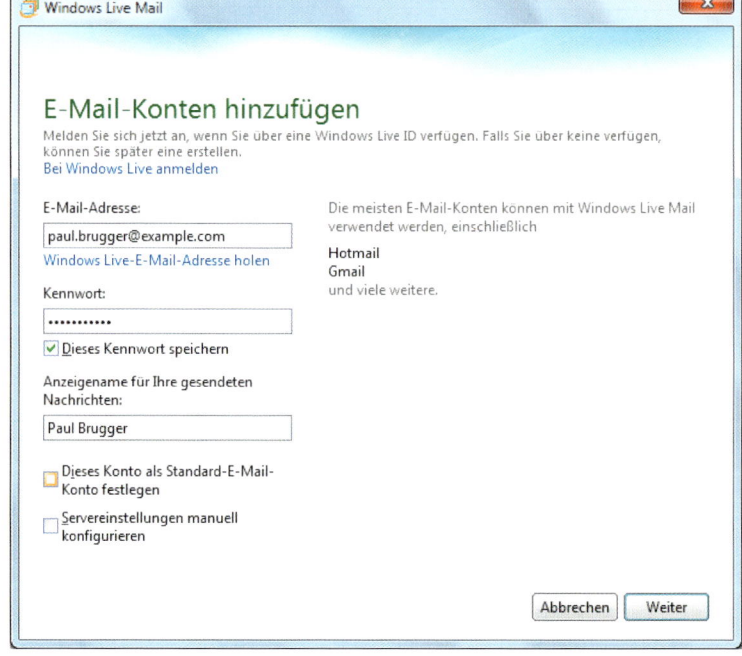

Das E-Mail-Konto habe ich eingerichtet – wie kann ich nun eine E-Mail an meinen Enkel versenden, der gerade in den USA studiert?

Zunächst mal benötigen Sie die E-Mail-Adresse des Empfängers. Notieren Sie zukünftig am besten unter den Telefonnummern auch die E-Mail-Adressen Ihrer Kontakte. Um in Windows Live Mail eine neue E-Mail zu verfassen, klicken Sie unter *Privat* ❶ auf *E-Mail* ❷.

Klicken Sie in das Feld *An* und geben Sie dort die E-Mail-Adresse des Empfängers ein ❸. Klicken Sie dann in das Feld *Betreff* und geben Sie einen kurzen Hinweis auf den Inhalt der E-Mail ❹. Tippen Sie schließlich den Text der E-Mail ein ❺ und bringen Sie diese mit einem Mausklick auf *Senden* ❻ auf den Weg. (Sie finden im Menüband weitere Funktionen, etwa zum Bearbeiten der Texte oder zum Einfügen von Bildern – lernen Sie diese Funktionen nach und nach selbst kennen.)

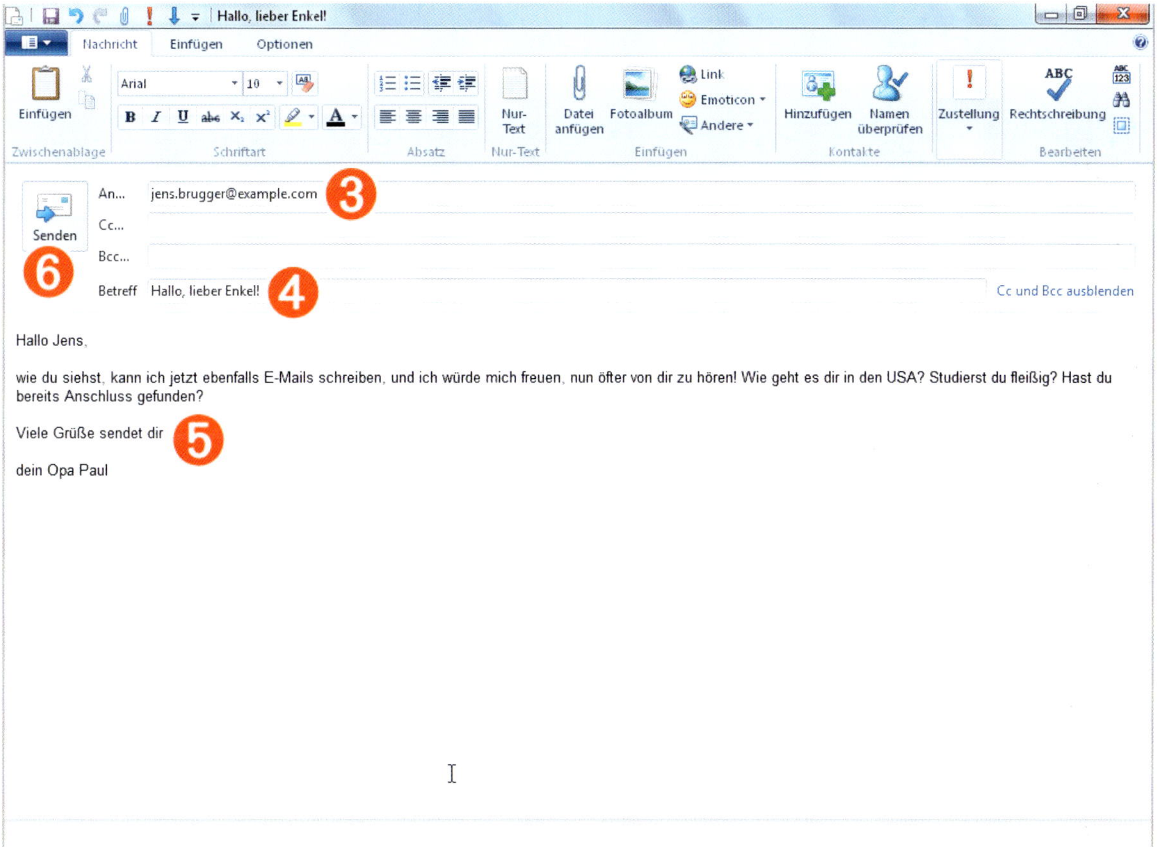

Einfach genial! Und die elektronische Post kostet nicht mal Porto! Jetzt aber die Frage: Wie kann ich E-Mails empfangen?

Wenn Sie das Programm Windows Live Mail geöffnet haben, sucht es in regelmäßigen Abständen nach neuen E-Mails und zeigt diese dann im *Posteingang* an. Sie können die Suche nach neuen E-Mails auch manuell durchführen, indem Sie, bei geöffnetem Windows Live Mail, die Taste F5 drücken.

Bei den E-Mails im Posteingang werden Ihnen der Name des Absenders, der vom Absender angegebene Betreff sowie das Versanddatum angezeigt. Klicken Sie den Eintrag an, um sich unten im Programm eine Vorschau der E-Mail anzeigen zu lassen; per Doppelklick auf die E-Mail öffnen Sie diese.

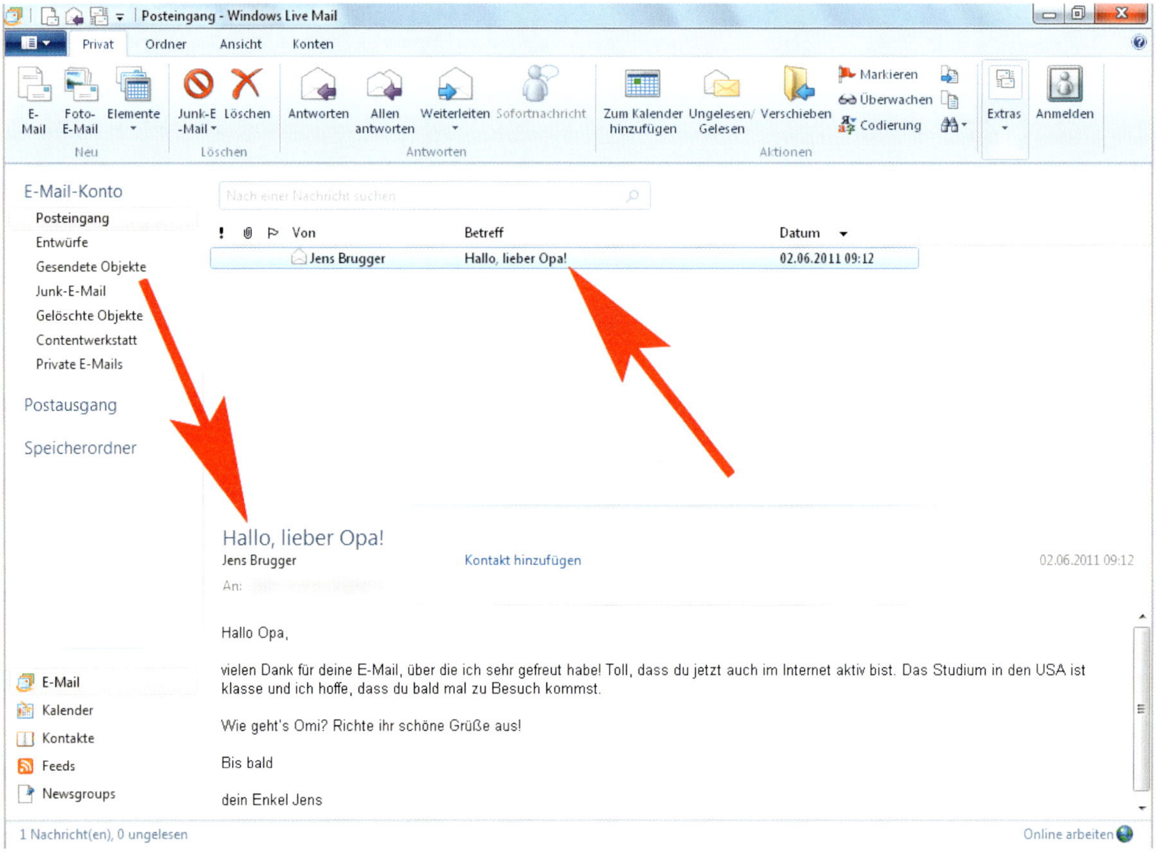

Außer dem Posteingang stehen weitere Ordner zur Verfügung – wozu dienen diese?

Unter *Entwürfe* finden Sie E-Mails, die Sie gespeichert und noch nicht versendet haben; unter *Postausgang* finden Sie E-Mails, die im Versand begriffen sind; unter *Gesendete Objekte* finden Sie E-Mails, die Sie bereits versendet haben; unter *Gelöschte Objekte* finden Sie E-Mails, die Sie – per Entf-Taste – gelöscht haben; in den Ordner *Junk-E-Mail* (sprich: [tschank ihmeeil], „Junk" ist das englische Wort für „Abfall") schließlich werden ungewünschte Werbe-E-Mails verschoben, die weltweit leider sehr häufig sind. Wichtig: Öffnen Sie stets nur E-Mails, deren Empfänger Sie kennen!

Ebenfalls möglich: Termine und Adressen in Windows Live Mail verwalten

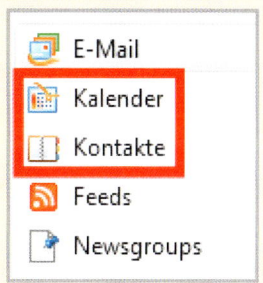

Vielleicht möchten Sie auf Ihrem Computer einen elektronischen Kalender verwenden, der Sie an ausstehende Termine und Geburtstage erinnert? Oder ein elektronisches Adressbuch zum Verwalten Ihrer Kontakte? In Windows Live Mail sind entsprechende Funktionen enthalten; klicken Sie links unten im Programm auf *Kalender* bzw. *Kontakte*, um diese Funktionen aufzurufen. Das Programm bietet Ihnen noch viele weitere Funktionen, und das Kennenlernen lohnt sich – nehmen Sie sich ein wenig Zeit dafür!

Ist das auch sicher? Mit diesen Programmen, Einstellungen und Verhaltensregeln in jedem Fall!

„Ohne Sicherheit ist keine Freiheit."

(Wilhelm von Humboldt)

Die Medien sind voll von Berichten über die Gefahren von Computer und Internet, und das nicht ganz zu Unrecht: Gerade im Internet sind viele Betrüger unterwegs, die an Ihre Daten oder an Ihr Geld wollen. Lassen Sie sich von den in den Medien geschilderten Horrorszenarien bitte nicht abschrecken – sie dienen in erster Linie der Auflage bzw. den Einschaltquoten.

Wenn Sie Ihren Computer mit den richtigen Programmen absichern, bestimmte Verhaltensregeln beherzigen und bei der Nutzung von Computer und Internet stets den Kopf eingeschaltet lassen, wird nichts passieren. Alles wirklich Notwendige lesen Sie in diesem Kapitel.

Mit diesen Programmen ist Ihr Computer rundum geschützt

Stellen Sie sich Ihren Computer wie eine Stadt vor, die von Feinden belagert wird. Diese versuchen, mit schändlichen Absichten, in die Stadt einzudringen. Setzen Sie sich zur Wehr!

Kann ich mit meinem Computer, so wie er ist, das Internet nutzen, oder ist das zu gefährlich?

Wichtige Sicherheitsprogramme sind auf dem Computer bereits vorhanden, sodass Sie das Internet prinzipiell nutzen können. Achten Sie aber in jedem Fall darauf, dass diese Programme auch aktiviert sind – sollte dies nicht der Fall sein, meldet sich der Computer mit einem Hinweis im Infobereich. Klicken Sie dann auf das Symbol , um das Problem zu beheben. Für die Meldungen ist das „Wartungscenter" in Windows 7 zuständig – beachten Sie zumindest die als „wichtig" gekennzeichneten Meldungen des Wartungscenters in jedem Fall!

Welches Programm ist für die Sicherheit auf dem Computer am wichtigsten?

Besonders dann, wenn Sie das Internet nutzen, sollte Ihr Computer über eine Firewall (sprich: [faierwoll], englisch für „Feuermauer") verfügen. Sie stellt gewissermaßen eine Mauer zwischen Ihrem Computer und anderen Geräten dar, und sie überwacht die eingehenden und ausgehenden Datenströme, sodass sich niemand heimlich einschleichen kann. Die Abbildung veranschaulicht das einfache Prinzip der Firewall.

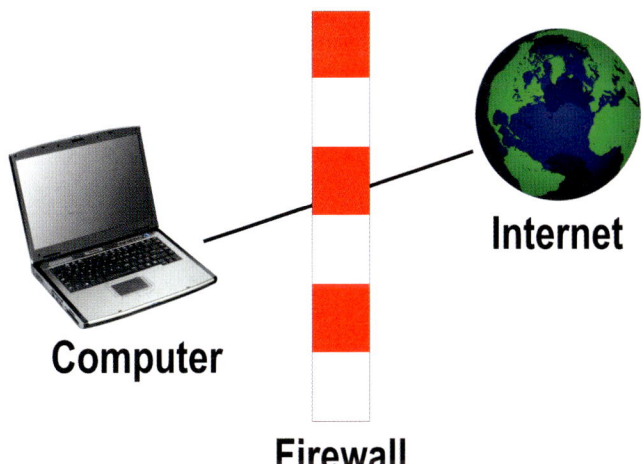

Und eine Firewall ist auf meinem Windows-7-Computer bereits vorhanden?

Jawohl, und das Wartungscenter meldet sofort, wenn diese deaktiviert wird und kein alternatives Programm zur Verfügung steht. In diesem Zusammenhang sind Sie also schon mal abgesichert. Für die Firewall lässt sich noch eine Reihe von Einstellungen vornehmen, z. B. könnten Sie einzelnen Programmen die Kommunikation mit dem Internet ganz untersagen. Wenn Sie einmal einen Blick auf die Seite der Firewall werfen möchten: Klicken Sie im Startmenü auf *Systemsteuerung* und wählen Sie *System und Sicherheit/Windows-Firewall*.

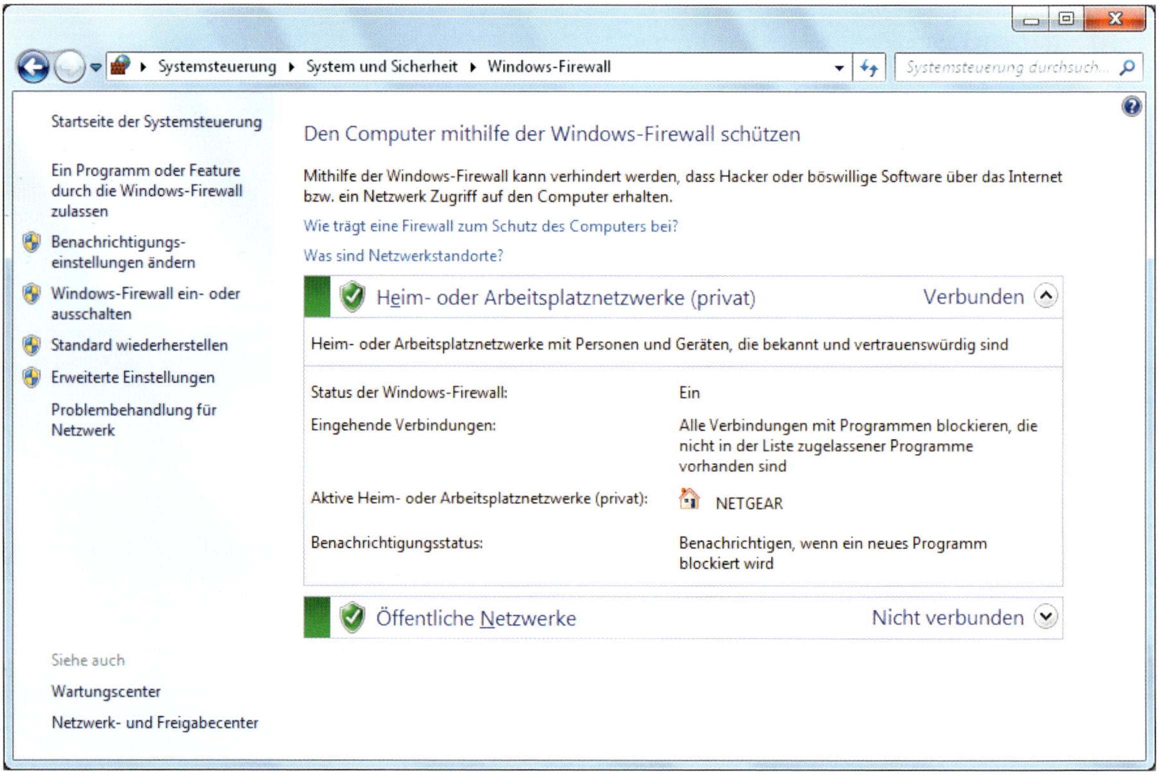

Alles im grünen Bereich: Die Windows-Firewall ist aktiviert und überwacht die Ein- und Ausgänge Ihres Computers.

Welches Programm brauche ich neben der Firewall?

Was Sie ebenfalls dringend benötigen, ist ein Programm, das Ihren Computer auf Schadprogramme hin überprüft, also auf sogenannte Computerviren, die Schaden auf Ihrem Computer anrichten, oder auf Spionageprogramme, die Daten auf Ihrem Computer auslesen und ins Internet versenden könnten. Ein Programm zur Bekämpfung von Spionageprogrammen, der Windows Defender, ist bereits vorhanden, aber dieses Programm reicht nicht aus. Ich empfehle die Installation der Microsoft Security Essentials, die ich Ihnen auf Seite 74 bereits kurz vorgestellt habe. Mit diesem Programm bekämpfen Sie alle Arten von Schadprogrammen.

Laden Sie die Microsoft Security Essentials unter der folgenden Webadresse auf Ihren Computer herunter, indem Sie auf der Webseite *Herunterladen* wählen: *http://www.microsoft.com/ security_essentials*. Nach der Installation wird Ihr Computer laufend überwacht, Sie sollten aber dennoch in regelmäßigen Abständen, z. B. täglich oder zumindest einmal pro Woche, eine Sicherheitsprüfung vornehmen.

Eine Sicherheitsprüfung vornehmen – wie gehe ich dazu vor?

Doppelklicken Sie im Infobereich auf das zugehörige Programmsymbol (), um die Bedienoberfläche der Microsoft Security Essentials aufzurufen. Wählen Sie den Umfang der Sicherheitsprüfung aus (in diesem Fall *Vollständig*) ❶ und klicken Sie auf *Jetzt scannen* ❷, um die Sicherheitsprüfung durchzuführen. Unter *Einstellungen* ❸ können Sie übrigens auch ein bestimmtes Intervall für automatische Sicherheitsprüfungen festlegen. Sollten Schadprogramme erkannt werden, erhalten Sie entsprechende Hinweise.

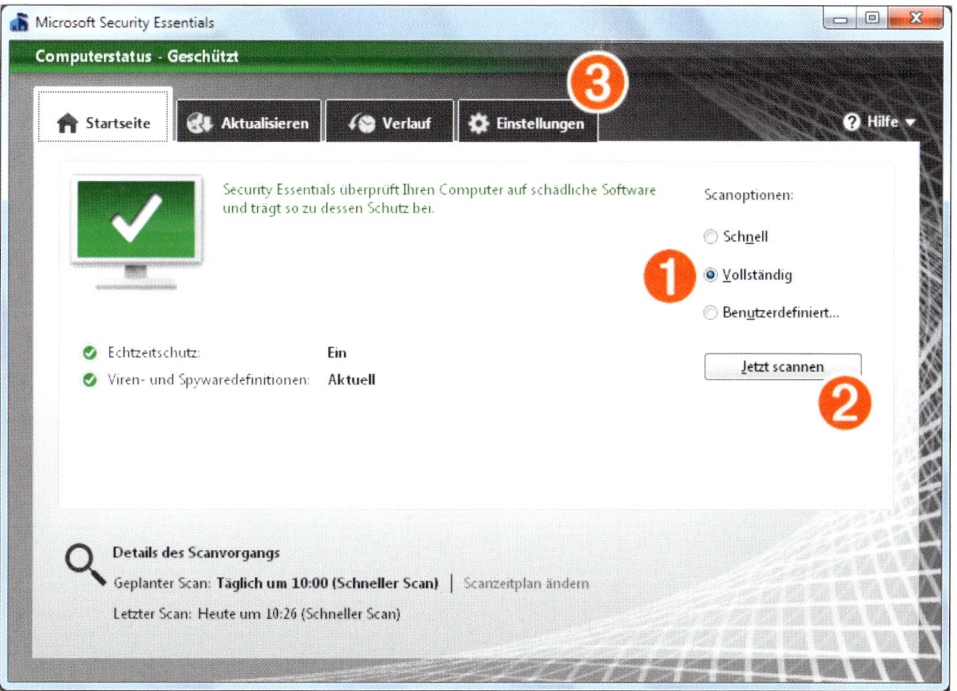

Wichtige Verhaltensregeln für die Internetnutzung

Machen Sie sich klar: Es kommt nicht nur auf die Sicherheitsprogramme an, sondern auch auf Sie! Seien Sie bei der Internetnutzung niemals leichtgläubig, sondern beherzigen Sie die folgenden Verhaltensratschläge:

- Besuchen Sie anfangs nur Webseiten bekannter Anbieter oder solcher Anbieter, die Ihnen empfohlen wurden. Sollten sich auf einer Webseite seltsame Inhalte finden, öffnen Sie einfach eine andere!

- Sie möchten im Internet einkaufen? Auch das ist möglich! Aber achten Sie auch hier zumindest anfangs darauf, dass es sich um bekannte Anbieter handelt, etwa *http://www.otto.de* oder *http://www.buch.de*.

- Manchmal müssen Sie bei einer Anmeldung persönliche Angaben wie Namen und Adresse angeben. Auch das bitte nur bei vertrauenswürdigen Anbietern; machen Sie außerdem stets nur Angaben, die tatsächlich benötigt werden.

- Falls Sie Dateien aus dem Internet herunterladen: Da diese Schadprogramme beinhalten können, ist hier ganz besonders auf die Seriosität der Anbieter zu achten! Dateien können auch an E-Mails angehängt werden – öffnen Sie diese nur, wenn Sie ganz genau wissen, worum es sich da handelt!

- Was Sie ebenfalls wissen müssen: Im Internet verkehren zahlreiche Betrüger, die gefälschte Webseiten veröffentlichen – arglose Nutzer sollen dort ihre Zugangsdaten eingeben, und viele Personen sind tatsächlich bereits auf solche Phishingfallen hereingefallen (sprich: [fisching], es handelt sich um ein Kunstwort). Bevor Sie auf einer Webseite Daten eingeben, prüfen Sie zunächst, etwa anhand der Webadresse, ob es sich auch tatsächlich um die gewünschte Webseite handelt!

- Bei der Anmeldung für verschiedene Dienste im Internet (E-Mail-Dienst, Internetgeschäft usw.) müssen Sie in der Regel ein Passwort vergeben. Dieses Passwort soll sicher sein und möglichst aus Ziffern, Buchstaben sowie ggf. Sonderzeichen bestehen. Wählen Sie keine Passwörter wie „hallo" oder „123456", nur weil Sie sich diese gut merken können – diese „Passwörter" werden sehr häufig verwendet und genauso häufig geknackt. Lassen Sie Ihre Passwörter niemals öffentlich herumliegen, am besten notieren Sie diese ausschließlich in Ihrem Kopf!

Paul Brugger rät: *Diese Verhaltensratschläge sollen Sie nicht in Unruhe versetzen. Vergleichen Sie es mit einem Arztbesuch, bei dem der Arzt Ihnen sagt, was alles sein könnte, wenn … Der Ernstfall wird nur selten eintreten!*

Wenn mehrere Personen den Computer verwenden, sichern Sie ihn mit Benutzerkonten ab

Mehrere Personen haben Zugang zu Ihrem Computer, und jeder soll seine eigenen Dateien und Einstellungen speichern können, ohne dass andere Zugriff darauf haben. Erstellen Sie hierzu durch ein Passwort abgesicherte „Benutzerkonten":

Ich wurde bereits nach dem ersten Start des Computers zum Einrichten eines Benutzerkontos aufgefordert – benötige ich ein weiteres?

Nein, ein Benutzerkonto pro Person genügt. Aber schützen Sie Ihr Benutzerkonto bereits mit einem Passwort? Falls nicht, richten Sie ein solches ein: Entscheiden Sie sich dazu im Startmenü für den Eintrag *Systemsteuerung* und wählen Sie *Benutzerkonten hinzufügen/entfernen*. Klicken Sie nun Ihr Benutzerkonto an ❶ und wählen Sie *Kennwort erstellen* ❷; folgen Sie im anschließenden Fenster den Anweisungen. Wenn Sie wollen, können Sie auch das Bild für Ihr Benutzerkonto ändern, das sowohl auf der „Anmeldeseite" nach dem Computerstart als auch im Startmenü angezeigt wird.

Wie ich das eigene Benutzerkonto verwalte, weiß ich nun – aber wie erstelle ich neue Benutzerkonten?

Wenn Sie in der *Systemsteuerung* auf *Benutzerkonten hinzufügen/entfernen* klicken, finden Sie unterhalb der Benutzerkonten den Eintrag *Neues Konto erstellen* ❶, den Sie anklicken, um die entsprechende Funktion zu erhalten. Vielleicht handelt es sich beim neuen Benutzer um einen *Gast* – das bereits vorhandene gleichnamige Benutzerkonto lässt sich unkompliziert mit zwei Mausklicks aktivieren ❷.

KAPITEL 11   Ist das auch sicher? Mit diesen Programmen, Einstellungen und Verhaltensregeln in jedem Fall!

Beim Erstellen des Benutzerkontos werde ich gefragt, ob es sich um einen Standardbenutzer oder einen Administrator handelt. Was hat das nun wieder zu bedeuten?

Der Standardbenutzer hat im Gegensatz zum Administrator nur eingeschränkte Rechte, kann also keine tief greifenden Änderungen im System vornehmen und nicht die Dateien anderer Benutzer einsehen – der Administrator hingegen hat vollen Zugriff. Im Normalfall wählen Sie also den Kontotyp *Standardbenutzer* aus.

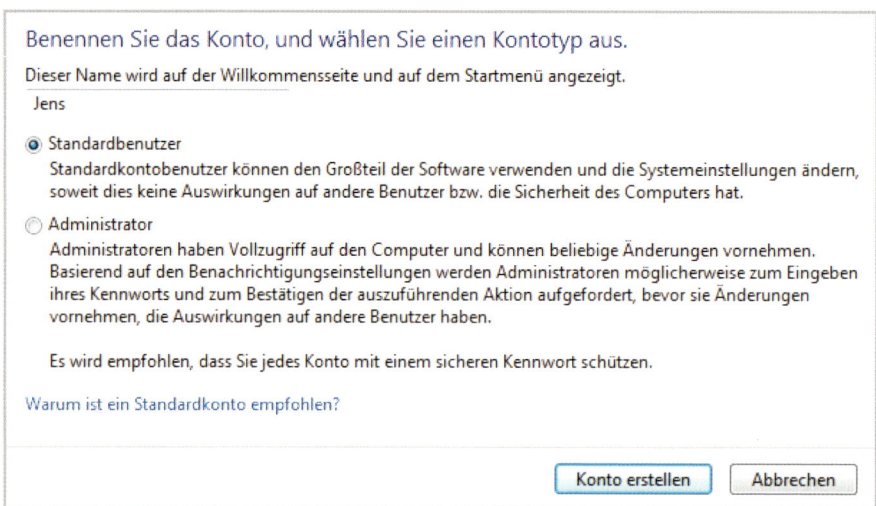

Wenn nach mir ein anderer Benutzer den Computer verwenden möchte: Muss ich den Computer dann herunterfahren?

Nein, in diesem Fall reicht es aus, sich abzumelden. Um das zu bewerkstelligen, klicken Sie im Startmenü auf das ▷ -Symbol und wählen *Abmelden* bzw. *Benutzer wechseln*. Der andere Benutzer kann sich daraufhin mit den eigenen Zugangsdaten anmelden.

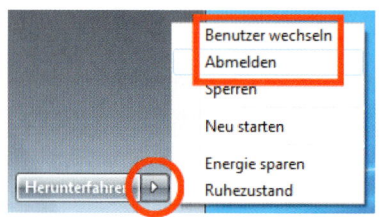

Schützen Sie Ihre Daten durch regelmäßige Sicherungskopien!

Bei aller Vorsicht, die Sie walten lassen, kann es unter Umständen dennoch zu Datenverlusten kommen, etwa wenn die Festplatte Ihres Computers kaputtgeht. Zumindest wichtige Dateien sollten Sie deshalb regelmäßig sichern.

Was benötige ich zum Sichern meiner Dateien?

Sie brauchen in jedem Fall einen Datenträger, auf dem Sie die Dateien speichern können, also z. B. eine CD, eine DVD oder einen USB-Speicherstick. Ich empfehle, zumindest bei kleineren Datenmengen, CDs, weil sie recht günstig und sogar in kleineren Supermärkten erhältlich sind. Bei einer CD, auf der Daten gespeichert werden, spricht man übrigens von einer CD-ROM. Nur wenn die Speicherkapazität der CD-ROM nicht ausreicht, greifen Sie auf die DVD-ROM zurück.

Gut, die Frage mit den Datenträgern wäre geklärt. Und nun?

Legen Sie die CD-ROM bzw. DVD-ROM ins Laufwerk des Computers ein. Im Windows-Explorer (vgl. **Kapitel 7**) wählen Sie die zu sichernden Elemente per Mausklick aus und gehen oben im Programm auf *Brennen* – Brennen bedeutet in diesem Zusammenhang einfach, dass die Dateien mit einem Laser auf den Datenträger geschrieben werden.

Gibt es keine Möglichkeit, eine Sicherung aller Daten vorzunehmen?

Doch, das dauert allerdings sehr lange und erfordert viel Speicherkapazität Ihrer Datenträger. Entscheiden Sie sich im Startmenü unter *Alle Programme* für den Ordner *Wartung* und wählen Sie darin den Eintrag *Sichern und Wiederherstellen*. Ein Assistent ist Ihnen beim Einrichten der Datensicherung behilflich.

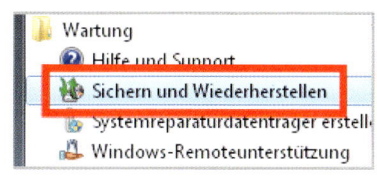

Sie wollen Bilder von der Digitalkamera auf dem Computer speichern und dort bearbeiten? Das erledigen Sie mit links!

"Nach meiner Meinung kann man nicht behaupten,

etwas gesehen zu haben, bevor man es fotografiert hat."

(Émile Zola)

Fotos aufnehmen und sofort betrachten, nicht gelungene Fotos einfach löschen, Fotos auf den Computer übertragen und dort bearbeiten oder mit der elektronischen Post nach Übersee versenden, Fotos nicht mehr entwickeln lassen, sondern selbst ausdrucken – das sind nur einige der Vorteile, die Ihnen die Digitalfotografie bietet.

In diesem Kapitel möchte ich Ihnen einen kleinen Einblick in die Welt der Digitalfotografie geben, aus der Ihnen schnell ein neues Hobby erwachsen kann. Zur weiterführenden Lektüre empfehle ich Ihnen das bei DATA BECKER erschienene Buch Digitale Fotoschule für Senioren (ISBN 978-3-8158-2989-9).

Das können auch Sie: Sie kaufen eine Digitalkamera und machen prima Bilder

Sie möchten eine Digitalkamera erwerben? Die Auswahl ist riesengroß, und Sie werden in diesem Zusammenhang viele Fragen haben, die ich Ihnen gern beantworte.

Zunächst mal: Welche Digitalkamera soll ich kaufen?

Diese Entscheidung richtet sich in erster Linie danach, was Sie mit der Digitalkamera machen möchten, sowie natürlich nach dem Umfang Ihres Portemonnaies. Für professionelle Aufnahmen verwenden Sie am besten eine digitale Spiegelreflexkamera (auch DSLR genannt); für den normalen Gebrauch reicht eine kompakte Digitalkamera völlig aus. Achten Sie in jedem Fall darauf, dass die Digitalkamera über einen kleinen Bildschirm verfügt, auf dem Sie die aufgenommenen Fotos sofort betrachten können. Da die Auswahl sehr groß ist, lassen Sie sich bei den Details am besten im Elektronik-Fachmarkt beraten. Mein Tipp: Vergleichen Sie die Preise in mehreren Märkten – diese unterscheiden sich nämlich zum Teil erheblich!

© by-studio – Fotolia.com.

Ich besitze ein Smartphone mit eingebauter Kamera – ist das eine adäquate Alternative zur reinen Digitalkamera?

Das kommt ganz auf die Qualität der eingebauten Kamera an und wiederum darauf, was Sie mit der Kamera machen möchten. Das aktuelle iPhone beispielsweise verfügt über eine eingebaute Kamera, die für Urlaubsschnappschüsse durchaus gut geeignet ist – für professionelle Fotos allerdings empfehle ich eine „richtige" Kamera.

In einem Prospekt wird für eine Digitalkamera mit besonders vielen Megapixeln geworben – ist das etwas Gutes?

Die Angabe „Megapixel" bezieht sich auf die Auflösung der Aufnahmen, die mit einer Digitalkamera erstellt werden. Den Begriff Pixel haben Sie ja bereits im Zusammenhang mit der Bildschirmauflösung kennengelernt (vgl. Seite 136), wobei einem Megapixel eine Million Pixel ent-

sprechen. Als Faustregel gilt: Je mehr Megapixel, desto größer können die Fotos angezeigt und ausgedruckt werden. Über die Fotoqualität sagt die Megapixel-Angabe nichts aus; um ein Foto in normaler Größe (Format 13 x 18 cm) auszudrucken, wären bereits zwei Megapixel ausreichend.

Können viele Megapixel auch ein Nachteil sein?

Grundsätzlich ja, denn je mehr Megapixel ein Foto hat, desto mehr Speicherplatz benötigt es – der Speicher Ihrer Digitalkamera wird also schneller voll. Allerdings lässt sich bei vielen Digitalkameras die Auflösung einstellen, sodass Sie selbst entscheiden können, wie viele Megapixel Ihre Aufnahmen haben sollen.

Ich habe eine Digitalkamera! Und wie nehme ich damit gute Bilder auf?

Lernen Sie Ihre Digitalkamera erst einmal gründlich kennen: Studieren Sie die dem Gerät beigelegte Bedienungsanleitung und probieren Sie die einzelnen Funktionen am Gerät aus – Lesebrille nicht vergessen, denn auf dem kleinen Bildschirm der Digitalkamera werden Menüs und Fotos meist sehr klein dargestellt! Hier einige allgemeine Tipps zum Aufnehmen guter Fotos:

- Finden Sie Motive, deren Aufnahme sich wirklich lohnt! Gehen Sie mit offenen Augen durch eine Stadt oder durch die Natur – Ihr Fotografenblick wird schnell interessante Menschen, Häuser, Landschaften, Tiere oder Pflanzen aufspüren.

- Der Vorteil der Digitalkamera: Ausschuss kann sofort wieder gelöscht werden. Machen Sie also ruhig zahlreiche Fotos von Ihrem Motiv, auch aus unterschiedlichen Positionen. Entscheiden Sie später selbst, welche der Aufnahmen Sie behalten möchten.

- Achten Sie darauf, dass an der Digitalkamera der richtige Kameramodus eingestellt ist: Sie finden bei vielen Digitalkameras spezielle Einstellungen für Porträts, Landschaftsaufnahmen, Nahaufnahmen usw.

- Arbeiten Sie auch bei der Digitalkamera mit ruhiger Hand oder Stativ; zwar bieten hochwertige Digitalkameras eine Funktion, um das Verwackeln der Aufnahmen zu verhindern, aber verlassen sollten Sie sich lieber nicht darauf.

- Ganz wichtig ist gutes Licht: Wenn Sie in dunklen Räumen fotografieren, werden die Bilder oft körnig; optimal geeignet ist Tageslicht (aber nie gegen die Sonne fotografieren!); zum Fotografieren in Räumen schalten Sie helle Lampen ein.

Innerhalb weniger Minuten erledigt: die Bilder auf dem Computer speichern

Sie haben Fotos mit der Digitalkamera aufgenommen. Nun möchten Sie diese auf Ihrem Computer speichern. Gern bin ich Ihnen auch hierbei behilflich.

Muss ich die Fotos unbedingt auf dem Computer speichern oder gibt es auch andere Möglichkeiten?

Nun ja, in Elektronik-Fachmärkten oder Drogeriemärkten finden sich meist Fotoautomaten, die es ermöglichen, Fotos direkt zu Papier zu bringen. Oder möchten Sie die aufgenommenen Fotos lediglich am TV-Gerät betrachten? Auch hierfür ist eine Übertragung auf den Computer nicht unbedingt notwendig. Die Fotos auf dem Computer zu speichern, ist aber in jedem Fall sinnvoll, um diese dort zu sichern, und Sie werden den Speicher der Digitalkamera ja bald für neue Fotos benötigen.

© Christine Lamour – Fotolia.com.

Die Fotos auf dem TV-Gerät betrachten? Wie soll das denn gehen?

Sowohl Digitalkamera als auch TV-Gerät müssen hierzu über einen entsprechenden Anschluss verfügen. Meist kommt ein Kabel mit gelbem Klinkenstecker (vgl. Abbildung) zum Einsatz, um die Verbindung herzustellen.

Und wie verbinde ich die Digitalkamera mit meinem Computer?

Hierzu dient der auf Seite 25 kennengelernte USB-Anschluss (vgl. auch Abbildung). Verbinden Sie damit Digitalkamera und Computer; an der Digitalkamera muss die Verbindung zum Computer anschließend häufig noch aktiviert werden.

KAPITEL 12 Sie wollen Bilder von der Digitalkamera auf dem Computer speichern und dort bearbeiten?

Meine Digitalkamera verfügt über eine Speicherkarte – muss ich dann unbedingt eine Verbindung per Kabel herstellen?

Nein, die Alternative wäre in diesem Fall ein „Kartenlesegerät", d. h., die Speicherkarte wird aus der Digitalkamera genommen und in das Kartenlesegerät gesteckt. Der Computer erhält dadurch Zugriff auf die Bilddateien, die auf der Speicherkarte enthalten sind. Falls Ihr Computer nicht über ein entsprechendes Kartenlesegerät verfügen sollte, lässt sich ein solches für unter 10 Euro im Elektronik-Fachmarkt erstehen und per USB-Anschluss mit dem Computer verbinden.

Dieser Kartenleser wurde in den Computer eingebaut – sobald die Speicherkarte der Digitalkamera in den passenden Schlitz gesteckt wird, wird sie vom Computer erkannt.

Bitte ganz konkret: Wie übertrage ich Bilder von der Digitalkamera auf den Computer?

Sie haben Fotos mit Ihrer Digitalkamera aufgenommen und Sie verbinden die Digitalkamera mit dem Computer. Ihr Computer öffnet daraufhin automatisch das Fenster *Automatische Wiedergabe*, in dem Sie auf *Bilder und Videos importieren* klicken.

Bestätigen Sie im folgenden Fenster mit einem Klick auf *Importieren* – Ihre Fotos stehen dann Sekunden später in der Bibliothek *Bilder* zur Verfügung, und zwar in einem Ordner, der mit dem Aufnahmedatum der Bilder bezeichnet ist.

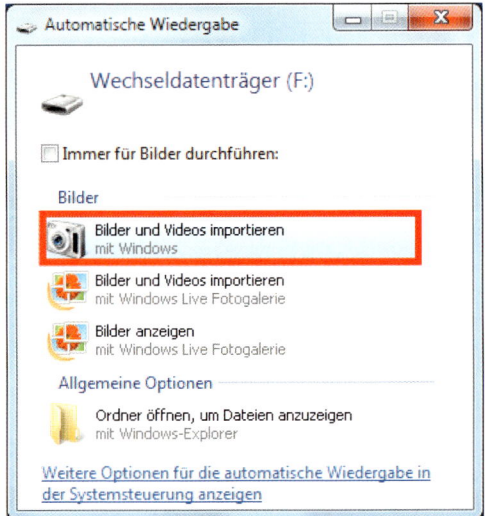

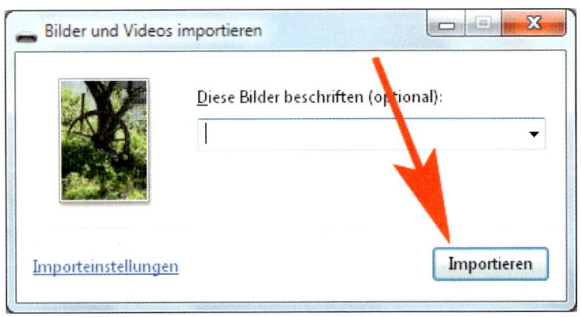

Und wie kann ich selbst bestimmen, wo die Fotos gespeichert werden sollen?

Sie können die Bilddateien auch ausschneiden und in einen anderen Ordner einfügen – so, wie ich es Ihnen auf Seite 124 ff. dargelegt habe. Wählen Sie im Windows-Explorer unter *Computer* den Eintrag *Wechseldatenträger* aus, um sich die Inhalte der angeschlossenen Digitalkamera anzeigen zu lassen und diese zum Ausschneiden oder Kopieren auszuwählen. Tipp: Verwenden Sie die Tas-

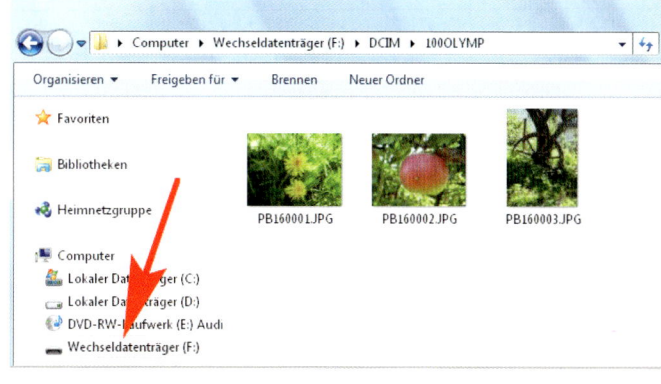

tenkombination Win+E, um die Computeransicht noch schneller aufzurufen.

Kann ich herkömmlich aufgenommene Fotos auf dem Computer archivieren?

Die Fotos in Ihren alten Alben müssen nicht der Vergilbung ausgesetzt bleiben. Verwenden Sie einen Scanner (siehe Seite 25), um die Bilder zu digitalisieren und als Dateien auf dem Computer zu speichern. Legen Sie ein Foto in den angeschlossenen Scanner ein und verwenden Sie z. B. das Programm Windows Live Fotogalerie (ich stelle Ihnen dieses Programm im weiteren Verlauf dieses Kapitels noch näher vor), um die Bilder zu importieren: Klicken Sie dazu

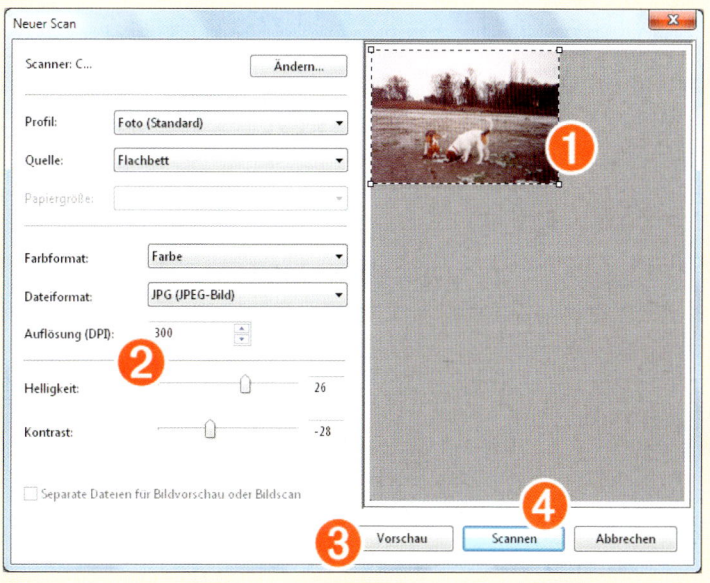

im Menüband von Windows Live Fotogalerie auf *Importieren* und wählen Sie den Scanner aus. Legen Sie nun fest, welcher Teil der Scannerfläche abgetastet und in eine Bilddatei umgewandelt werden soll ❶; machen Sie Angaben zur gewünschten Bildqualität ❷ und klicken Sie auf *Vorschau* ❸. Alles wie gewünscht? Dann klicken Sie zum Schluss auf *Scannen* ❹, um die entsprechende Bilddatei zu erstellen – dieser Vorgang dauert nur wenige Sekunden.

Sie wollen der Familie Ihre Fotos zeigen? Lassen Sie eine Diashow ablaufen

Sie möchten die von der Digitalkamera übertragenen Bilder als Diashow betrachten? Nichts einfacher als das – gern gebe ich Ihnen hierzu eine kleine Anleitung:

1

Öffnen Sie im Windows-Explorer den Ordner, in dem sich die gewünschten Bilder befinden; wenn Sie es wünschen, können Sie auch einzelne Bilder auswählen (Sie erinnern sich: bei gedrückter Strg-Taste). Klicken Sie dann auf *Diashow*.

2

Die Fotos werden nun auf dem ganzen Bildschirm angezeigt und automatisch gewechselt. Einstellungen zur Diashow können Sie jederzeit vornehmen, indem Sie mit der rechten Maustaste in ein Bild klicken und sich für eine der angebotenen Optionen entscheiden, z. B. *Anhalten* oder *Geschwindigkeit der Diashow: Langsam*.

Sie wünschen pfiffige Übergänge für Ihre Diashow? Dann lassen Sie diese mit dem im Nachfolgenden beschriebenen Programm Windows Live Fotogalerie ablaufen (dort im Menüband auf *Diashow* klicken). Unter *Design ändern* stehen Ihnen verschiedene Darstellungsfunktionen zur Verfügung.

Eine Diashow wird doch normalerweise auf eine Leinwand projiziert: Geht das auch vom Computer aus?

Ja, wobei aber statt eines Diaprojektors ein Beamer (sprich: [biemer], englisch für „Strahler") zum Einsatz kommt, der an den Computer oder direkt an die Digitalkamera angeschlossen wird. Der Beamer sieht ähnlich aus wie ein Diaprojektor, kann im Gegensatz zu diesem aber digitale Inhalte auf die Leinwand projizieren. Beamer, die etwas taugen, sind leider relativ kostspielig; nicht nur der Anschaffungspreis muss beim Kauf berücksichtigt werden, sondern auch die Lebensdauer der teuren Beamerlampen.

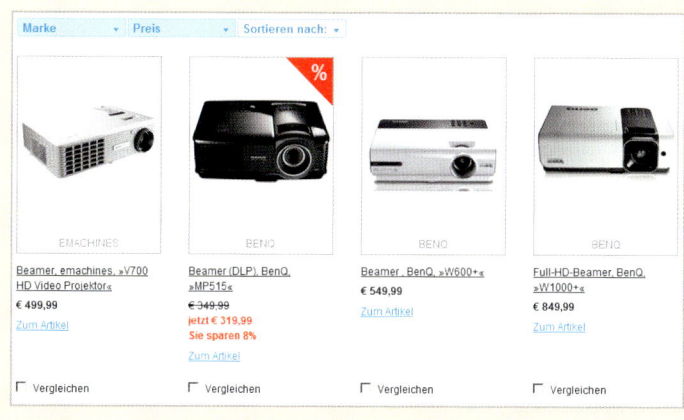

Qualität hat ihren Preis! Hier z. B. einige der Beamer, die bei Otto unter http://www.otto.de bestellt werden können; fragen Sie sich vor dem Kauf selbst, ob Sie solch ein Gerät wirklich benötigen.

Mit diesem Programm verwalten und bearbeiten Sie Ihre Urlaubsfotos

Sie können die Fotos auf Ihrem Computer betrachten, wie ich es Ihnen im Zusammenhang mit dem Windows-Explorer beschrieben habe (vgl. **Kapitel 7**); empfehlenswerter ist es jedoch, hierfür ein spezielles Programm zu verwenden.

Welches Programm soll ich zum Verwalten und Bearbeiten meiner Bilder verwenden?

Verwenden Sie am besten das Programm Windows Live Fotogalerie, weil es aufgebaut ist wie die auf dem Computer bereits vorhandenen Zubehörprogramme, z. B. was das Menüband betrifft. Zur Installation von Windows Live Fotogalerie siehe Seite 65. Eine gute Alternative stellt das, ebenfalls kostenlose, Programm Picasa von Google dar, das Sie unter dieser Webadresse finden: *http://picasa.google.de*. Die Darstellungen in diesem Kapitel erfolgen jedoch anhand von Windows Live Fotogalerie.

Windows Live Fotogalerie – was kann dieses Programm?

In einem sind sich Windows-Explorer und Windows Live Fotogalerie ähnlich: Sie wählen in der Navigationsleiste links einen Ordner aus ❶ und lassen sich im Bereich rechts die enthaltenen Bilder (sowie ggf. Videos) anzeigen ❷. Im Gegensatz zum Windows-Explorer bietet Windows Live Fotogalerie aber mehr Bildfunktionen im Menüband ❸ und in der Leiste unten ❹.

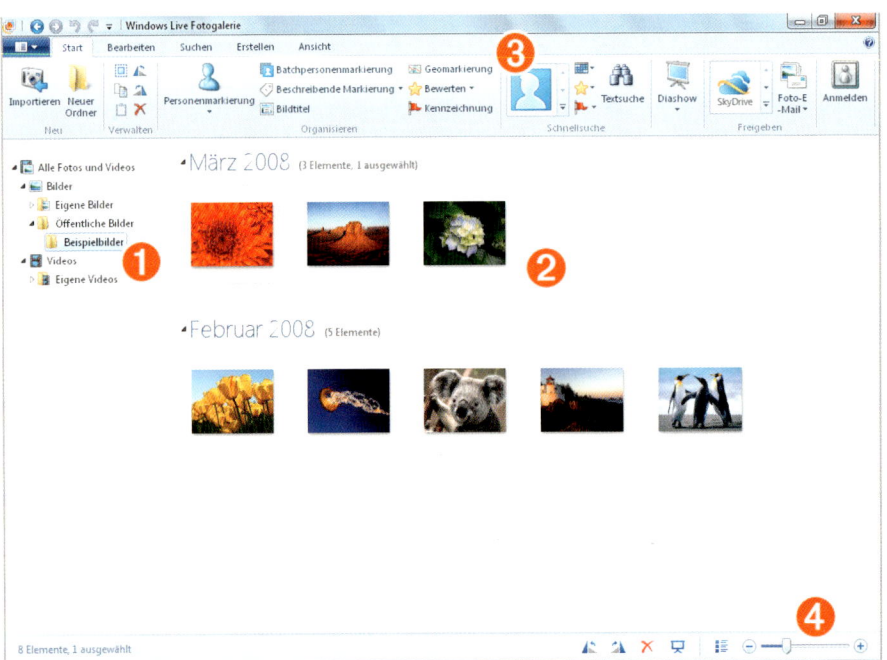

Wie kann ich in Windows Live Fotogalerie nach einem bestimmten Bild suchen?

Windows Live Fotogalerie beinhaltet eine exzellente Suchfunktion: Klicken Sie zunächst in der Navigationsleiste links auf *Alle Fotos und Videos* ❶, um sämtliche Elemente durchsuchen zu können. Wählen Sie dann im Menüband *Textsuche* ❷ und geben Sie einen Dateinamen oder eine Eigenschaft der Bilddatei in das Suchfeld ein ❸ – die passenden Bilder werden Ihnen prompt angezeigt.

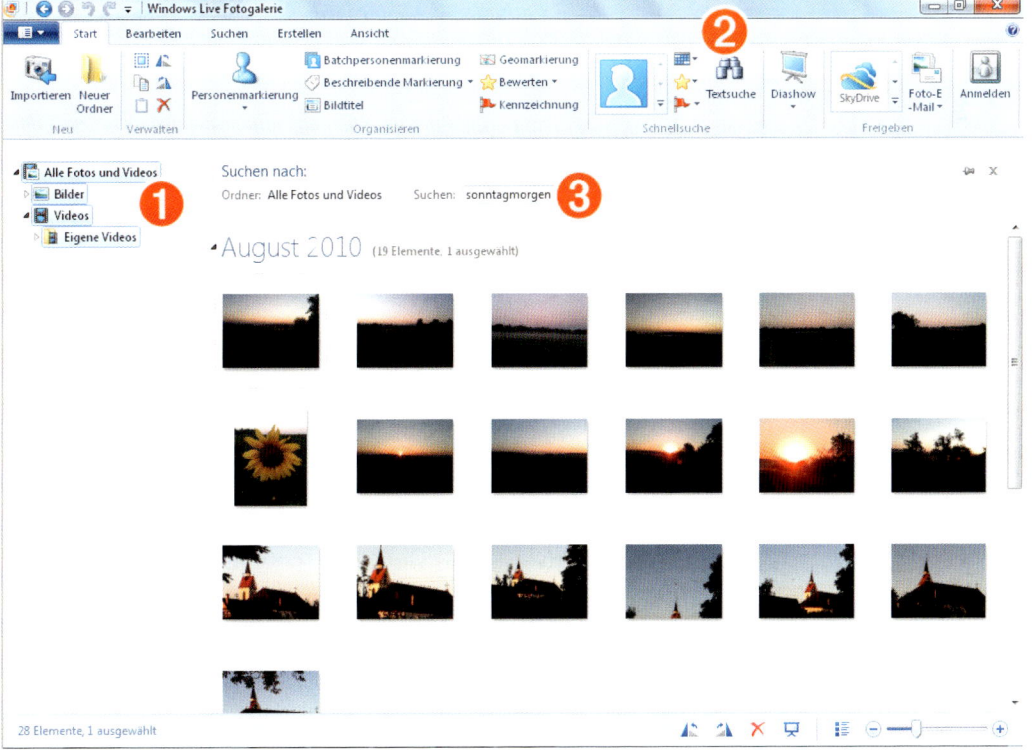

Wie kann ich meine Bilder zukünftig noch leichter finden?

Neben der Suchfunktion bietet Windows Live Fotogalerie noch zahlreiche weitere Funktionen zur Verwaltung Ihrer Bilder. Hier eine kleine Übersicht über besonders nützliche Funktionen:

- **Weitere Speicherorte:** Windows Live Fotogalerie verwaltet zunächst nur diejenigen Bilder, die sich in der Bibliothek *Bilder* befinden. Möchten Sie weitere Speicherorte hinzufügen? Klicken Sie dazu links oben im Programm auf das Symbol ▉▼ und wählen Sie *Ordner hinzufügen*.

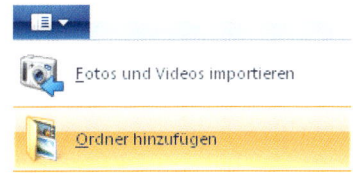

- **Bildtitel hinzufügen:** Geben Sie Ihren Bildern schlüssige Titel – hierzu wählen Sie die Bilder aus und klicken dann einfach im Menüband unter *Start* auf *Bildtitel*, um den gewünschten Titel eingeben zu können.

- **Markierungen einfügen:** Oder möchten Sie eine kurze Beschreibung zum Bild eingeben bzw. Personen benennen, die im Bild vorkommen? Hierzu dienen die Optionen *Beschreibende Markierung* bzw. *Personenmarkierung*, die Sie ebenfalls unter *Start* finden. Die Abbildung zeigt, wie ich auf einem Foto zwei (vom Programm automatisch erkannte) Personen markiere, und einen der eingegebenen Namen dann für die Suche einsetze.

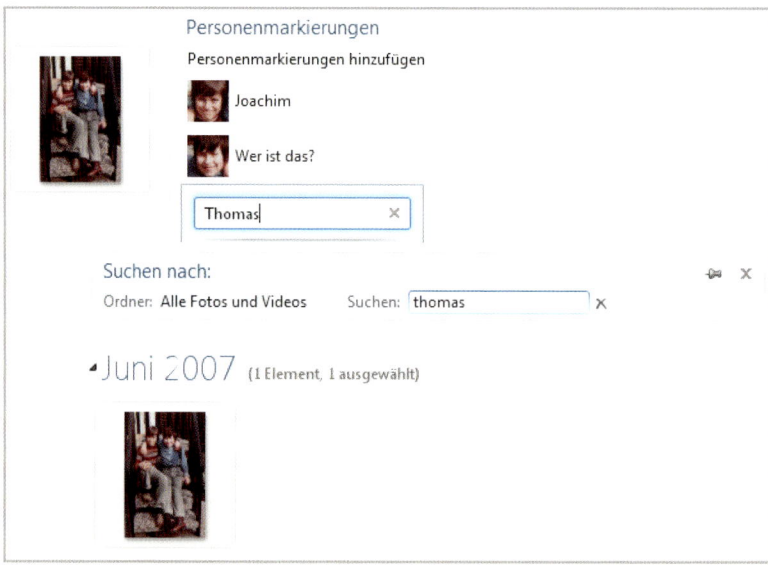

- **Bilder bewerten:** Verdient ein Bild fünf Sterne oder nur einen? Auch eine Bewertung Ihrer Bilder lässt sich auf einfache Weise durchführen – wählen Sie hierzu ein Bild aus und entscheiden Sie sich dann unter *Start* für *Bewerten*; nun können Sie die Anzahl der Sterne auswählen, die Sie vergeben möchten.

- **Noch mehr Suchfunktionen:** Falls Sie zusätzlich noch weitere Suchfunktionen wünschen – im Menüband unter *Suchen* werden Sie fündig!

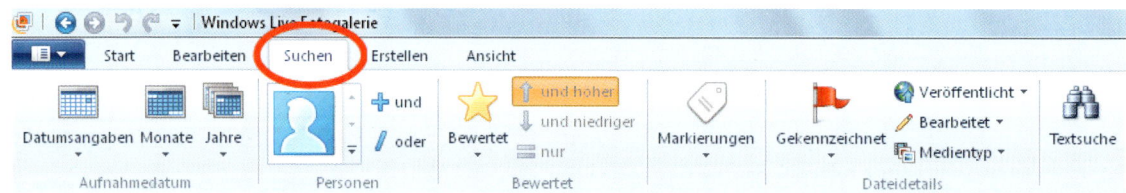

Wie kann ich meine Bilder mit Windows Live Fotogalerie bearbeiten?

Um ein Bild mit Windows Live Fotogalerie zu bearbeiten, um es also z. B. zuzuschneiden, aufzuhellen oder rote Augen zu entfernen, doppelklicken Sie auf das Bild, um es zu öffnen. Im Menüband wählen Sie dann die gewünschte Bearbeitungsoption aus ❶. Um das Bearbeiten zu beenden und zur Ordneransicht zurückzukehren, klicken Sie auf *Datei schließen* ❷.

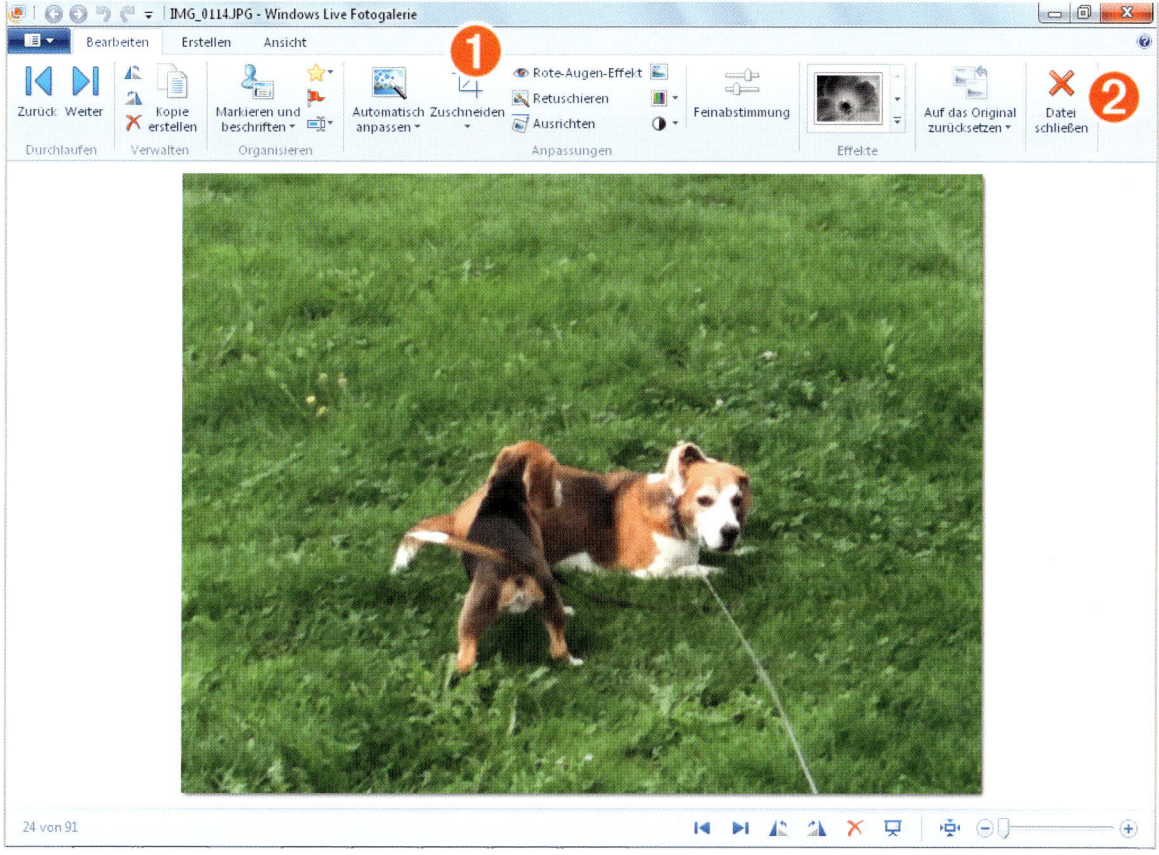

Paul Brugger rät: *In Windows Live Fotogalerie können Sie nichts verkehrt machen, da neben der bearbeiteten Version auch die Originalversion eines Bildes gespeichert wird. Um nicht gewünschte Änderungen rückgängig zu machen, doppelklicken Sie erneut auf das Bild und wählen „Auf das Original zurücksetzen".*

Familienfotos an Kinder und Enkel weiterreichen: Brennen Sie diese auf einen Datenträger

Im Zusammenhang mit dem Erstellen von Sicherungskopien (vgl. **Kapitel 11**) habe ich Sie bereits mit dem Begriff des Brennens vertraut gemacht. Wie wäre es damit? Erstellen Sie eigene Bilder-CDs oder -DVDs von der letzten Familienfeier und reichen Sie diese an die Verwandtschaft weiter. Das ist eine Sache nur weniger Schritte:

1

Wählen Sie in Windows Live Fotogalerie die Bilder aus, die Sie auf einem Datenträger speichern möchten (mehrere Bilder klicken Sie hierzu bei gedrückter ⌊Strg⌋-Taste an) ❶. Klicken Sie dann links oben im Programm auf das Symbol ▣▾ ❷.

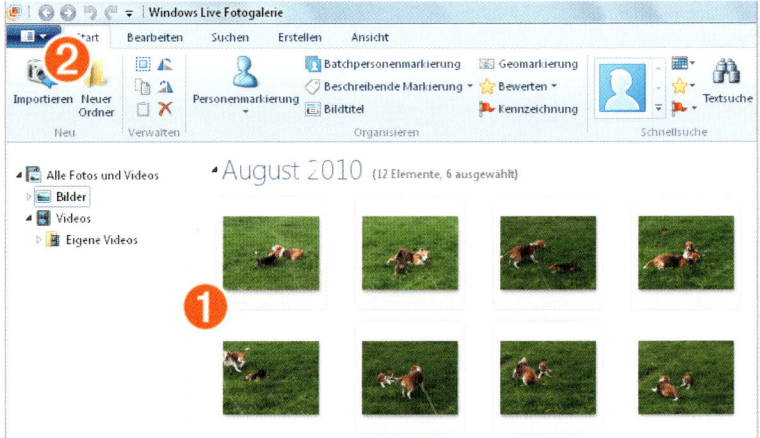

2

Klicken Sie auf *Brennen* ❶ und entscheiden Sie sich, ob Sie eine CD ❷ oder eine DVD ❸ brennen möchten – beim Brennen einer DVD haben Sie mehr Gestaltungsmöglichkeiten, allerdings sind DVDs wesentlich teurer.

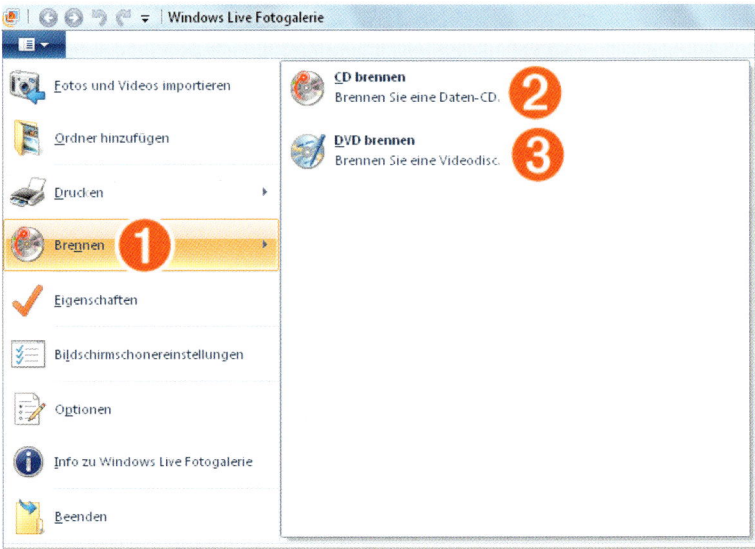

3

Folgen Sie jeweils den Hinweisen auf dem Bildschirm. Hier z. B. erstelle ich mit nur wenig Mühe eine attraktive Bilder-DVD, die dann von jedem DVD-Spieler wiedergegeben werden kann.

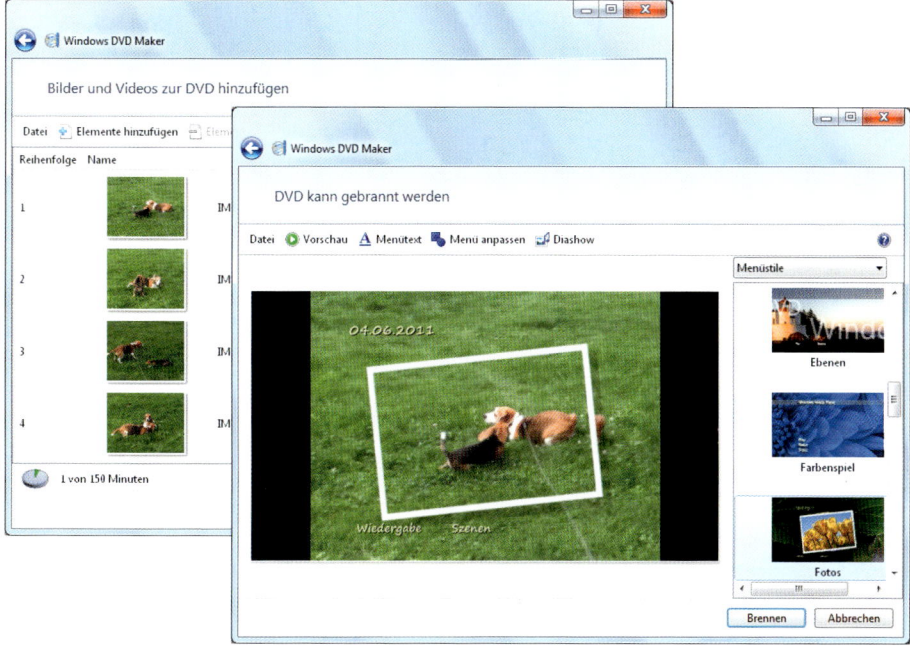

Sparen Sie sich den Weg ins Fotolabor: Fotos selbst ausdrucken

Sie müssen Ihre Fotos nie wieder in einem Labor entwickeln lassen; drucken Sie diese selbst aus oder lassen Sie sie für wenig Geld im örtlichen Drogerie- oder Elektronik-Fachmarkt drucken.

Fotos selbst ausdrucken: Benötige ich hierzu spezielles Zubehör?

Ja. Sie können Ihre Fotos zwar auch mit einem normalen Drucker auf herkömmliches Druckerpapier drucken, doch das Ergebnis ist nicht befriedigend. Wenn Sie regelmäßig Fotos ausdrucken möchten, schaffen Sie sich einen Fotodrucker an und verwenden Sie spezielles Fotopapier.

Ein Fotodrucker des Herstellers HP.

Gern weise ich in diesem Zusammenhang darauf hin, dass auch DATA BECKER qualitativ hochwertiges Fotopapier im Sortiment hat.

Wie gehe ich zum Ausdrucken von Bildern vor?

Wählen Sie die gewünschten Bilder dazu in Windows Live Fotogalerie aus. Unter dem Symbol ▦ ▼ ❶ klicken Sie dann auf *Drucken* ❷ und wählen *Abzüge* ❸, um den entsprechenden Druckassistenten zu starten. Den Assistenten können Sie übrigens auch im Windows-Explorer aufrufen, indem Sie die Bilder dort auswählen und dann oben auf *Drucken* klicken.

Gibt es Anbieter, die das Ausdrucken von Fotos für mich übernehmen?

Wenn Sie nur hin und wieder Bilder ausdrucken, lohnt sich die Anschaffung eines Fotodruckers kaum. Gehen Sie dann lieber mit der Speicherkarte oder einem Datenträger in den Drogerie- oder Elektronik-Fachmarkt, um die Bilder dort an einem Automaten ausdrucken zu lassen. Ansonsten lassen sich Abzüge auch übers Internet bestellen oder Fotobücher und Grußkarten aus Ihren Bildern fertigen. Nur einer von vielen empfehlenswerten Anbietern ist dm unter *http://www.dm-digifoto.de*.

13

Musik und Videos auf dem Computer abspielen und verwalten – das bereitet auch älteren Menschen Freude!

"Es kommt immer nur darauf an, dass man allerorten die Musik des Lebens hört.

Die meisten hören nur die Dissonanzen."

(Theodor Fontane)

Musikdateien auf dem Computer speichern, Videos im Internet betrachten – ist das nur etwas für Jüngere? Nein, natürlich nicht! Auch für Sie sind die tollen Funktionen gemacht, die ich Ihnen in diesem Kapitel vorstelle: Sie erfahren darin, wie Sie Musik und Videos auf dem Computer speichern und abspielen, wie Sie Audio-CDs auf den Computer kopieren oder eigene Audio-CDs herstellen, wie Sie Webvideos betrachten und noch einiges mehr.

Was in Ihrer Jugend die Plattensammlung war, ist heutzutage die Musiksammlung auf dem Computer. Erfahren Sie auf den folgenden Seiten, wie einfach das alles funktioniert!

Musik- oder Videodateien auf dem Computer abspielen: nichts leichter als das!

Der Lautsprecher ist eingeschaltet, und Sie möchten auf dem Computer Musik und Hörbücher hören oder sich einen Film ansehen? Das benötigte Programm ist auf Ihrem Windows-7-Computer bereits vorhanden.

Welches Programm dient zum Abspielen von Musik und Videos?

Es gibt zahlreiche solcher Programme. Auf Ihrem Computer bereits vorhanden ist der Windows Media Player, den Sie per Mausklick auf das Symbol  in der Taskleiste bzw. im Startmenü unter *Alle Programme* aufrufen. Sie werden beim ersten Start zum Einrichten des Programms aufgefordert – übernehmen Sie hier einfach die empfohlenen Einstellungen.

Anschließend steht Ihnen die Bedienoberfläche des Programms zur Verfügung: Links finden Sie eine Navigationsleiste vor ❶, in der Mitte Ihre „Medienbibliothek" ❷ und darunter eine Leiste zur Steuerung der Wiedergabe Ihrer Dateien ❸; in das Feld rechts können Sie bei gedrückter Maustaste Dateien aus der Medienbibliothek ziehen, um eine „Wiedergabeliste" zu erstellen ❹; rechts unten finden Sie ein Symbol (⬛➜), um eine andere Ansicht des Programms aufzurufen ❺ – ein entsprechendes Symbol steht auch in anderen Ansichten zur Verfügung, sodass Sie jederzeit zu der hier vorgestellten Ansicht wechseln können.

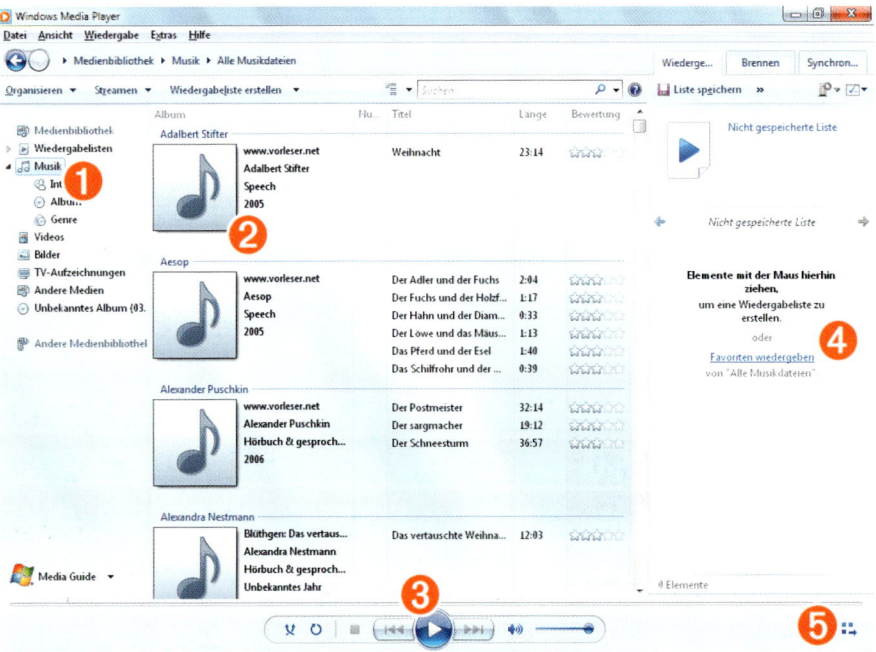

Wie gebe ich eine Datei in der Medienbibliothek wieder?

Hierzu genügt ein Doppelklick auf das entsprechende Element, also eine einzelne Datei, eine von Ihnen erstellte Wiedergabeliste oder ein Musik- oder Hörbuchalbum. Alternativ können Sie auch im Windows-Explorer, in der Bibliothek *Musik*, einzelne Musikdateien oder einen Musikordner auswählen und oben auf *Wiedergabe* klicken – die Dateien werden dann ebenfalls im Windows Media Player abgespielt.

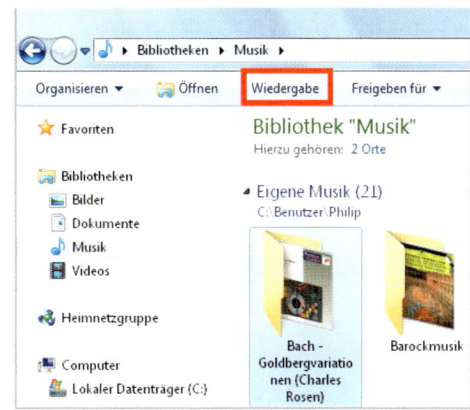

Und wenn ich eine Audio-CD anhören bzw. eine DVD betrachten möchte?

Wenn Sie eine CD oder DVD einlegen, werden Ihnen automatisch die entsprechenden Optionen angezeigt. Wählen Sie zum Wiedergeben einer DVD *DVD-Film wiedergeben mit Windows Media Player*, zum Wiedergeben einer Audio-CD entsprechend *Audio-CD wiedergeben mit Windows Media Player*. Falls sich das Fenster *Automatische Wiedergabe* nicht öffnen sollte, klicken Sie das Laufwerk in der Navigationsleiste des Windows Media Player an.

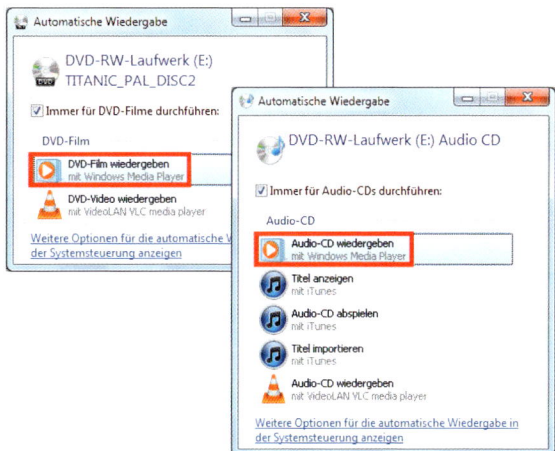

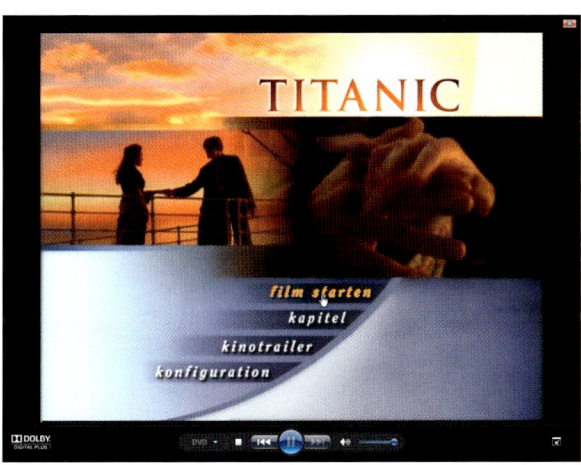

DVDs am Computer funktionieren genauso wie DVDs am TV-Gerät – nur dass Sie zur Steuerung der Wiedergabe nicht die Fernbedienung, sondern die Maus verwenden.

Ihre Lieblingsmusik auf dem Computer archivieren: So kopieren Sie eine Audio-CD

Sie haben festgestellt, dass im Windows Media Player einige Beispieldateien zu finden sind. Nun möchten Sie die Medienbibliothek aber mit eigenen Dateien füllen. Gern bin ich Ihnen hierbei behilflich.

Kann ich die Inhalte von CDs und DVDs auf meinen Computer kopieren?

Grundsätzlich lassen sich all diejenigen Inhalte auf den Computer kopieren, die nicht mit einem Kopierschutz versehen sind – bei DVD-Filmen ist dies meist der Fall, Audio-CDs hingegen können fast immer problemlos kopiert werden.

Bitte eine kurze Schrittanleitung: Wie gehe ich zum Kopieren einer Audio-CD vor?

Sie möchten Ihre Audio-CDs auf dem Computer archivieren? Das ist schnell erledigt – hier erhalten Sie das Gewusst-wie:

1

Öffnen Sie den Windows Media Player und entscheiden Sie sich links oberhalb der Navigationsleiste für *Organisieren* ❶. Klicken Sie dann auf *Optionen* ❷.

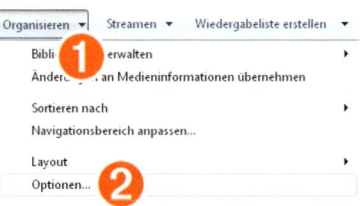

2

Im Fenster, das sich öffnet, klicken Sie oben auf *Musik kopieren* ❶; wählen Sie im Menü das gängige Format *MP3* aus ❷ und setzen Sie per Mausklick ein Häkchen in das Kästchen *CD automatisch kopieren* ❸. Nun folgt noch die Auswahl der gewünschten Audioqualität, die Sie per Schieberegler vornehmen – ich empfehle die Stufe *192 kBit/s* ❹; zum Schluss bestätigen Sie Ihre Einstellungen mit einem Mausklick auf *OK* ❺. (Hinweis: kBit/s ist ein Hinweis darauf, welche Datenmenge in einer Sekunde Musik verarbeitet wird – je größer diese Datenmenge, desto besser die Qualität, aber desto mehr Speicherplatz benötigt eine Musikdatei auch.)

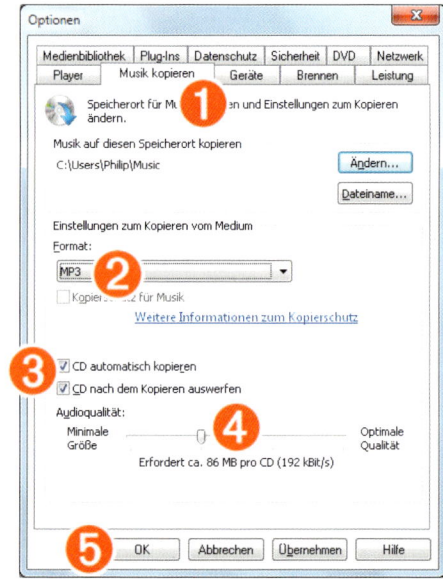

3

Alles, was Sie jetzt noch zu tun haben, ist, die Audio-CD in das Laufwerk des Computers einzulegen – der Kopiervorgang wird automatisch gestartet, und die Musikdateien befinden sich anschließend in einem nach dem Interpreten benannten Ordner in der Bibliothek *Musik*. Das ist gar nicht so schwer, oder?

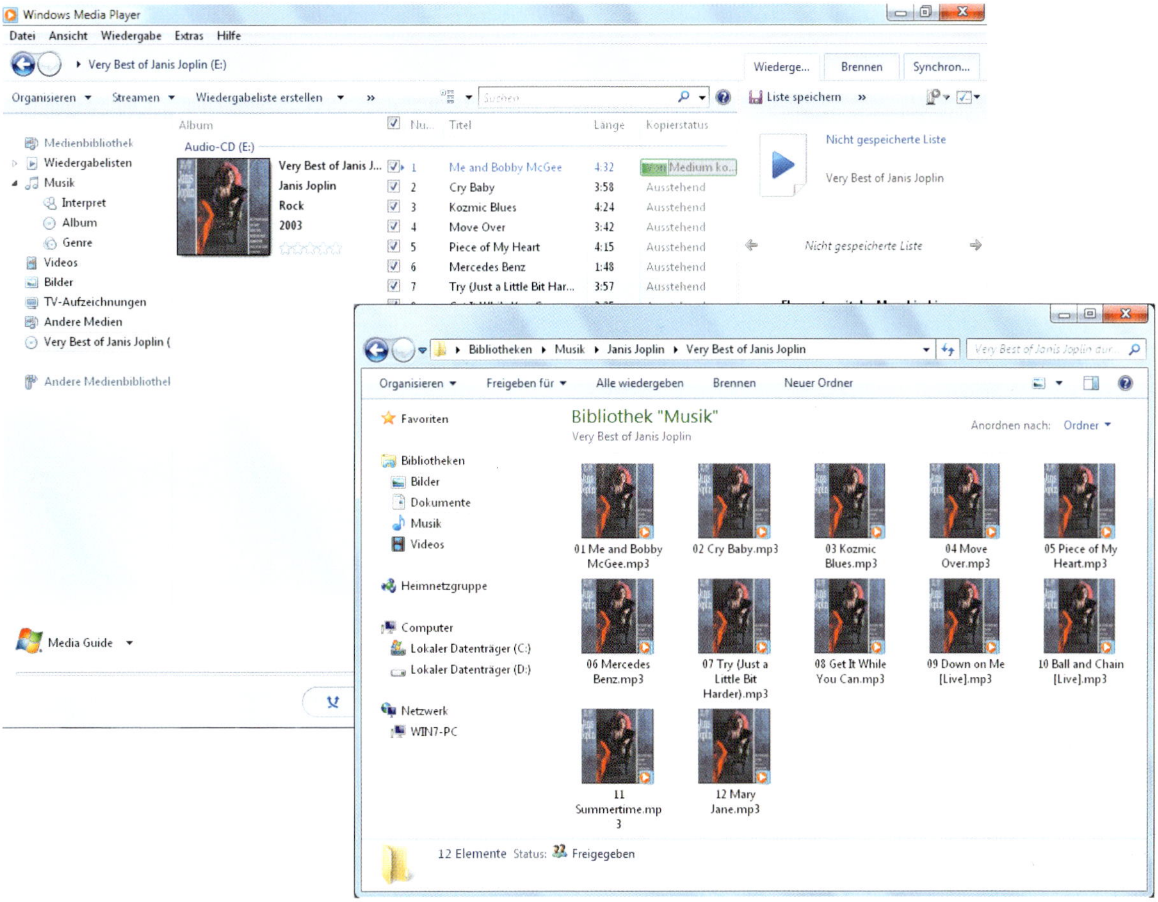

Welche weiteren Möglichkeiten habe ich, um an Musikdateien zu gelangen?

Musikdateien, entweder nur einzelne Lieder oder komplette Alben, lassen sich auch aus dem Internet herunterladen. Es gibt in diesem Zusammenhang zahlreiche gute und preisgünstige Anbieter, empfehlenswert ist z. B. *http://www.musicload.de*.

Paul Brugger rät: *Das Herunterladen von Musikdateien läuft ähnlich ab wie der Internetkauf z. B. von Büchern. Da Sie hier Zahlungsdaten angeben müssen (also etwa Ihre Bankverbindung oder die Kreditkartennummer), sollten Sie diesen Schritt erst wagen, wenn Sie sich im Internet bereits heimisch fühlen. Oder lassen Sie sich von Ihrem Enkel assistieren, für den das Einkaufen im Internet sicherlich schon so normal ist wie für Sie der tägliche Gang zum Bäcker.*

Retten Sie Ihre Plattensammlung! Alte Tonträger auf den Computer überspielen

Eine Frage, die Sie sich vielleicht stellen mögen: Was ist mit Ihren alten Schallplatten und MCs? Diese lassen sich nicht ins DVD-Laufwerk einlegen – also auch nicht kopieren? Doch: Mit den entsprechenden Geräten stellt auch das kein Problem dar. Die Abbildung zeigt als Beispiel ein Angebot von *http://www.pearl.de* (Stand: Juni 2011): einen Kassettenrekorder und Plattenspieler, der mit einem USB-Kabel mit dem Computer verbunden wird; das dem Produkt beigelegte Programm hilft Ihnen dabei, die Musik zu digitalisieren.

USB-Kassetten- & Plattenspieler inkl. Audio-Restaurator 5

MCs, LPs & Singles digitalisieren und mit genialer Musik-Software veredeln... **mehr**

statt € 99,90*¹
jetzt **€ 69,90**
Sie sparen
€ 30,00 (30%)

Presse-Tipp!

Empfehlung aus der Rubrik: **MP3-Player & Recorder**

Musik und andere Dateien ganz einfach auf ein anderes Gerät überspielen

Können Sie Ihre Musikdateien nur auf dem Computer anhören? Natürlich nicht! Zum Abspielen stehen kleine Geräte zur Verfügung, die Sie überall mit hinnehmen können: die MP3-Player.

Ein MP3-Player – was ist das?

Der MP3-Player ist das, was früher der Walkman war – nur dass keine MC eingelegt werden muss; stattdessen werden Musikdateien in den Speicher kopiert. Obwohl MP3-Player sehr klein sind, kann die gesamte Musiksammlung darauf passen.

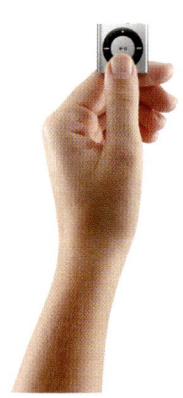

Selbst der kleinste MP3-Player ist leistungsfähiger als der gute alte Walkman – hier z. B. ein iPod shuffle (sprich: [eipott schaffel]) des Herstellers Apple.

Und warum gerade MP3?

Das MP3-Format habe ich Ihnen ja bereits auf Seite 109 kurz vorgestellt. Es handelt sich dabei um das gängigste Format für Musikdateien. Nicht hörbare Töne werden bei MP3-Dateien ausgefiltert, sodass diese nur noch etwa ein Zehntel der Speichergröße der Ursprungsdatei benötigen. Erfunden wurde das MP3-Format übrigens in Deutschland.

Ich habe im Elektronik-Fachmarkt einen MP3-Player erworben – wie kann ich darauf Musikdateien kopieren?

Sie schließen den MP3-Player per USB-Anschluss an den Computer an. Wie im Zusammenhang mit der Digitalkamera geschildert (vgl. Seite 179), wird Ihnen das Gerät im Windows-Explorer als Wechseldatenträger angezeigt, und Sie können Dateien aus der Bibliothek *Musik* darauf kopieren. Sie können alternativ auch den Windows Media Player zu diesem Zweck einsetzen: Klicken Sie dazu rechts oben auf die Schaltfläche *Synchron...* ❶ und ziehen Sie bei gedrückter Maustaste die gewünschten Musiktitel in die Liste ❷. Mit einem Mausklick auf *Synchronisierung starten* ❸ starten Sie den Kopiervorgang.

Das ideale Geschenk für Gemahl oder Gemahlin: Musikstücke zusammenstellen und als Audio-CD brennen

Suchen Sie noch nach einer Idee für ein ganz persönliches Geburtstagsgeschenk für Gemahl oder Gemahlin? Erstellen Sie doch eine Audio-CD mit den Lieblingsliedern Ihres Partners. Auch hierzu eine kleine Schrittanleitung:

1

Legen Sie zunächst eine beschreibbare CD (vgl. Seite 173) in das Laufwerk ein. Öffnen Sie anschließend den Windows Media Player und klicken Sie dort rechts oben auf *Brennen*.

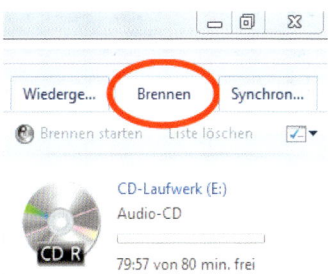

2

Ziehen Sie nun bei gedrückter Maustaste die gewünschten Titel aus der Medienbibliothek ❶ in die „Brennliste" rechts ❷; oberhalb der Brennliste wird Ihnen jeweils angezeigt, wie viel freier Speicherplatz noch auf dem Datenträger zur Verfügung steht ❸.

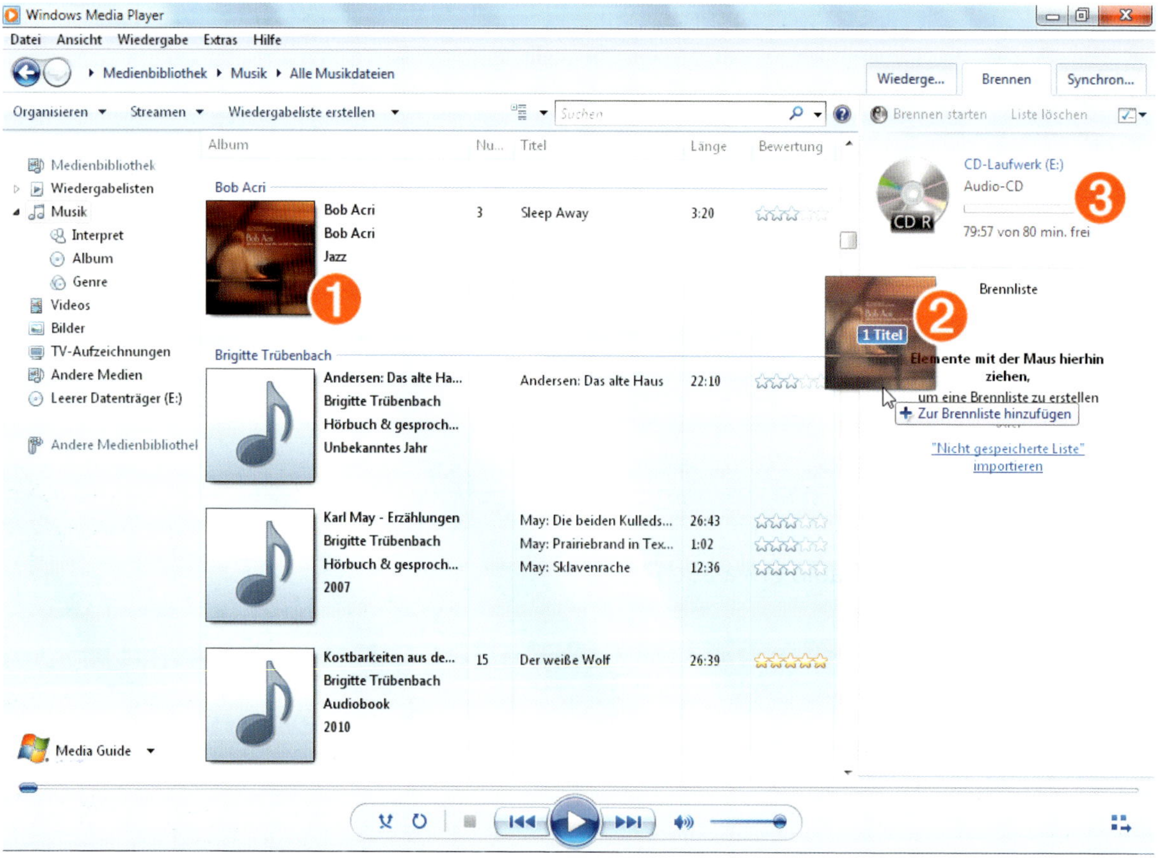

3

Haben Sie Ihre Auswahl beendet? Dann klicken Sie auf *Brennen starten*, um die Audio-CD zu erstellen – diese kann dann, wie eine gekaufte Audio-CD, auf jedem beliebigen CD-Spieler wiedergegeben werden.

Mein Tipp: Um die CDs und CD-Hüllen ansprechend zu gestalten, gibt es spezielle Gestaltungssets zu kaufen; fragen Sie im Elektronik-Fachmarkt danach, gern nach Produkten von DATA BECKER.

Völlig kostenlos und legal: Musik und Videos übers Internet hören und betrachten

Sie wissen nun, wie Sie CDs und DVDs am Computer verwenden, und wie einfach sich Musik- und Videodateien mit dem Windows Media Player abspielen und verwalten lassen. Nun lernen Sie wieder etwas Neues: wie Sie auf Musik und Videos direkt im Internet zugreifen.

Übers Internet Musik hören – ist das denn legal?

Wenn Sie sich für einen der vielen Tausend Webradiosender entscheiden, ganz gewiss – und fast jeder Radiosender ist inzwischen auch im Internet vertreten. Dabei müssen Sie Ihre Lieblingssender nicht mal suchen: Nutzen Sie stattdessen eine Webradio-Datenbank, wie Sie sie unter der Webadresse *http://www.surfmusik.de* finden.

Webradio? Was soll das bringen? Ich kann doch Radio an meinem gewohnten alten Empfänger hören?

Das stimmt natürlich, aber: Webradio ermöglicht es Ihnen, Tausende Radiosender des gesamten Erdballs zu empfangen, und das in meist exzellenter Übertragungsqualität und ohne Störgeräusche. Kann das Ihr altes Radio etwa auch?

Schon gut, schon gut – ich bin überzeugt: Aber wie funktioniert Webradio?

Ach, das ist keine Wissenschaft: Beispielsweise auf der Webseite *http://www.surfmusik.de* nutzen Sie das eingebaute Suchfeld, um nach einem bestimmten Radiosender zu suchen ❶; alternativ stöbern Sie in den angebotenen Listen nach einem interessanten Sender ❷ und wählen diesen per Mausklick aus.

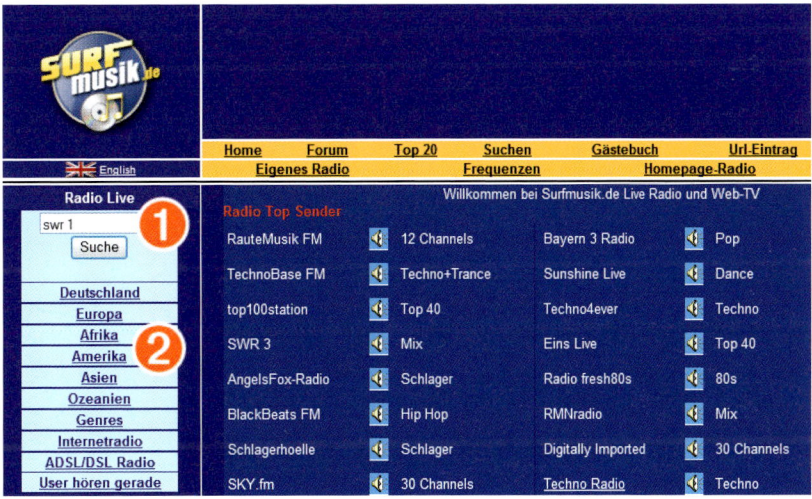

Beim ersten Start müssen Sie ggf. noch auf *Zulassen* klicken, um das Anhören des Webradiosenders zu ermöglichen. Das Webradio basiert übrigens auf einem Livestream (sprich: [laifstrihm], englisch für „Echtzeitstrom"), bei dem Sie eine Sendung anhören, während diese vom Sender ins Internet hochgeladen wird.

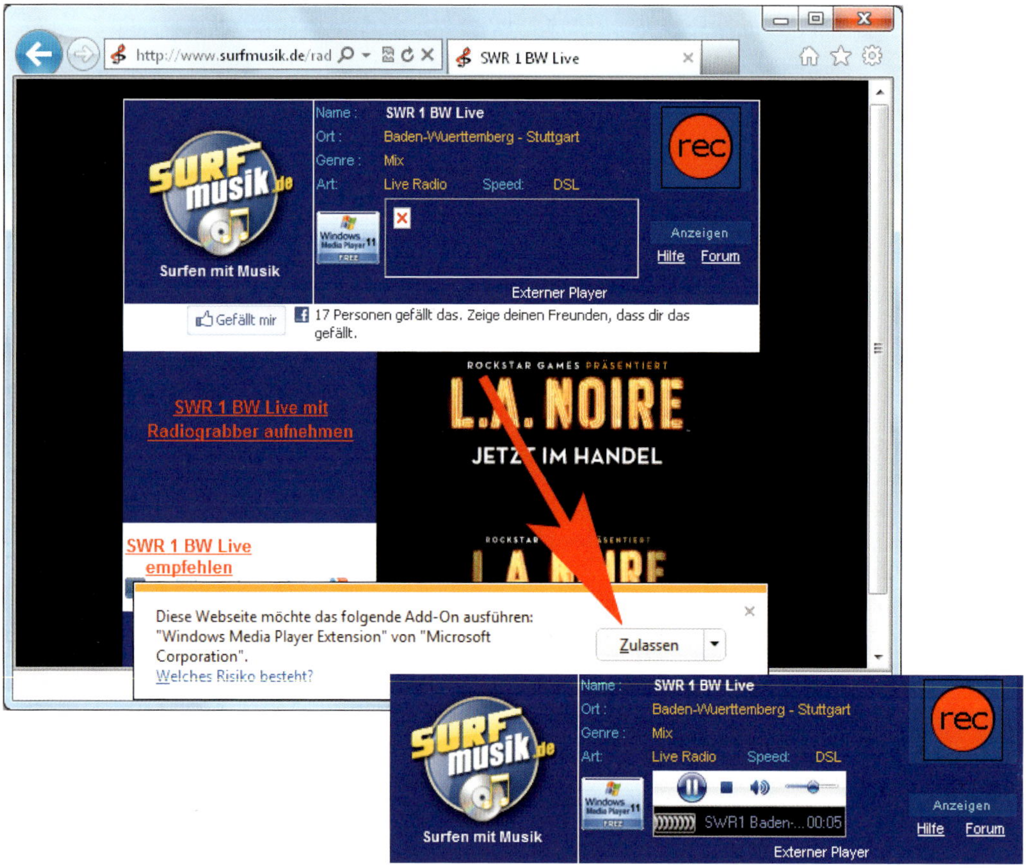

Hochinteressant! Werden Fernsehsender ebenfalls in Echtzeit übers Internet übertragen?

Jein. Es gibt in der Tat Fernsehsender, deren Sendungen man auch im Internet betrachten kann. Bei den größeren Fernsehsendern sind Livestreams aber eher selten. Entsprechende Angebote des ZDF finden Sie unter der Webadresse *http://mediathek.zdf.de*, solche der ARD unter der Webadresse *http://www.ardmediathek.de*. In vielen Fällen praktisch: Viele verpasste Sendungen, etwa Ihre Lieblingsserie, können nachträglich übers Internet abgerufen werden.

Die Mediathek des ZDF: Hier habe ich auf Live geklickt, um mir anzusehen, welche Sendungen in Echtzeit im Internet übertragen werden. Viele verpasste Sendungen lassen sich unter Sendung verpasst? nachträglich abrufen.

Kann ich über das Internet auch richtige Spielfilme betrachten?

Ja, es stehen zu diesem Zweck zahlreiche „Internetvideotheken" zur Verfügung, beispielsweise unter der Webadresse *http://www.videoload.de*. Filme können hier gekauft oder für einen kurzen Zeitraum geliehen werden. Eine kleinere Sammlung kostenloser Spielfilme finden Sie hier: *http://movies.msn.de*.

Ich habe von einer Webseite gehört, auf der Millionen Videos abgerufen werden können – gibt es diese wirklich?

Ich vermute, dass Sie die Webseite YouTube (sprich: [juhtjuhb]) meinen – das weltweit größte Videoportal, wobei es noch eine Reihe weiterer Videoportale gibt. Bei YouTube unter *http://www.youtube.de* finden Sie in der Tat Millionen von Videos zu allen möglichen Themen, allerdings ist die Länge der Videos auf 15 Minuten begrenzt, sodass Sie hier nur kürzere Filme finden werden bzw. längere Filme, die in mehreren Teilen verfügbar sind. Übrigens kann jeder Nutzer auch eigene Videos ins Internet hochladen und anderen zur Verfügung stellen!

Möchten Sie einen Film bei YouTube betrachten? Dann suchen Sie unter *http://www.youtube.de* nach einem Thema, das Sie interessiert ❶, oder stöbern Sie in den *Kategorien* ❷. Lassen Sie sich bitte nicht vom jugendlichen Erscheinungsbild der Webseite abschrecken – auch für ältere Menschen stehen viele interessante Videos zur Verfügung!

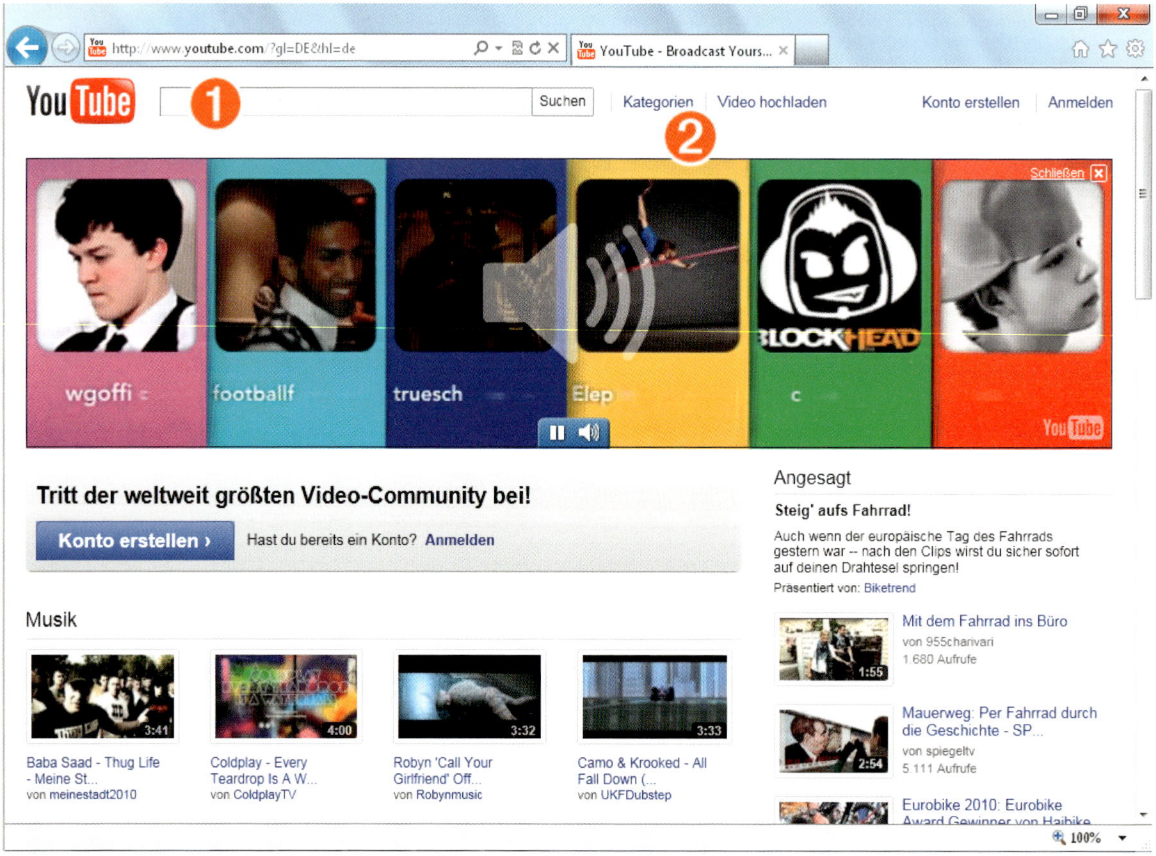

Haben Sie ein Video entdeckt, das Sie betrachten möchten? Hierzu genügt es, den entsprechenden Eintrag anzuklicken – das Video wird daraufhin gestartet. Mein Tipp: Betrachten Sie es durch einen Mausklick auf das Symbol ⛶ rechts unten im Video im Vollbildmodus, also auf dem gesamten Bildschirm.

DATA BECKER International

Paul Brugger rät: *In diesem Kapitel wurden Ihnen lediglich die wichtigsten Möglichkeiten rund um Musik und Videos auf dem Computer vorgestellt – es gibt noch viele weitere Möglichkeiten, und ich möchte Sie ermutigen, diese nach und nach selbst zu erkunden. Das bereitet großes Vergnügen und bringt darüber hinaus wichtige Erfahrungen bei der Nutzung von Computer und Internet mit sich.*

Sie wünschen ein anderes Bild als Hintergrund? Richten Sie den Computer ganz nach Ihren Vorstellungen ein

"Der Anfang fürchtet oft, womit das Ende scherzt."

(Andreas Gryphius)

Nachdem Sie die bisherigen Kapitel tapfer durchgearbeitet haben, verfügen Sie über das notwendige Handwerkszeug, um eigene Schritte mit dem Computer zu wagen. Das ist doch alles gar nicht so schwer, wie Sie anfangs befürchtet haben mögen, nicht wahr? Der Computer kann Ihnen zwar immer wieder auch Probleme bereiten – aber wenn Sie versuchen, diese Probleme selbst zu lösen, werden Sie daran wachsen.

Im letzten Kapitel dieses Buches möchte ich Ihnen noch eine Reihe nützlicher Einstellungen aufzeigen, z. B. was den Desktophintergrund oder den Stromverbrauch des Computers betrifft. Wenn Sie anschließend weitere Computerlektüre suchen: Werfen Sie unter http://www.databecker.de einen Blick auf das umfangreiche Sortiment von DATA BECKER!

Hintergrund und Design: Passen Sie die Bedienoberfläche des Computers Ihrem eigenen Geschmack an

Sie wünschen ein anderes Erscheinungsbild Ihres Computers? Richten Sie mit wenigen Handgriffen ein anderes Design ein, ändern Sie den Desktophintergrund oder verwenden Sie nützliche Minianwendungen auf dem Desktop.

Das Design – was heißt das und wie kann ich das Design ändern?

Als Design bezeichnet man in diesem Zusammenhang das Erscheinungsbild des gesamten Bildschirms: also den Desktophintergrund, die Farbe der Fenster und der Taskleiste, sogar die Systemklänge. Die Änderung des Designs haben Sie bereits im Zusammenhang mit der kontrastreichen Anzeige kennengelernt (siehe Seite 140): Sie klicken mit der rechten Maustaste auf eine freie Fläche des Desktops und wählen *Anpassen*.

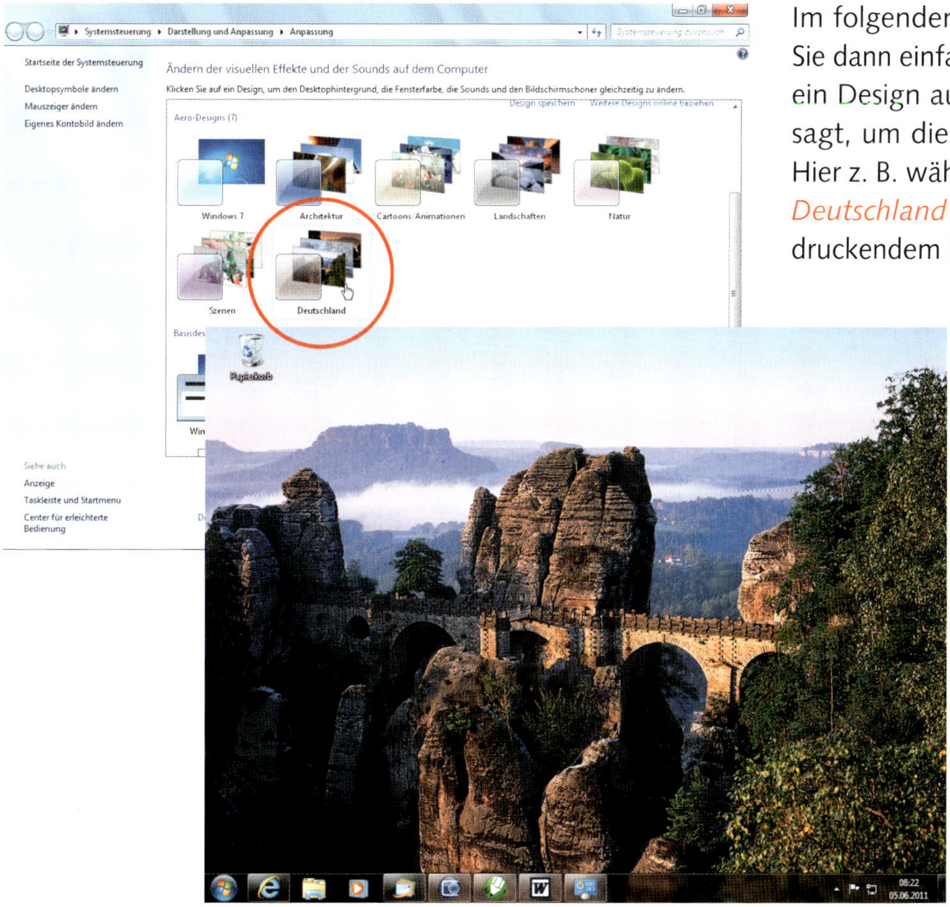

Im folgenden Fenster wählen Sie dann einfach per Mausklick ein Design aus, das Ihnen zusagt, um dieses einzurichten. Hier z. B. wähle ich das Design *Deutschland* aus – mit beeindruckendem Ergebnis!

Das sieht gut aus! Aber kann ich auch eigene Fotos als Desktophintergrund verwenden?

Selbstverständlich. Allerdings sollten die Fotos mindenstens die Auflösung des Bildschirms haben (vgl. Seite 136 und Seite 175). Um den Desktophintergrund einzurichten, klicken Sie wieder mit der rechten Maustaste auf eine freie Fläche des Desktops und wählen *Anpassen*. Klicken Sie anschließend unterhalb der Designauswahl auf *Desktophintergrund*.

Desktophintergrund
Diashow

Nun wählen Sie unter *Durchsuchen* ❶ den Ordner aus, in dem sich das gewünschte Bild befindet; nach dem Hinzufügen des Ordners sind zunächst alle enthaltenen Bilder markiert – klicken Sie auf *Alle löschen* ❷, um die Markierungen aufzuheben, und wählen Sie dann per Mausklick das gewünschte Bild aus ❸; bestätigen Sie Ihre Einstellungen mit *Änderungen speichern* ❹.

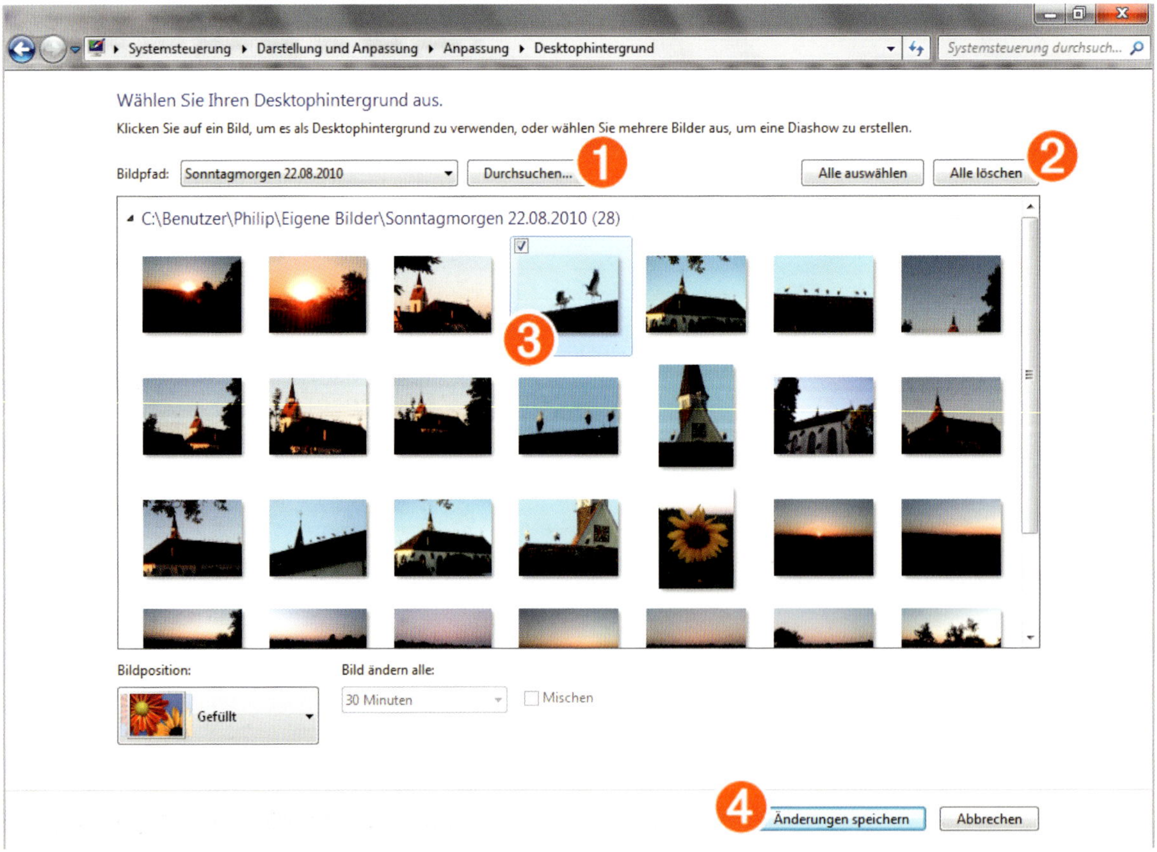

Und was hat es mit den oben genannten Minianwendungen auf sich?

Der Desktop bietet eine Menge Platz und ist deshalb ideal geeignet, um kleine Programme darauf abzulegen, beispielsweise einen Kalender oder die aktuelle Wettervorhersage. Es ist ganz einfach: Klicken Sie mit der rechten Maustaste auf eine freie Fläche des Desktops und entscheiden Sie sich im Menü für den Eintrag *Minianwendungen*.

Doppelklicken Sie auf eine der angezeigten Minianwendungen ❶, um diese auf dem Desktop zu platzieren ❷. Wenn Sie weitere Minianwendungen wünschen, klicken Sie auf *Weitere Minianwendungen online beziehen* ❸, um zu einer entsprechenden Galerie zu gelangen.

Um eine Minianwendung einzurichten, bewegen Sie den Mauszeiger darauf; es werden dann entsprechende Symbole eingeblendet: Ein Klick auf das Symbol ✖ schließt die Minianwendung; ein Klick auf das das Symbol ◳ vergrößert sie; ein Klick auf das Symbol 🔧 öffnet ein Menü für die Einstellungen; wenn Sie die Minianwendung auf dem Desktop verschieben möchten, klicken Sie auf das Symbol ⠿ und ziehen die Minianwendung in die gewünschte Position.

Paul Brugger rät: *Experimentieren Sie gern ein wenig mit den verschiedenen Designs, Desktophintergründen und Minianwendungen – hierbei kann überhaupt nichts passieren. Gestalten Sie Ihren Desktop doch einmal so, dass Ihre Enkel große Augen bekommen, wenn Sie feststellen, was ihr Opa alles kann!*

So greifen Sie noch schneller auf häufig genutzte Programme und Dateien zu

Lebenszeit ist doch etwas Kostbares, und darum möchten Sie sich unnötige Mausklicks ersparen. Gern gebe ich Ihnen einige Tipps, wie Sie häufig genutzte Programme zukünftig noch schneller aufrufen können.

Ich habe auf Seite 53 bereits erfahren, wie ich ein Programm an das Startmenü an-hefte. Welche Möglichkeiten habe ich noch, das Startmenü einzurichten?

Nun, Sie können z. B. weitere Funktionen und Ordner auf-nehmen oder Elemente, die Sie überhaupt nicht benötigen, ausblenden. Um das Startmenü einzurichten, klicken Sie mit der rechten Maustaste auf den Start-Knopf ( ) und wählen

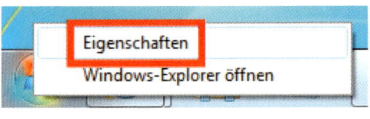

Eigenschaften. In dem dann folgenden Fenster finden Sie bereits einige Einstellungsmöglich-keiten; entscheiden Sie sich für *Anpassen*, um das so wichtige Startmenü ganz nach Ihren Vor-stellungen zu gestalten.

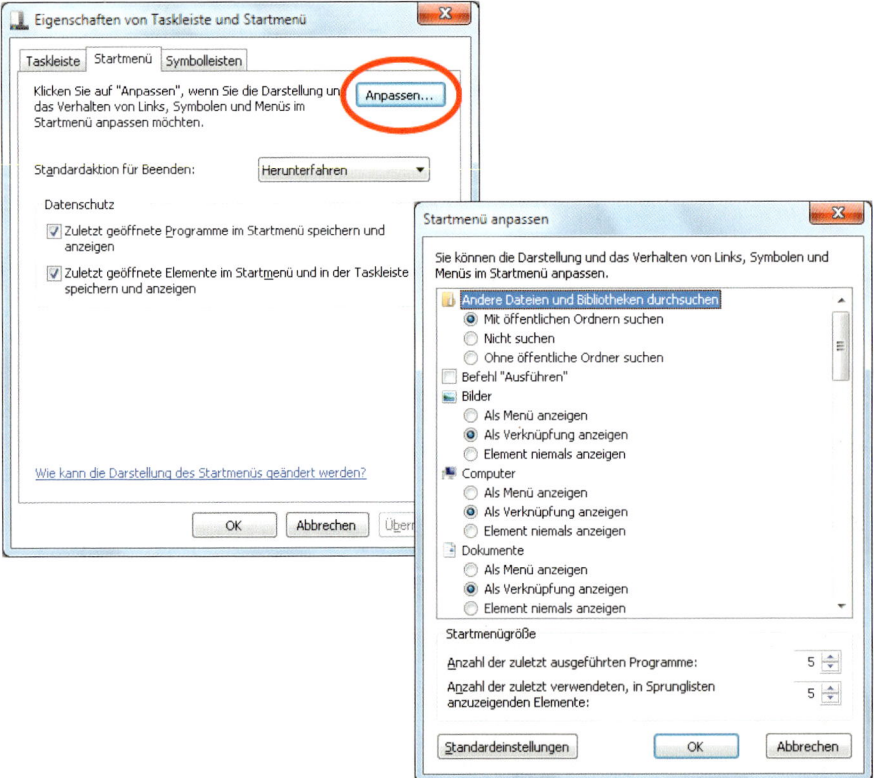

Ich würde das Symbol eines häufig genutzten Programms dauerhaft in der Taskleiste verfügbar machen. Wie geht das?

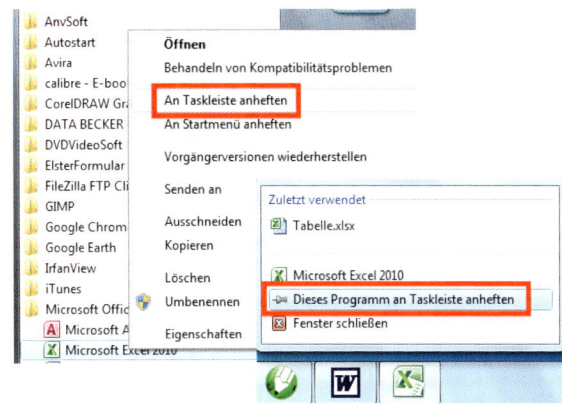

Das funktioniert ähnlich wie das Anheften ans Startmenü: Klicken Sie das Programm im Startmenü mit der rechten Maustaste an und wählen Sie *An Taskleiste anheften*. Alternativ öffnen Sie das Programm, klicken auf das zugehörige Symbol in der Taskleiste und wählen *Dieses Programm an Taskleiste anheften*.

Und wie kann ich ein Symbol aus der Taskleiste entfernen?

Ebenfalls kein Problem: Klicken Sie hierzu das Symbol in der Taskleiste mit der rechten Maustaste an und wählen Sie *Dieses Programm von der Taskleiste lösen*. Mein Tipp: Heften Sie nur sehr häufig genutzte Programme an die Taskleiste, um die Leiste nicht zu überfrachten!

Ich würde gern auf ein häufig genutztes Dokument schneller zugreifen. Was kann ich in diesem Zusammenhang tun?

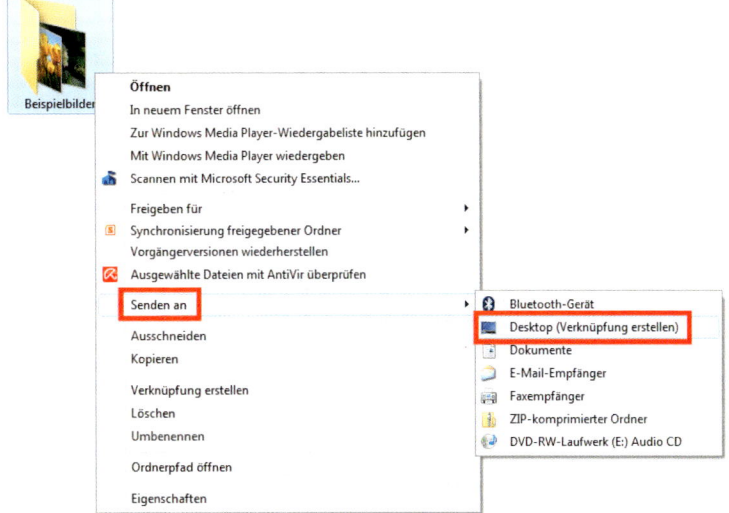

Wenn Sie ein Programmsymbol in der Taskleiste mit der rechten Maustaste anklicken, werden Ihnen die zuletzt verwendeten Dateien angezeigt und können per Mausklick rasch geöffnet werden. Sinnvoll ist in diesem Fall aber auch eine Desktopverknüpfung, die blitzschnell erstellt ist: Klicken Sie einen Programmeintrag im Startmenü bzw. einen Ordner oder eine Datei im Windows-Explorer mit der rechten Maustaste an und wählen Sie *Senden an/Desktop (Verknüpfung erstellen)*.

Die entsprechende Verknüpfung steht anschließend auf dem Desktop zur Verfügung, und Programm, Ordner oder Datei können per Doppelklick geöffnet werden. (Nicht mehr benötigte Verknüpfungen lassen sich übrigens löschen, ohne dass das zugrunde liegende Element betroffen ist.)

Die Bildschirmtastatur soll nach dem Start des Computers automatisch zur Verfügung stehen?

Ihr Computer kann Programme auch automatisch starten. Erstellen Sie hierzu zunächst wie oben beschrieben eine Desktopverknüpfung. Klicken Sie diese Verknüpfung mit der rechten Maustaste an und wählen Sie *Kopieren* bzw. *Ausschneiden*. Öffnen Sie anschließend das Startmenü und klicken Sie unter *Alle Programme* mit der rechten Maustaste auf den Ordner *Autostart*. Klicken Sie auf *Öffnen* und fügen Sie die zuvor kopierte bzw. aus-

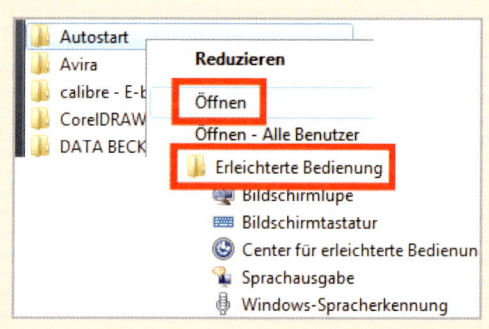

geschnittene Verknüpfung mit *Organisieren/Einfügen* in den Ordner ein. Übrigens: Die Bildschirmtastatur und weitere bereits in **Kapitel 9** kennengelernte Funktionen der „erleichterten Bedienung" finden Sie auch im Startmenü unter *Alle Programme/Zubehör/Erleichterte Bedienung*, sodass auch für diese Funktionen problemlos entsprechende Verknüpfungen erstellt werden können.

Damit die Stromrechnung nicht zu hoch ausfällt: Nehmen Sie Energiespareinstellungen vor

Egal, ob Sie einen Desktop-Computer oder ein Notebook verwenden: Das Gerät soll nur so viel Strom verbrauchen wie unbedingt notwendig. Auch in diesem Zusammenhang lassen sich eigene Einstellungen vornehmen.

Wie kann ich auf meinem Windows-7-Computer Einstellungen zum Stromverbrauch vornehmen?

Rufen Sie hierzu die Funktion *Energieoptionen* auf. Sie machen diese ausfindig, indem Sie einfach im Startmenü nach *energie-optionen* suchen; alternativ öffnen Sie die *Energieoptionen* in der *Systemsteuerung* unter *Hardware und Sound*. Bei Notebooks schließlich kann auch ein Symbol im Infobereich (🔌) zum Aufrufen der Energieoptionen dienen.

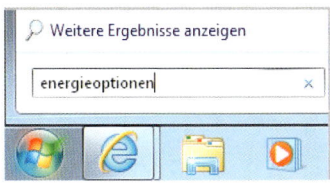

Welche Einstellungen kann ich hier vornehmen?

Sie kennen ja sicherlich das alte Sprichwort: „Sparen ist eine Tugend." Aber Sparen ist heutzutage noch mehr: Es ist eine gesellschaftliche Notwendigkeit. Nehmen Sie deshalb in den Energieoptionen Einstellungen vor, die die Computernutzung möglichst Strom sparend gestalten. Wählen Sie z. B. den vorhandenen *Energiesparmodus* ❶ aus und passen Sie diesen ggf. noch nach Ihren Wünschen an, indem Sie auf *Energiespareinstellungen ändern* ❷ klicken; auch das Erstellen eigener Energiesparpläne ❸ ist kein Problem. In jedem Fall sollte der Bildschirm nach einem gewissen Zeitraum automatisch abgeschaltet werden; auch ein automatisches Stand-by (vgl. Seite 48) ist empfehlenswert, wenn Sie den Computer eine bestimmte Zeit lang nicht nutzen.

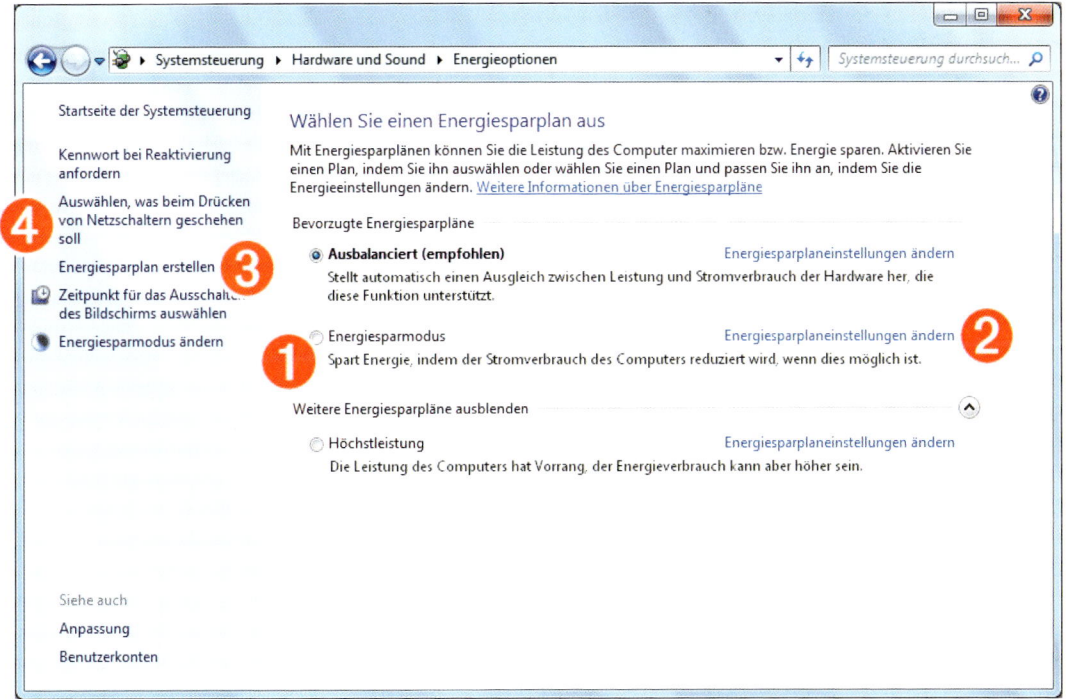

In den Energieoptionen können Sie außerdem festlegen, was passieren soll, wenn Sie den Ein-/ Aus-Schalter (vgl. Seite 32) drücken ❹: Soll der Computer heruntergefahren oder nur in den Stand-by-Betrieb versetzt werden. Bei Notebooks kann zusätzlich festgelegt werden, was passieren soll, wenn Sie den Deckel zuklappen.

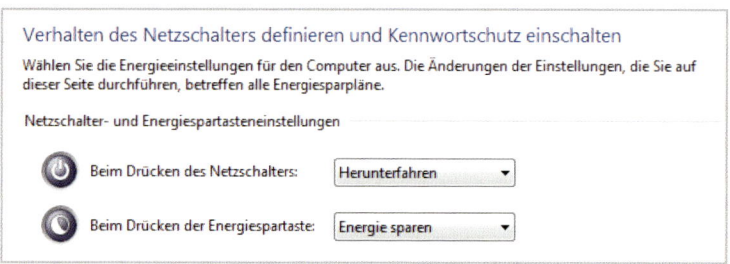

Bei Problemen müssen Sie nicht gleich den PC-Notdienst rufen: Lassen Sie sich vom Computer bei der Lösung assistieren

Probleme gehören zum Computeralltag mit dazu, das will ich gar nicht schönreden. Aber die gute Nachricht lautet: Viele Schwierigkeiten kann Ihr Computer selbst beheben.

Wie gehe ich vor, wenn der Computer mir Probleme bereitet?

Eine klare Antwort hierauf gibt es leider nicht, da es im Zusammenhang mit dem Computer unendlich viele Arten von Problemen geben kann. Hier deshalb nur allgemeine Hinweise:

■ **Geräte:** Prüfen Sie zunächst, ob die Geräte richtig angeschlossen sind und ob sie – wie in **Kapitel 8** beschrieben – vom Computer als funktionierend erkannt werden. Kann das Problem unter Umständen auch am Programm liegen, mit dem Sie ein Gerät ansteuern? Starten Sie ggf. einen neuen Versuch mit einem anderen Programm.

Gerätestatus

Das Gerät funktioniert einwandfrei.

■ **Programme:** Wurde das Programm richtig installiert? Eventuell kann eine Neuinstallation oder „Reparatur" Abhilfe schaffen (vgl. **Kapitel 4**). Vielleicht muss ein Programm auch einfach als Administrator ausge-

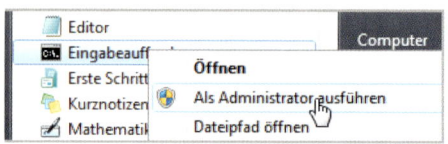

führt werden, um die Lösung des Problems zu bringen? Klicken Sie hierzu den Programmeintrag im Startmenü bzw. die Programmverknüpfung auf dem Desktop mit der rechten Maustaste an und wählen Sie den Eintrag *Als Administrator ausführen*.

Paul Brugger rät: *Computerprobleme sind lästig und teils ärgerlich, aber kein Grund zur Panik! Fast alle Probleme können gelöst werden, und nur selten ist es etwas Ernstes – ich wurde vom Computer bereits vor mannigfache Probleme gestellt, deren Lösung mich aber stets einen Schritt weitergebracht haben.*

War nicht die Rede davon, dass der Computer Probleme automatisch beheben kann? Wie geht das?

Ihr Windows-7-Computer bringt verschiedene Assistenten zur Problembehebung mit. Häufig meldet sich der Computer von ganz allein mit entsprechenden Hinweisen. Falls nicht, rufen Sie die betreffenden Funktionen so auf: Klicken Sie im Startmenü

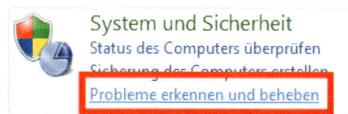

auf *Systemsteuerung* und dort auf den Eintrag *Probleme erkennen und beheben* – nun erhalten Sie eine Übersicht über die verschiedenen Problembereiche. Klicken Sie einen Problembereich ggf. an (in der Abbildung z. B. *Netzwerk und Internet*), um eine nähere Auswahl treffen zu können.

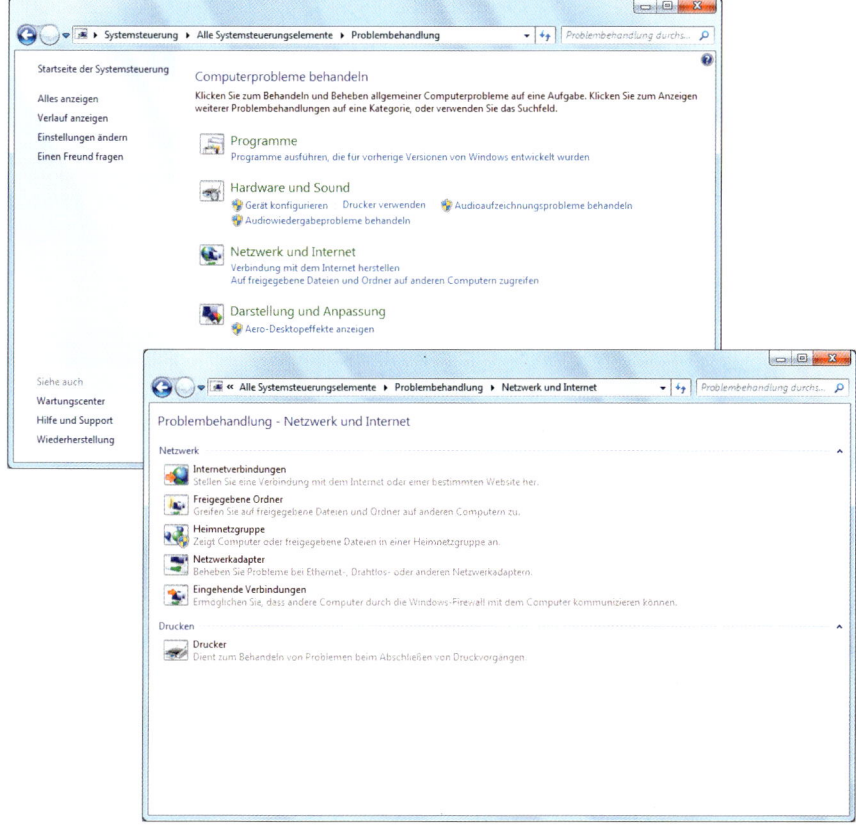

Wie kann ich eine andere Person bitten, mir zu helfen?

Sie möchten einer vertrauenswürdigen Person, z. B. Ihrem Sohn, übers Internet Zugriff auf Ihren Computer gewähren, um das Problem zu beheben? Dann klicken Sie links im oben gezeigten Fenster *Probleme erkennen und beheben* auf *Einen Freund fragen*. Sie können diesen nun „einladen", Ihnen zu helfen ❶; mit einem nützlichen Programm, das unten im Fenster angezeigt wird, lassen sich außerdem Probleme dokumentieren ❷, um sie dem Helfer leichter begreiflich zu machen.

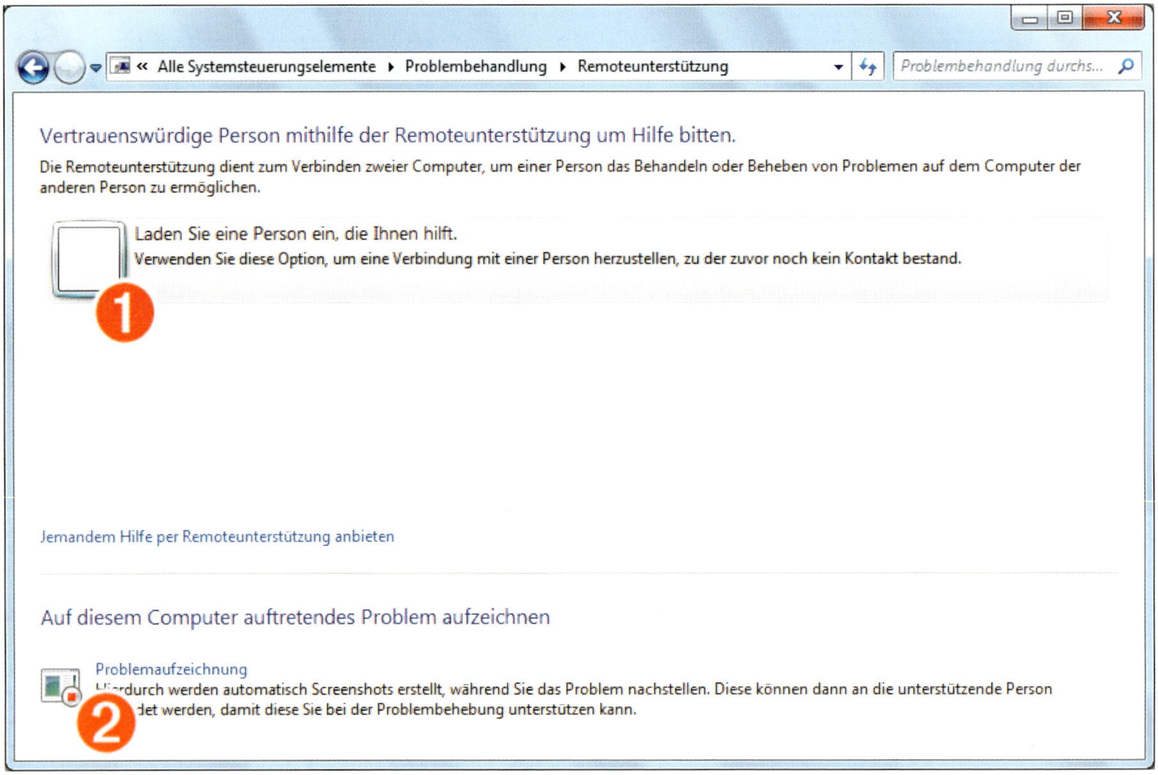

⟨← → | ▾ | ✕ « Alle Systemsteuerungselemente ▸ Problembehandlung ▸ Remoteunterstützung   ▾ | ↻ | *Problembehandlung durchs...* 🔍

Vertrauenswürdige Person mithilfe der Remoteunterstützung um Hilfe bitten.

Die Remoteunterstützung dient zum Verbinden zweier Computer, um einer Person das Behandeln oder Beheben von Problemen auf dem Computer der anderen Person zu ermöglichen.

▢   Laden Sie eine Person ein, die Ihnen hilft.
    Verwenden Sie diese Option, um eine Verbindung mit einer Person herzustellen, zu der zuvor noch kein Kontakt bestand.

❶

Jemandem Hilfe per Remoteunterstützung anbieten

Auf diesem Computer auftretendes Problem aufzeichnen

Problemaufzeichnung
Hierdurch werden automatisch Screenshots erstellt, während Sie das Problem nachstellen. Diese können dann an die unterstützende Person ...det werden, damit diese Sie bei der Problembehebung unterstützen kann.

❷

Index

INDEX